餐饮管理实训教程

肖　晓　编著

经济管理出版社

图书在版编目（CIP）数据

餐饮管理实训教程/肖晓编著．—北京：经济管理出版社，2011.9

ISBN 978－7－5096－1606－2

Ⅰ.①餐…　Ⅱ.①肖…　Ⅲ.①饮食业—经济管理—教材　Ⅳ.①F719.3

中国版本图书馆 CIP 数据核字(2011)第 185429 号

出版发行：经济管理出版社

北京市海淀区北蜂窝 8 号中雅大厦 11 层

电话：(010) 51915602　　邮编：100038

印刷：三河市海波印务有限公司　　经销：新华书店

组稿编辑：王光艳　　责任编辑：许　兵

责任印制：杨国强　　责任校对：陈　颖

787mm×1092mm/16　　12.75 印张　　326 千字

2012 年 1 月第 1 版　　2012 年 1 月第 1 次印刷

定价：29.80 元

书号：ISBN 978－7－5096－1606－2

高等院校“十二五”旅游管理类课程系列规划教材

酒店餐饮系列丛书编委会成员

总　序

经济管理出版社准备出版一套全国高等院校旅游管理专业教材，主要针对本科教学，嘱我作序，诚惶诚恐。

随着我国旅游业的蓬勃发展，各高等院校在近些年开始竞相创办旅游专业，对旅游管理专业各类教材的需求随之扩大，各大出版社不断推陈出新，不同版本的教材之间竞争激烈，然而，编写得好的教材却没有几套，此话不是危言耸听。

从大处来说，我国非常重视旅游业的发展，国家已将旅游业作为战略性支柱产业和人民群众更加满意的现代服务业来培育，“十二五”期间，旅游业的发展目标是要向建设旅游强国迈进。目标甚宏，然“软肋”却在人才。从深处来说，有关方面对旅游业的人才培养尚未给予新的重视。首先，对旅游研究的投入明显不够，所以教材也就编不好；其次，对旅游学科的地位重视不够，尤其是在研究实力强的综合性大学，旅游学科被边缘化，好像老师、学生都不务正业，学科地位与产业地位相差甚远，更无法与美国、澳大利亚等国旅游学科的地位相提并论了。

从大学教育来看，本科教育是学科人才培养的基石。然而，旅游管理学科的本科教学肯定是出了问题。其课程设置和教材内容交叉重复甚多，理论无新意，实践又太少，甚至授课的老师由于缺乏实践经验，也在课堂上照本宣科，以致不少学生踏进这个专业后大呼上当。所以，二年级后，学生兴趣索然，至毕业之时，就业者少，跳槽者众。

要解决这一问题，归根结蒂，还是要回到教材建设上。

旅游学科的学科边界仍较模糊，它的理论来自于各相关学科，如管理学、经济学、地理学、人类学、社会学和心理学等。我们以前主要停留在生硬地照搬这些学科的理论（尤其是在20世纪90年代中期前），而对旅游的实践涉足不深，认识不足，所以编出的教材难免不尽如人意。

如今，我们面临着两个让人惊喜的形势：一是在高校，将理论与实践相结合来研究问题的学者越来越多，且成就斐然，这是我们这个学科的希望所在；二是在国外，从事管理学、经济学、人类学、社会学等学科研究的学者转而研究旅游，其研究理论、研究方法和视角无疑为国内学者做出了表率，这在很大程度上丰富了旅游学科研究的理论和方法。此二者，必将推进旅游学科研究走向成熟，也将推进我国旅游管理专业教材建设走向成熟，实乃莘莘学子之大幸。

不消说，我的观点已十分明了，作为一套好的旅游管理专业教材，首先是要理论联系实际。我们所倡导的理论是要能解决旅游业，尤其是中国旅游业发展的实际问题，并在实践中丰富和发展这些理论。其次是要充分汲取西方发达国家研究旅游的理论与方法，将其介绍到国内，通过教材的编写与传播，结合中国实际，发展和创新出新的理论与方法。

这应该是这套教材的宗旨，也应该是这套教材的特色。

这一宗旨，应成为我们每一个撰写人的行动指南。

若是，则学界幸甚，学子幸甚。

是为序。

杨振之

2011年8月23日

前　言

餐饮业是实践性和创新性非常强的行业之一，由其行业特质决定了在餐饮管理教学中，除传授学生理论知识外，更应该注重实践教学。餐饮管理教学过程中应注重采用多种教学方法，如小组讨论法、案例分析法、市场调查法、现场模拟法、体验法等，培养学生的创新思维能力和实际应用能力，通过理论与实践教学的紧密结合，培养学生的综合素养和管理能力。

餐饮管理是一门实践性非常强的学科，仅凭课堂上对空泛理论的讲解，不利于提高教学质量，也很难达到良好的教学效果，学生因此很难掌握餐饮管理的实战技术，更谈不上领会课程的精髓。有些高校把高职、大专的餐饮技能操作课程直接搬到本科的实践教学中来，不仅让部分以前学习过的学生（高职生、专升本学生）感到困惑，也让学生感觉课程缺乏本科学习应有的技术含量。这样的安排与我国高校本科的培养目标"宽基础知识、创新型、高素质"有所偏离。

经过调研发现，我国目前关于本科餐饮管理课程的实训教材非常少，而且大多与高职和大专教材的内容基本相似，面向本科教学的餐饮管理实训类教材基本处于空白，导致有些高校虽然在餐饮管理这门课程中开设了实验课，但因缺乏合适的教材，实验课的内容安排及上课形式相当随机，不仅缺乏连贯性和系统性，而且缺乏有效的实验课程考评机制。因此，编写一本适合本科教学的餐饮管理实训教材非常有必要。

作者在长期的餐饮管理教学实践中，不断探索和实践，终于总结出了适合本科教学的餐饮管理实训教材。旨在克服实验课的随意性，提高教学质量，培养餐饮行业真正需要的管理人才。根据餐饮管理课程的理论知识点，本实训教程设计了七个模块，分别是：餐饮企业开业筹划、菜单策划与设计、餐饮营销计划与策划、餐饮企业质量管理、餐饮企业客户关系管理、餐饮信息化管理和主题餐饮活动策划与实施，每个模块下设有 3 ~4 个独立的实验项目。教材后面附有餐饮实用英语。从餐饮管理的整个理论体系来看，七个模块之间是紧密关联的有机整体。考虑到各学校餐饮管理课时存在一定的差异，因此在设计实验项目的时候，充分考虑到了这一点。各模块及各模块中的项目均具有各自的训练主题，授课教师可根据教学要求，选择部分项目进行实验教学。

本书每个模块都安排有实训目的、实训器材准备、实训场地要求和实训方法，模块里面安排有知识链接或相关知识点，模块后面安排有实训巩固（含判断题、填空题、选择题、简答题、案例分析题等），以方便学生学习。本教材的适用对象为高校本科生、研究生及餐饮业从业者及行业相关人士。

本书最大的亮点在于可以与作者编著的教材《餐饮管理——原理与实践》配套使用，融知识与技术、创新与实践为一体。团队作业、市场调查、网络搜索、头脑风暴、焦点访谈、角色扮演、现场体验是各模块实验中常用的方法。整个实验课体现了“以学生为主体，以教师为指导”的教学思想，通过互动、仿真、情景、体验等多种授课方式使学生由“要我学”变成“我要学”。两本教材合二为一，相辅相成，相得益彰。

本教材由肖晓负责全书的总体筹划、统稿与校对。教材共包括七个实验模块，各模块编写分工如下：模块一由周格粉编写；模块二、模块三由肖晓编写；模块四、模块五由管婧婧编写；模块六由卢海霞编写；模块七由李娴、肖晓编写。附录Ⅰ及书中英文由崔佳春编译。另外，梅燕、单莉莉、余志勇、曾永奇、谢世川、蒋海燕、刘军、马志鸾等参与了本书策划的讨论。贺跃、杨慧文、赵良成、林莉、游小梅等参与了部分文字的校对。特别感谢浙江工商大学管婧婧老师对本书大纲、体例的建议和编写的大力支持。

本书在写作过程中，参阅了众多的相关文献和电子资料，在此对这些文献和电子资料的作者及相关网站表示衷心的感谢。

由于目前国内还缺乏适合高校本科餐饮管理的实训教材，没有可参考的范例，因而本实训教程中的模块和项目设计与内容编写经反复斟酌，数易其稿，多次完善。本实训教材是作者近17年来餐饮教学工作经验的积累和总结。由于作者的水平和认识有限，书中有些观点和论据可能不够成熟，不妥之处希望专家、学者不吝赐教。

肖　晓

2011年10月16日

目　录

Food and Beverage Management Practical Contents

模块一　餐饮企业开业筹划

餐饮企业开业筹划包括餐厅的市场定位、选址、餐厅的取名及Logo设计、餐饮企业部门设置及人员安排、投资预算及筹资方法等内容。餐饮企业市场定位是餐饮企业筹划设立的前提，通过市场定位，使餐饮企业经营者明白企业所处的市场环境及其市场地位、目标顾客的类型及特征、顾客需求等。准确的市场定位直接关系到餐饮企业经营的成败。起名及Logo设计是餐饮企业树立市场形象的重要环节。部门设置及人员安排是餐饮企业开展经营活动的前提和基础，是解决餐饮企业组织管理体制的建立和人力资源管理问题的主要内容，直接关系到餐饮企业的各项计划活动能否成功。投资预算及筹资方法主要解决餐饮企业的资金的筹集问题。另外，通过理论课程的学习，结合本实验项目，学生需学会撰写餐厅开业计划书。

☞ 实训目的

开办餐饮企业，需要做好开业前的准备工作，掌握餐饮企业开业筹划中涉及的基本知识和要点。通过本项实训，并结合理论课程的学习，学生应该掌握餐饮企业开业筹划的基本内容和步骤，并能够撰写餐厅开业计划书，对餐饮企业投资预算及筹资方法有一定的了解。

☞ 实训器材准备

本项实训需准备的器材有：

（1）电脑。安装Windows 2000及以上的操作系统，能支持Office 2000及以上的办公软件。每1～2位学生配备一台电脑。电脑将用于餐饮企业市场调查、餐饮企业Logo设计、餐饮企业部门人员编排、餐饮企业的投资预算等。

（2）若干张白纸和书写笔。每位学生都需配备若干张白纸和若干支书写笔。白纸和书写笔将用于餐饮企业市场调查分析、餐饮企业取名及Logo设计比较、餐饮企业部门及人员编排、餐饮企业投资预算。

（3）白板和白板笔。每6～8位学生配备一块白板和若干支白板笔。白板和白板笔将在讨论部门人员编制及配备、取名及Logo设计时使用。

☞ 实训场地要求

本实验为室内实验和室外实验相结合。电脑实验操作部分可在安装电脑或可使用笔记本电脑的教室中进行。其余室内实验内容，可在具有足够空间实施分组讨论的教室中进行。

☞实训方法

本模块主要采用分组讨论法、团队作业法。即教师根据学生总人数将学生分成若干组，每组建议人数为6～8人，并且固定下来。每组筹划开设一家餐厅（教师可引导各组学生开设不同类型、不同规模的餐厅），每位学生担任餐饮企业某一管理职务，如总经理、厨师长、营销经理等。所有学生全程参与讨论与计划工作，建议每个学生可承担某一专项工作，如市场营销、财务与成本、厨房管理等，以锻炼学生沟通、协调及团队合作的能力。

项目一 餐饮企业市场定位

餐饮企业市场定位是指为了让餐饮产品在目标市场顾客的心目中树立明确及深受欢迎的形象而进行的各种决策及活动。餐饮企业市场定位主要包括以下几个方面的内容：选择目标市场、产品定位、价格定位、环境氛围定位及竞争对手定位等。在进行市场定位时，可采取以下几种方法：避强定位、迎头定位及重新定位等。

一、选择合适的客源层次并分析其特征

餐饮企业市场定位的最终目的是寻找和稳定客源，形成目标市场的客源结构。如现在城市近郊的农家乐，其客源定位来自市区的有车族，销售的品种比较有农庄特色，迎合了现代人的返朴归真的需求，因而很受大众欢迎，所以餐饮企业应选择合适的目标市场。

选择目标市场的范围和方法有以下几种：

1. 从地域角度选择目标市场

从地域角度着眼，餐饮企业的目标市场有本地市场和异地市场两类。其中异地市场又可分为外地市场和国际市场。

（1）本地市场。本地市场包括本地居民和流动人口。对一家在本地的餐饮企业来说，本地市场永远是其主要的目标市场。本地市场可细分为本地人市场和外地人市场。对于一家以本地菜为特色的餐饮企业来说，本地人市场可能比外地人市场更重要一些，因为本地人更习惯于本地菜。但人的习惯是会改变的，本地居民中的外地人市场也是不应忽视的。外地人为了在本地生存和发展，一般都有较强的环境适应能力，其中包括饮食习惯方面的适应能力。随着时间的推移，外地人对本地菜会逐渐习惯，外地人与本地人的差异会逐渐缩小。

（2）异地市场。随着餐饮企业规模的扩大、国内外市场的开发，来自异地市场的机会将越来越多，因此，异地市场迟早会进入餐饮企业的视野，成为新的目标市场。

2. 从性别选择目标市场

由于生理上的差别，男性与女性在产品需求与偏好上有很大不同，表现在餐饮上也会有差别。现在，随着越来越多的女性追求健康及养颜，很多餐饮企业也在关注着这一细分市场。

3. 从年龄段选择目标市场

在人口结构的各因素中，年龄是最值得考虑的一个目标市场。不同年龄段的顾客可以形成不同的目标市场。

（1）儿童市场。儿童是一个重要的目标市场。国外快餐企业麦当劳、肯德基的成功，与它们坚持以少年儿童为目标市场有密切的关联。

（2）青年人市场。许多饭店、餐饮企业将年轻人作为目标市场，因为青年人喜欢赶时髦、赶潮流，好奇心强，对于没有见过、尝过的餐饮产品有着强烈的兴趣，易于接受。青年人虽然收入不是很高，但攀比心理很强，追求高消费。这使部分酒店、餐馆喜欢以青年人作为目标市场。

（3）中年人市场。由于中年人在人口结构中占的比例很大，平均收入也比较高，因而中

年人是一个非常有潜力的目标市场。

(4) 老年人市场。老年人市场也是一个值得开发的目标市场。现在老年人在数量上不断增加，而且大多数老年人有一定的积蓄和离、退休工资，因此具有一定的购买力，所以餐饮业应该重视这一市场。

4. 从收入选择目标市场

从收入水平来看，餐饮市场可以分为高、中、低不同档次的市场。现在有的餐饮企业和酒店就是按照高、中、低不同的档次发展不同的目标市场。

5. 从家庭生命周期选择目标市场

从家庭因素看，餐饮市场可以分为单身阶段、新婚阶段、满巢阶段、空巢阶段等不同阶段的市场。顾客处于不同性质的家庭阶段，对餐饮需要和消费行为可能不同。从数量比例来看，家庭餐饮市场中，主要是小家庭，即处于新婚阶段的小家庭和满巢阶段的小家庭数量大，而且家庭收入比较高，是大众化市场的主体，是餐饮业值得考虑的目标市场。

6. 从消费性质和消费行为选择目标市场

从消费性质看，餐饮市场可以分为生活性消费和生产性消费两类市场。从消费行为来看，餐饮企业也可将顾客分为不同需求的顾客，如有的顾客追求经济实惠、价格低廉，有的顾客追求耐用可靠和使用方便，有的顾客追求能够显示其社会地位等。

二、确定本企业与竞争者的差异

所谓竞争对手，是指餐饮市场中除本餐饮企业外的所有餐饮企业。在分析竞争对手时，主要分析那些地域位置接近、菜品及服务档次相似或雷同、目标消费群体相似或相同的餐饮企业。在确定了竞争对手后，应将本企业与竞争对手进行比较，找出自己的优势、劣势。

必须通过各种渠道获得关于竞争对手产品的有关信息，如关于竞争对手的设施设备、产品的特色、经营的种类、数量、质量及价格等；对竞争对手的客源目标市场的分析。必须明确：与竞争对手相比，本餐饮企业的竞争优势和不足在哪些方面。

可以通过表 1－1 将竞争对手企业的相关数据进行统计。

表 1－1　餐饮企业竞争对手相关数据统计表

餐饮企业名称	经营面积与餐位数	环境与氛围	服务项目	产品种类	餐厅特色	顾客定位	人均消费（元）	……
A								
B								
C								
……								

三、选择本企业的相对竞争优势

在分析本企业与竞争对手的产品及目标市场的基础上，准确选择本企业的相对竞争优势，作为本企业市场定位的依据。如与竞争对手比较，本企业的产品更有特色，就可在产品上多下工夫，吸引目标顾客群体；与竞争对手比较，本企业的产品选择的是走高档路线，而目前提供该类产品的餐饮企业是走中低档路线，这也是相对的竞争优势。

四、分析本企业在目标市场中的地位

在同一目标市场中，各餐饮企业所占有的市场份额不同，决定了它们在竞争中所处的地位不同，采取的竞争策略也不同。根据餐饮企业在目标市场中的地位，可将其分为市场领导者、市场挑战者、市场追随者和市场补缺者。

1. 市场领导者

市场领导者就是在餐饮行业中占有最大市场份额的企业。它在市场中的行为对其他餐饮企业有着广泛的影响。由于它往往是市场的先行者，因而其他企业要么跟它竞争，要么对它的行为进行模仿或者避开。处于市场领导者地位的餐饮企业面对其他企业的竞争，可通过三种方法保持其地位：扩大总需求、保持市场份额和扩大市场份额。

2. 市场挑战者

在餐饮行业中位居第二、第三或名次稍低的企业称为市场挑战者。市场挑战者首先要选择合适的攻击对象。它可以攻击市场领导者，也可以攻击与自己实力相当的竞争对手，还可以攻击实力弱小的竞争者。

3. 市场追随者

市场追随者是餐饮行业中位于第二、第三或稍后次位，在战略上追随市场领导者的企业。

4. 市场补缺者

处于市场补缺者地位的餐饮企业，它是为了避免与规模很大或实力很强的餐饮企业的正面冲突，走差异化的道路，选择那些未被满足和实现需要的部分市场，提供专门服务，以求得生存与发展。如在餐饮行业中，近年来兴起的各类主题餐饮企业满足了市场中部分顾客的需求，是典型的市场补缺者。

五、确定本餐饮企业的定位

确定了本企业在目标市场中的地位后，应确定餐饮企业的定位。首先，应考虑餐饮企业应以什么样的形象来博取客人的好感与信赖，如位于旅游区的餐饮企业要能体现当地的民族风情和地方特色，才能引起客人的好奇与喜欢。其次，应通过媒介向目标客源市场进行宣传，在选择媒介时，既要注意媒介对餐饮企业目标市场的影响力，又要注意节约广告开支，如针对中青年女性，选择流行的时装杂志作为宣传媒介，就能收到较理想的效果。最后，就是考虑餐饮企业产品，即考虑餐饮产品的种类及餐饮产品的档次，为目标顾客群提供合适的产品品种及产品档次。通过产品的魅力加深餐饮企业在顾客心中的地位，巩固餐饮企业所树立起的形象和信誉。

六、选择市场定位策略

根据餐饮企业在目标市场中的地位，确定市场定位策略。餐饮企业的市场定位方法有：

1. 避强定位

即避开强有力的竞争对手进行市场定位。企业不与竞争对手直接对抗，将自己置于某个市场“空隙”，发展目前市场上没有的特色产品。这种定位方式一般被新生餐饮企业所采用。

2. 迎头定位

即餐饮企业选择与竞争对手重合的市场位置，争取同样的目标顾客，彼此在产品、价格、分销、供给等各个方面和环节很少有差异。这种市场定位策略主要被资源雄厚、实力强大的餐饮企业所采用。

3. 重新定位

在实际经营过程中，由于之前对市场了解得不充分，市场定位可能会出现偏差，餐饮企业在开业后才发现与预期的效果相差很大。这就需要重新定位，以免餐饮企业的经营受到影响。

☞ 实训指导

本项目实训以教师引导、学生参与为主。本实训内容由小组合作练习完成，在小组练习过程中，将运用焦点访谈、头脑风暴等多种方式帮助学生了解学习内容和启发创意。下面将按照前文所述的实训内容，明确每一步骤中学生实训应采用的方法。

步骤一：选择合适的目标市场

在本阶段，教师指导学生掌握细分市场的依据，在掌握其划分依据的基础上，针对每个细分市场，一起探讨细分市场的特征。教师可将学生分为若干小组，每个小组含6～8名小组成员。分成的小组中，有的小组负责以地理为划分依据，探讨细分市场的特征；有的小组负责以人口属性特征为划分依据，探讨各细分市场的特征；有的小组负责以购买动机、消费行为为依据，探讨各细分市场的特征。在分成的小组中，由1名同学负责主持，1名同学负责记录，小组成员共同展开讨论。当然，小组成员之间的分工也可以调换。

步骤二：确定本餐饮企业与竞争对手比较的优、劣势

在本步骤中，主要要求每个小组学生对模拟餐饮企业与竞争对手进行比较，获得模拟餐饮企业的优、劣势。首先由小组学生找出模拟餐饮企业的主要竞争对手，然后将任务分给每个小组的学生，每个小组成员分别承担模拟餐饮企业与其中几个竞争对手的比较，最后将各小组比较的结果以表格的形式进行汇总，获得本餐饮企业的竞争优势。

步骤三：市场定位

根据步骤一的分析及步骤二获得的结论，学生按小组采用“头脑风暴法”讨论餐饮企业的市场地位并确定市场定位，如确定把青年人市场作为模拟餐饮企业的目标市场，就应确定如何树立餐饮企业的形象、如何进行宣传、如何进行产品的定位。

步骤四：选择市场定位的策略

根据模拟餐饮企业在目标市场上的地位，确定餐饮企业的市场定位策略，最后采用纸质的形式对讨论的结果进行整理分析，形成市场定位的可行性方案。

☞ 实训成果

在本次实训结束后，各组以小组为单位，提交一份实训成果为××餐饮企业市场定位的可行性分析报告。

项目二　餐饮企业取名及 Logo 设计

店名是企业的名称，是社会各界人士和顾客识别餐饮企业，使之与其他同类型企业区别开来的标志。企业店名一般由三部分组成：一是属地或地域，即企业所属的地区或覆盖范围。二是名称，即企业字号，它是店名的本质和有别于其他同类型企业的核心，也是企业的商标。所谓店名设计，就是指选用哪几个字词及其含义来确定这一名称，如“广和楼”、“宜兴居”、“长城”、“稻香村”等。三是企业性质或业务内容。这部分的文字和含义大多是相同的，如酒楼、饭庄或餐饮企业等。餐饮企业取名的方法有以下几种：姓氏取名法、地名取名法、风味取名法等。

Logo 是餐饮企业对外宣传的视觉形象核心，是品牌形象的最基础部分。Logo 设计一般可分为文字 Logo 设计、图形 Logo 设计以及文字、图形相结合的 Logo 设计。Logo 设计一般从餐饮企业产品的特点出发，结合公司行业属性进行设计，一个优秀的 Logo 设计能推动餐饮企业的对外宣传，增强餐饮企业的品牌召唤力。

一、餐饮企业取名

1. 餐饮企业取名的方法

（1）以姓氏取名。用姓氏为餐馆取名早已有之，如谭家菜、烤肉季、羊羯子李、馅饼周等。这些餐饮店共同的特点是不但店名突出自己的姓，而且从店名中能体现出经营的具体内容。比如，烤肉季虽说不清名是什么，但可得知老板姓季，是一家经营烤肉的馆子。这种取名法让顾客一目了然，通过店名分析出所经营的具体内容。

（2）以地名取名。以地名取名就是以一个城市的区、县或街巷命名，这种命名方法也较多。其优点是突出餐饮企业所处的地区，使顾客了解餐饮企业的地理位置和方位，就餐时可以更方便地找到。如柳河餐饮企业，说明这家餐饮企业是在柳河旁边。所以，为了使顾客就餐方便，在为餐饮企业取店名时，更应把其店的详细地址和方位告诉顾客。

（3）以风味取名。有些餐饮企业取名不但有姓氏、地区，往往最主要的还是尽量突出自己的经营内容和具体的风味特色。如经营正宗川菜的“金山城重庆火锅城”、经营素菜的“功德林素菜馆”等。这样，不但能使顾客对其风味特色一目了然，方便顾客对菜肴的选择，而且还可节约顾客的时间，这样的餐饮企业很容易招揽客人。

（4）其他方法。除以上几种给餐饮企业取名的方法以外，还有许多值得一提的内容供参考。如以一至十、从百至千的数字取名法。像“一品味”、“两义轩”、“三鲜烧麦馆”、“四海酒家”等，可以以此类推。还有选用方位取名法，如东、南、西、北、中、上、下、左、右等。还有用寓意取名法，如福、禄、寿、喜等。当然还可举出许多取名的方式方法，但所取的店名要与餐馆的具体内涵有关联并切合实际为好。

2. 餐饮企业取名注意事项

（1）应以汉字表示。无论餐饮企业取什么店名（应符合《企业名称登记管理规定》）都应以汉字表示，不能用符号。同时应讲究易读、易记，念上去发音朗朗上口，使顾客一听到店名便能清楚明白，不产生歧义。有的店名就容易产生歧义，如“新兴烤鸭店”，很容易被听成“兴兴烤鸭店”或“星星烤鸭店”；再有“百百万酒楼”很容易被听成“白百万酒楼”。

（2）字数不宜过多。餐饮店名字数不宜过多，否则顾客在读店名和记店名时都会产生疑难，效果必然不好。

（3）店名笔画不宜过多，应避免读音生僻。店名应避免笔画过多或读音生僻，否则可能会给一般的顾客增添麻烦，使顾客不容易认出、读出店名，更不会对其进行宣传，像“冉冉家常菜馆”店名等，也就是说，在给餐馆取名时用词应简洁并使用正规的简化字。

（4）注意有关法律禁忌的规定。给餐馆取名切记注意有关法律禁忌的规定。起政治意识影响不好的店名会使顾客产生误解，如“东洋饭店”、“民国火锅城”、“大日本餐饮企业”，这些店名会对社会造成不良的影响，都应禁用。

（5）应避免侵权。餐饮企业取名应避免侵权，比如，世界上不会有第二家 McDonald's，选取的商标名称应到工商部门核实为合法后尽快登记注册。

二、餐饮企业的 Logo 设计

1. Logo 设计的原则

（1）符合 Logo 总概念的要求。设计者应该对餐饮企业目前的形象资产、企业导入 CI 的基本战略了然于心。

（2）充分考虑到餐饮企业 Logo 的理念表现力及可行性。注明 Logo 的象征意义并提供应用于各种不同视觉传媒的形式说明与缩放的比例及视觉效果说明。

（3）Logo 设计要符合传播对象的直观接受能力、习惯、社会心理、习俗与禁忌。

（4）构思须巧妙、新颖，力求避免雷同或近似。

（5）构图需美观、适当、简练，应讲究艺术效果。

（6）色彩最好单纯、强烈、醒目，力求色彩的感性印象与企业的形象风格相符。

（7）遵循标志设计的美学规律，创造性地探索理想的表现形式。

（8）标志设计一定要注意其识别性，否则就丧失了标志的基本意义，其余都无从谈起。

2. Logo 设计的步骤

（1）市场调研和分析。在 Logo 设计之前，首先应该对餐饮企业进行全面深入的了解，包括经营战略、市场分析以及企业最高决策层人员的基本意愿，这些都是标志设计开发的重要依据；当然，还需要对竞争对手进行调查，这也是重要的步骤，标志的识别性，就是建立在对竞争环境的充分掌握上。因此，专业的 Logo 设计者会要求餐饮企业填写一份标志设计调查问卷（见表 1-2），其调查结果仅供设计者参考。

（2）要素挖掘。要素挖掘是为设计开发工作做进一步的准备。依据市场调查的结果和分析，提炼出标志的结构类型、色彩取向，列出标志所要体现的精神和特点，挖掘相关的图形元素，找出标志的设计方向，使设计工作有的放矢，而不是对文字、图形无目的地组合。

表 1－2　Logo 设计顾客调查表

1. 您的标志类型：
　□企业标志　□产品标志　□网络标志　□非商业性标志
2. 您的企业全称：________　企业英文全称：________
3. 您的企业简称：________　企业英文简称：________
4. 同行业标志中您认为哪几个标志您比较欣赏：
　________
5. 您的企业理念为：
　□以和为贵　□ 以人为本　□科技兴业　□其他________
6. 您的企业性质：
　□三资企业　□民营企业　□私营企业　□国有企业　□外企
7. 您的经营范围为：
　________
8. 您的企业精神为：
　□团结　□奋斗　□拼搏　□严格　□向上
　□创新　□稳健　□保守　□开拓
　其他________
9. 您希望您公司的标志：
　A　□英文组成　□中文组成　□图案构成　□图文结合
　B　□具象图形　□抽象图形　□意象图形　□外文标识　□文字标识
　C　□国内品牌　□国际品牌　□传统老字号　□其他________
10. 您认为您的标志外形为：
　□正方形　□圆形　□横长方形　□竖长方形　□椭圆形　□不规则形　□设计师自定义
11. 您认为标志的感觉为：
　□动感　□热情　□简洁　□丰富　□时尚　□亲和　□前卫　□辉煌　□大气
　□雅气　□活泼　□稳定　□庄重　□果断　□坚定　□力量　□肃穆　□崇高
　□典雅　□潇洒　□飘逸　□丰满　□优雅　□笨拙　□柔和　□精致　□恢宏
　□粗犷豪放　□纤细秀丽　□刚劲坚韧　□富丽堂皇　□由设计师定义
12. 您觉得一个好的标志应该具备什么样的条件：
　________
13. 您的企业简介：
　________

委托人姓名：________
企业地址：________
邮政编码：________
联系电话：________
公司传真：________
E－mail 地址：________
网址：________

（3）设计开发。通过对餐饮企业的全面了解和对设计要素的充分掌握，就可以从不同的角度和方向进行设计开发工作。首先根据构思先画个草图，然后再进行 Logo 设计。学生可采用 Coreldraw 或 Photoshop 等绘图软件，通过对 Logo 的理解，充分发挥想象力，用不同的表现方式，将设计要素融入设计中；标志必须达到含义深刻、特征明显、造型大气、结构稳重、色彩搭配能适合企业、避免大众化等要求。不同的标志所反映的侧重或表象会有区别，经过讨论、分析、修改，最终找出适合企业的标志。

(4) 标志修正。提案阶段确定的标志，可能在细节上还不太完善，这时需要对标志的标准制图、大小、黑白应用、线条应用等不同表现形式进行修正，使标志使用更加规范，同时，使标志的特点、结构在不同环境下使用时，也不会丧失，以便达到统一、有序和规范的传播。

(5) 选择最佳的标志设计方案。一个成功的餐饮企业 Logo 设计应包括以下几个方面的信息：表现公司、产品、服务的可识别性；与同行相比能够明显地区别开来；关于产品价值与质量的传达；提供有价值的品牌服务；表现为无形资产，当人们看到餐饮企业的标志时，他们能通过标志联想到企业提供的高品质产品或服务。

如果 Logo 里没能表达这些信息，那么就需要修改它了，或者听取专业人员的建议，同时也要听取餐饮企业的建议进行修正。

(6) 修正并完善 Logo 设计。根据客户和专业人员的意见或建议修正并完善餐饮企业的 Logo 设计。

3. Logo 设计案例

案例 1：品湘堂酒楼的 Logo 设计

设计说明：标志以湖南湘绣为表现手法，描绘出一幅洞庭、青山、渔夫融为一体的远景图（见图 1－1）。勾起人们对家乡故里、古老往事的深情缅怀与回味。八百里洞庭，烟波浩渺，人们依湖而居，结网而渔，驾一叶扁舟出没于绿水青山之中。展现出一幅生机盎然、国泰民安的景象。“唯楚有材，于斯为盛”标志通过湘绣、洞庭湖、渔船体现出湖南上千年的历史文明和文化底蕴。撒网捕鱼的生动画面形象地刻画出湖湘人的十二字精神：“吃得苦、行得直、耐得烦、霸得蛮”。

案例 2：麦当劳的 Logo 设计

设计说明：以一个大写的 M 作为 Logo 的主体，红色的背景，配上黄色的字母，远远看去又像一扇门，象征着欢乐与美味，象征着麦当劳的“Q，S，C，V”像磁石一般不断地把顾客吸进这座欢乐之门（见图 1－2）。

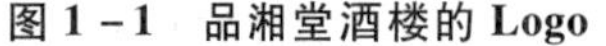
图 1－1　品湘堂酒楼的 Logo

图片来源：http：//www.008gc.com/aboutus/logo.asp.

图 1－2　麦当劳的 Logo

图片来源：http：//image.baidu.com.

☞知识链接

某企业餐厅计划书摘要

1. 达·芬奇餐厅，上海的意大利人喜欢在这儿用餐——上海达·芬奇餐厅
2. 广州海鲜厅，新潮粤菜定令您惊喜万分——广州海鲜厅
3. 意境悠闲，意味不凡餐厅——北京意大利餐厅
4. 法国情怀在北京——北京马克西姆餐厅
5. 有了肯德基，生活好滋味——肯德基
6. 生活如此多娇——肯德基
7. love it（我就喜欢）—— 麦当劳
8. 您吃的鸭子是几号？—— 法国银塔餐厅
9. “美食新体验”、“感官新经历” —— 黑暗餐厅（巴黎蓬皮杜艺术中心广场对面）
10. Go to PIZZAHUT for Pizza（吃比萨还得去必胜客!）—— 必胜客
11. Love Her，Love Haagen - Dazs.（爱她，就爱哈根达斯）——哈根达斯
12. 营养还是蒸的好——真功夫餐厅

☞实训指导

本项目实训以教师引导、学生参与为主。根据实训内容采取小组合作练习。在学生分小组练习餐饮企业取名及 Logo 设计过程中，将运用角色扮演、焦点访谈、头脑风暴等多种方式帮助学生掌握学习内容。下面将按照前文所述实训内容，明确每一阶段学生的实训方法。

步骤一：餐饮企业取名

在本阶段，教师可以指导小组学生掌握餐饮企业名称的构成、取名方法、Logo 设计的方法，并让学生在课外实践掌握 Coreldraw 或 Photoshop 等绘图软件的操作。教师指导小组学生选择某一类型的餐饮企业，比如，选择风味餐饮企业、连锁餐饮企业、主题餐饮企业、中餐餐饮企业或西餐餐饮企业或是快餐餐饮企业，然后依据所设定餐饮企业的特色和文化，参考前面的实训指导内容，为所选的餐饮企业取名。

在为餐饮企业取名时，可采取头脑风暴法，让小组所有学生一起探讨。在探讨的过程中，负责记录的学生，在白纸上记录下餐饮企业取名的备选方案，最终选出一个最佳的取名。

步骤二：Logo 设计

在本步骤中，要求小组学生对上一步骤中通过探讨选出的餐饮企业的名称进行分析，并采用 Coreldraw 或 Photoshop 等绘图软件设计餐饮企业的 Logo。

在设计 Logo 的过程中，可采取焦点访谈法获取餐饮企业对 Logo 设计的要求。教师可将学生分为若干个小组，每个小组含 6 ~ 8 名小组成员。挑选其中一名学生扮演 Logo 设计者，其余的学生可担当餐饮企业的管理人员。Logo 设计者可先设计一份访谈提纲，然后依据访谈提纲，组织和引导其余学生就提纲上的问题进行探讨，并及时将访谈内容进行记录。

根据整理的访谈结果，运用 Coreldraw 或 Photoshop 等绘图软件设计餐饮企业的 Logo，使该餐饮企业能与其他餐饮企业区别开来，并能体现该餐饮企业所独有的特色、文化和经营理念。

步骤三：修正 Logo

将每个小组设计的 Logo 拿到桌面上讨论，所有学生一起展开“头脑风暴”，探讨设计中存在的不足之处，再进行修正。

☞ 实训成果

在本次实训结束后，以小组为单位提交一份报告，内容包括正在筹划的餐饮企业的名称及 Logo 设计，并说明 Logo 的设计思路。

请每位学生将自己的成果写在下面的横线上。

____

____

____

____

____

____

____

____

项目三　餐饮企业组织机构及人员配备

餐饮企业组织机构的建立，既是餐饮业务运作的重要前提，也是餐饮管理的前提，其设置直接影响和决定着餐饮管理的成败和经济效益的高低。餐饮企业，不论其规模大小，一般都包括食品原料采供、厨房加工烹调及餐饮企业服务这三大业务活动。其组织机构设置应根据这些业务活动需要来设计，即将这些业务功能委派给具体的业务部门，使这些业务部门在结构中占有应有的位置。如有的餐饮企业专门设立烹饪部研究烹调技术，发展改进菜谱；有的餐饮企业设立宴会部，招徕宴会业务；等等。

在设置了餐饮企业的组织机构后，应对组织机构中每个岗位配备合适数量的人员。

一、餐饮企业组织机构设置

餐饮企业的类型及规模不同，其组织机构的设置也应不同，但总体来说，餐饮企业一般包括以下部门：采供部、厨房部、餐厅部、宴会部及管事部。从人员构成来看，分为管理人员、采供人员、厨房生产人员及服务员四类人员。

1. 采供部

它是餐饮企业的供应部门，根据实际需要以最有利的采购价格，按时、保质、保量地为餐饮部组织和采购所需的物品，特别是食品原料和酒类饮料等。然后将采购进来的物品送入仓库，分库妥善保管。

2. 餐厅部

直接向客人销售食品、饮料和提供良好的服务，并取得合理的经济收入。

3. 宴会部

接受顾客的预订，承办各种类型的宴会、酒会，根据主办单位与客人的要求及宴会规格，制定菜单，布置厅堂，备餐铺台，同时，为客人提供完整的宴会服务。

4. 厨房部

厨房不仅是餐饮企业的主要生产部门，负责餐饮企业菜品的准备与烹制，满足不同宾客的需要，同时还要负责菜点的创新、食品原料的采购计划的制定及餐饮成本控制等工作。

5. 管事部

管事部也叫后勤部，主要负责厨房、餐饮企业等处的卫生环境，承担所有餐具、用具、器皿的洗涤、消毒、保管和控制，及时将用过的各种布草送交洗涤部门进行洗涤。

二、餐饮企业各岗位的职责

1. 餐饮企业经理的职责

（1）负责餐饮企业的日常工作，定期向餐饮企业领班布置工作和检查工作。

（2）安排好餐饮企业各工种的劳动力、员工班次并核准考勤表，保证业务正常进行。

（3）对重要客人和宴会客人予以特殊的关注。

（4）定期组织员工进行业务培训，交流工作经验，确保餐饮企业的政策和标准得以贯彻执行。

（5）经常组织卫生的检查、评比（包括环境卫生、食品卫生、个人卫生），以确保饮食安全。

（6）检查餐具、设备的完好情况，做好安全和防火工作。

（7）负责餐饮企业的服务管理，协调好与其他部门的关系。

（8）经常与厨房部门沟通情况，反映菜品质量情况，保证食品质量指标控制在最高的水平。

（9）督促、提醒员工遵守餐饮企业的规章制度，严格堵塞偷吃、浪费等漏洞。

2. 厨师长岗位职责

（1）负责厨房生产的管理、计划和组织工作，根据生产要求安排工作班次，搞好厨房员工的培训、成绩评估、激励和奖励工作。

（2）负责制定菜单、开发新菜品、确定菜肴价格。

（3）制定标准菜谱，进行食品生产质量控制。

（4）根据对客人人数的统计和预测，做好厨房生产计划工作。

（5）现场指挥开餐时的厨房生产工作，保证菜品的质量、份额以及出菜速度符合标准，协调各班组厨房的生产，协调餐饮企业和厨房的工作。

（6）负责提出厨房所需原料和用具的请购和请领要求。

（7）负责厨房中的烹调和成本控制工作，杜绝厨房中餐饮成本的泄漏点。

（8）负责厨房的清洁卫生和安全的管理工作。

（9）负责厨房中烹调和加工设备的管理，检查设备的保养和维修状况。

（10）抓好食品卫生和员工个人卫生的管理工作，保障食品卫生符合标准。

3. 餐饮企业主管领班职责

（1）接受餐饮企业经理指派的工作，全权负责本区域的服务工作。

（2）上岗前列队检查服务员仪表仪容，简要布置当班的接待任务，明确分工，对重要接待任务提出具体要求和注意事项。

（3）检查值台服务员工作和备餐柜内物品的准备情况。

（4）与服务员一起做好开餐前的准备工作。

（5）巡视检查餐饮企业环境卫生和餐具卫生情况。

（6）巡视服务员的工作情况，指导和监督服务员按要求和规范工作。

（7）做好班组内的考勤记录，安排好本班组的工作和员工休假。

（8）妥善处理客人的投诉和突发事件。

（9）签领物料用品和饮料单据。

（10）负责重要客人的引座及送客致谢。

（11）完成餐饮企业经理临时交办的任务。

（12）带领服务员做好班后收尾工作。

4. 预订员职责

（1）热情接待宾客预订（包括电话预订），并详细填写宴会预订记录，明确单位、宴请时间、人数、标准及联系方法等其他要求。

（2）根据宾客需要和餐饮企业营业情况，为宾客安排好餐饮企业。根据宴会预订的详细记录和要求，准确地填写任务单，并及时发给有关部门，若有变更或取消，更要及时通知有关部门。

（3）遇有重要的宴会和客人，要及时向主管（经理）汇报。

（4）建立菜谱档案和宴会客史档案，根据宾客要求设计安排菜单。

（5）填好预订情况汇总表，将信息反馈给主管部门，进行宣传促销，开拓客源市场。

5. 吧台服务员职责

（1）掌握各类酒和饮料的有关知识。

（2）凭值台服务员的饮料单发货，做到迅速、准确无误。

（3）按酒吧的操作规程为宾客服务，零售酒类要用量杯。

（4）保持酒瓶与饮料瓶的干净卫生，并按客人的要求给酒和饮料加冰块或加温。

（5）每天做到账物相符，做好销售日报表，进、销、存均有记录。

（6）备足酒和饮料，脱销时要及时采取措施保证销售。

（7）做好开餐前的准备工作和餐后的收尾工作。

6. 迎送员职责

（1）礼貌地迎接客人，引领客人到适当座位就座。

（2）通知区域领班或服务员，以便及时送上菜单及提供其他服务。

（3）了解餐饮企业的客情，平均分配客人到不同的区域，平衡工作量。

（4）负责为客人存放衣、帽等物品。

（5）做好宾客用餐人数的统计。

（6）宾客就餐完毕，将宾客送出餐饮企业，并礼貌地使用道谢语。

7. 送菜服务员职责

（1）开餐前负责准备调料、配料及传菜用具，并主动配合厨师做好出菜前的准备工作。

（2）负责将订菜单上的所有菜肴和相应的调配料，按上菜次序准确无误地送到点菜宾客的值台服务员手里，并请值台服务员核对。

（3）协助值台服务员将餐桌上的空碟带回洗碗间。

（4）负责保养各种传菜用具，掌握特色菜使用器皿的端放方法。

（5）随时搞好备餐间的环境卫生，保证地面、桌面整洁。

（6）负责保管出菜单，以备核查。

8. 值台服务员职责

（1）开餐前做好全面的卫生工作，负责擦净餐具、服务用具等。

（2）服从领班安排，营业前做好各项准备工作，整理好备餐台，准备好餐具、作料及其他用品。

（3）热情主动地接待宾客，熟悉各种菜肴、酒水，做好推销工作，当好宾客的参谋，能按顾客的要求接受点菜。

（4）按餐饮企业规定的服务程序和规范，为宾客提供优质服务。

（5）积极参加培训和训练，刻苦钻研业务，不断提高服务的技能、技巧，提高服务质量。

（6）随时留意客人的举动，以便客人呼唤时能迅速做出反应。

（7）迅速补充餐具和台面用品，保证开餐后的整洁和卫生。

（8）核对账单，并将宾客的付款送到账台结算。

9. 管事领班岗位职责

（1）负责安排碗具、酒具、用具等的洗刷和消毒工作，并按洗刷和消毒的程序，督促属下员工严格执行。

（2）做好检查工作，保证无异味，垃圾及时清理。

（3）做好属下员工的排班、考勤、考绩工作。

（4）做好洗刷用具、用剂的登记保管、领用工作，并监督洗刷剂、消毒剂的调配使用。

（5）严格做好破损餐具的登记，降低损耗和流失。

（6）做好餐饮企业所有餐具定期或不定期的盘点。

10. 洗碗工岗位职责

（1）在管事领班带领指挥下，负责洗刷消毒餐具、酒具、杂具等，洗刷消毒过程中严格按程序和标准操作，保证餐具、酒具、杂具等的清洁卫生。

（2）做好卫生“五四制”中的四过关：一洗、二涮、三冲、四消毒（用蒸汽或消毒液）。

（3）洗刷、消毒过程中注意保护好餐具，尽量减少损耗。

（4）做好清洁、消毒后碗具、餐具的存放，注意分类摆放。

（5）服从安排，遵守各项管理制度。

（6）搞好个人和清洗场所的卫生工作。

11. 收银员岗位职责

（1）掌握现金、支票、信用卡、签单等的结账方法。

(2) 建账、记账、收款、结账要迅速、准确无误，单据要齐全、清楚，宾客对账单有疑问时要复核，有差错时要耐心向宾客解释。

(3) 统计好当天的营业收入，填写营业日报表并附上所有账单。

三、员工的素质要求

1. 餐饮企业管理人员的素质要求

(1) 专业素质。合格的经理人要能操作餐饮产品的生产、制作、销售等一整套流程。餐饮业重在营销，职业经理人要具备扎实的经营管理知识，懂得财务核算等方面的经济学理论。随着信息技术的发展，随着餐饮管理的自动化，要求职业经理人能开发和运用诸如餐饮管理信息化的办公手段。这些过硬的业务能力将是专业素质的核心要素。

(2) 市场意识。市场具有多元化、多变性的特征。餐饮职业经理人要紧跟形势，熟悉市场游戏法则。在此基础上去准确把握餐饮市场的发展趋势，要具备一种前瞻性眼光，在企业的业务拓展、地区市场开拓方面有准确把握。

(3) 创新意识。餐饮业的经营业态和经营特色复杂多样，要求餐饮职业经理人具备创新理念，在企业确定的经营模式中找准目标市场，经营手段和经营技巧要能切合人们的消费意愿，能以创新的观念去自己开拓市场。

(4) 服务意识。服务是餐饮业中永恒的主题，要能准确把握不同消费群体的心理，做到针对性服务、个性化服务，能将餐饮服务过程中的诸多可变因素尽可能地确定下来，通过服务去彰显企业的运营特色。服务同时也包含着一种尊重，一种对业主和顾客的双重尊重。

(5) 人才观念。员工是企业最大的一笔财富。作为企业的管理者，餐饮职业经理人要充分重视员工价值，合理调配企业的人力资源，做到责权分明。要有科学的人才观，善于发现和培养人才，合理使用人才，能留得住人才。

(6) 沟通能力。要与业主、顾客、员工等不同人群处理好关系，需要过硬的沟通能力，需要协调好周围的人际关系。随着餐饮市场的现代化发展，职业经理人要注重沟通技巧，提高沟通本领，要能掌握 1 ~2 门外语。

2. 餐饮企业服务人员的素质要求

(1) 思想素质。政治上坚定，思想上敬业。

(2) 行业素质。一是在服务态度上，讲究主动、热情、耐心、周到地为客人提供服务。二是在仪容仪表上，要符合餐饮从业人员的仪容仪表的要求。三是相关能力的要求，具体表现在语言能力方面，要求为客人服务时使用礼貌用语，做到有问必答、讲普通话，具有一定的外语水平；在应变能力方面，对客人的要求，能做出快速的反应；具有一定的推销技巧和能力；具有一定的观察能力，便于为客人提供及时的服务；同时，还要具备一定的记忆能力、自律能力、服从与协作能力，具备服务技术、技巧。

(3) 身体素质。“身体是革命的本钱。”没有良好的身体，一切皆是空话。因此餐饮企业服务人员及管理人员要适应激烈的社会竞争，面对较重的工作压力，必须具有良好的身体以及健全的心理。

四、餐饮企业员工的配备

在掌握了餐饮企业组织机构的部门设置及各岗位的职责后，下一步就要为每个岗位配备合适的员工。根据组织机构中的人员分工及工作内容，可以按三类不同的人员来进行编制。

对管理人员的编制，采用岗位定员法，即根据工作需要来确定岗位设置，按岗定人；对厨房人员及服务人员的编制均采用劳动定额法，即首先核定劳动定额，再确定人员配备的数量。

在人员配备时，对管理人员的编制、厨房人员的编制、服务人员的编制应采用不同的方法。具体方法见表1－3。

表1－3　餐饮企业人员编制的方法

人员编制类型	步骤	方法
管理人员的编制	根据工作需要来确定岗位设置，按岗定人	岗位定员法
厨房人员的编制	核定劳动定额，再核定人员编制	劳动定额法
服务人员的编制	核定劳动定额，再核定人员编制	劳动定额法

☞实训指导

本项目实训以教师引导、学生参与为主。根据实训内容的不同又分为个人独立练习和小组合作练习。其中，餐饮企业组织中部门的设立、职责以及员工素质的要求等实训内容由学生分小组讨论合作完成。而餐饮企业人员的配置等内容则由学生独立完成。在小组练习过程中，将运用角色扮演法、头脑风暴法等多种方式帮助学生掌握学习内容。下面将按照前文所述实训内容，明确每一阶段学生的实训方法。

步骤一：参观餐饮企业

在本阶段，教师首先介绍餐饮企业组织机构设置中的相关理论，包括组织机构设置的原则、依据，影响人员编制的因素等，然后组织学生对当地的餐饮企业或饭店餐饮部进行参观调研，指导学生了解餐饮企业组织机构的设置和人员编制的情况。

步骤二：探讨餐饮企业各岗位的职责及素质要求

首先，由指导教师讲解餐饮企业各岗位的职责，使学生明确了解餐饮企业各岗位的工作职责。

其次，采取模拟招聘会的形式，由指导教师担任人事总监，告知学生，教师将对大家在德、才、能、体四个方面进行面试。将学生分为若干小组，每个小组有6～8名成员，每个小组选出1名小组组长，负责记录本组面试的具体情况。在模拟招聘中教师将运用角色扮演法、情景模拟、头脑风暴法，在思想道德、服务态度、服务能力、身体素质和心理素质等方面对学生进行测试。如采用头脑风暴法，让学生讨论：假如你是一位餐饮服务员，你将如何为一位挑剔的客人提供服务？各组派一名代表将讨论结果做一个发言；采用情景模拟法，教师出一个情景题：当客人误喝洗手盅里的水时你怎么办？教师先简单解释洗手盅，然后让各组讨论遇到这种情况怎么处理；采用角色扮演法，由部分学生扮演客人，部分学生扮演服务员，了解餐饮企业员工的素质。在模拟面试过程中，教师对回答正确的小组给予一定的表扬，同时给出一定的分数，招聘完成后，由小组组长对本组面试的情况进行汇总，最后由指导教师进行点评。

步骤三：制作参观的餐饮企业的组织机构图

根据组织机构设置的原则、人员配置的方法，学生独立设计参观的餐饮企业的组织机构，并提供组织机构设计参考图样。设计餐饮企业组织机构时要注意：助理应在对应的岗位下方，不能并列；岗位名称的精确度还需要进一步研究：可以上网查，最好能找到各种叫法，甚至能找到英文的，如厨房助理叫打荷，后厨经理叫厨师长。

步骤四：人员编制

在本步骤中，要求学生根据掌握的餐饮各岗位的职责及素质要求，对参观的餐饮企业人员采用岗位定员法或劳动定额法进行人员编制。

☞ 实训成果

本次实训结束后，每组成果包括拟筹划餐饮企业的组织结构图样，企业各部门人员素质要求及本企业员工总数及各部门人数确定（结合教材《餐饮管理——管理与实践》第一卷相关内容）。

项目四　餐饮企业投资预算

餐饮企业投资费用包括筹建费用项目和其他各项费用项目。这些费用项目主要包括考察项目费用、建筑费用、装修费用、采购设备设施费用、采购家具和器皿费用、劳动力成本及运营费用等。

这些费用的预算一般采用两种方法：一种是逐项估算法，另一种是简易估算法。采用费用逐项估算法，应在估算之前根据拟建餐饮企业的规模、标准、档次等，对市场上相同或类似的已营业餐饮企业作全面深入的了解和调查，结合市场行情预测、整理出具有参考价值的数据，以此为依据对筹建费用进行估算。

一、餐饮企业投资预算的内容

1. 考察项目费用

对预投资项目前期的了解、考察和考证费用，这部分费用包括会计核算、法律事务、前期市场开发的费用，电话费、交通费等管理费用。贷款利息，可根据银行的贷款利率进行估算。如果都是用自己的资金投资，可按贷款计算其利息，凭此反映筹建费用的全貌。

2. 建筑费用

餐饮企业建筑费用，占投资中相当大一部分。场地的大小、地理位置，会直接影响到这笔投资费用的多少。根据餐饮企业的用房类型，其建筑费用一般包括新建建筑物的土地费、租赁场地租金、购买现成餐饮企业的转让费。

3. 装修费用

餐饮企业的装修费用，包括对门面、厅面、厨房三个大的方面装修所花的费用，装修时不仅从美学角度去设计，还应根据实际需要去设计。

4. 设施设备和用品购置的费用

设施设备费用包括购置营业使用的烹饪设备、储存设备以及冷藏设备、运输设备、加工设备、洗涤设备、空调通风设备、安全和防火设备及购货用车等的费用，还应包括运输费和安装调试费。家具费用主要包括购买办公家具、员工区域家具、客人区域家具等的费用。器皿费用主要包括采购餐饮企业及厨房经营中使用的瓷器、玻璃器皿、银器、工作服等物料用品的费用。

5. 劳动力成本

餐饮企业劳动力成本由管理人员、服务人员及厨师的工资组成。

6. 运营费用

运营费用包括办证、开业之前的营销费用、广告费用 、培训员工的费用及调试期间的费用等。还应该考虑不可预见的准备金，一般为前几项总和的5% ~30%。

二、投资费用估算

投资餐饮企业的费用估算一般有两种方法：一种是逐项估算法，另一种是简易估算法。下面介绍采用逐项估算法估算投资餐饮企业费用的具体方法以及简易估算法。

1. 估算考察项目的费用

餐饮企业的考察、交通等其他的费用在筹建餐饮企业前已经产生或将会继续产生，对这一部分的费用应做出合理的估算。

2. 估算土地费或租赁房产的租金及“二手”餐饮企业的转让费用

土地费用主要指新建酒楼、饭庄的餐饮企业的用地费用。土地属于国家所有，但又往往归国有企事业单位占用。土地所在的地理位置、交通状况、区位和点位市场环境不同，其费用差别较大。在餐饮企业选址和建筑用地已经确定的条件下，其土地费用预算一般根据建筑用地面积、租用期限长短和实际需要的资金数额确定。预算方法为：

$$土地费用预算额 = 每平方米价格 \times 用地面积 \times 使用期限$$

对租赁场地费用进行估算时，首先聘请专业咨询师对房屋进行全面准确的租赁估算，对租赁场地费要考虑周全，包括公共设施、车位、垃圾台等都要预算清楚；租赁场地费估算最好按每平方米每日多少元计算，不要按月或按年统计算出；租赁场地费用估算要参照周围出租费用行情；要考虑房租的付费方式和押金。预算公式为：

$$房屋年租金 = 每平方米租金 \times 租用面积 \times 年营业天数$$

“二手”餐饮企业的转让费主要适用于租用转手餐饮企业的餐饮企业。这种企业的餐饮企业转让费除房屋租金外，承租人还要向原租房人即餐饮企业转让人支付一定数额的设备用品转让费。其费用多少，主要由承租人和转让人之间协商谈判，根据其所转让的设备用品的种类、数量、原价、可用程度等，经过讨价还价确定，其转让费用都是一次性的。

3. 估算装修费用

餐饮企业的类型及装修的档次不同，其成本预算将会有很大的不同，可以从市场报价中获知同类型或类似餐饮企业的装饰费用，也可以将装修的每个项目进行分项预算。

4. 估算设施设备及用品购置的费用

估算设施设备及用品购置的费用时，应先确定餐饮企业的服务方式和桌位数，计算出各种设施设备及用品需要的数量，再根据市场价格即可进行估算。其预算方法为：

$$设备用品购置费用 = \sum 设备用品单价 \times 购置数量 + 附加费用$$

5. *劳动力成本的估算*

餐饮企业劳动力成本由管理人员、服务人员及厨师的工资组成。可按不同人员的工资标准乘以人数来估算。各类人员的工资水平，在各劳动力市场都有平均工资标准可供参考。

与逐项估算法相比，采用简易估算法相对简单，即以与拟建餐饮企业面积大小直接相关的座位数估算筹建费。例如，某餐饮企业计划建成200个座位的中小型餐饮企业，每天午、晚两个时间段营业，每位客人平均消费20元，投资费用预算一年内收回，估算总投资费用为100万元，每个座位的投资费用为5000元。

一般来讲，需要准备比上述资金预算更为宽裕的资金，才能在发生意外成本时从容不迫地应付。

☞ 实训指导

本项目实训以教师引导、学生参与为主。根据实训内容采用小组合作练习。在小组练习过程中，将运用焦点访谈法、头脑风暴法等多种方式帮助学生掌握学习内容。下面将按照前文所述实训内容，明确每一阶段学生的实训方法。

步骤一：选取实训餐饮企业

在本阶段，教师指定或让学生自己选择当地市场上的一家餐饮企业，作为实训餐饮企业。对所选取的餐饮企业进行充分的调研：了解其面积大小、设施设备的配备情况、装修情况、房租等情况，用笔记录下调研的结果。

步骤二：考察调研当地相关市场

老师给每组学生分配不同的市场进行考察，如A组考察建材市场，B组考察装修市场，C组考察酒店餐饮用品市场，D组考察租赁市场等。目的是让学生了解餐饮企业筹建中的各项费用及其价格的预估。

步骤三：预算实训餐饮企业的费用

针对选定的实训餐饮企业，教师给每个小组分配任务，分别对建筑费用、装修费用、设施设备和用品购置的费用、劳动力成本及运营费用等进行估算。依据前面所讲的投资餐饮企业的费用估算的方法，每个小组成员对选取的实训餐饮企业的投资费用进行核算。

☞ 实训成果

本次实训结束后，每个小组学生的成果为餐饮企业某个具体的项目费用清单及其预算结果。

☞ 相关知识点

餐厅计划书的撰写

餐厅计划书是描述特定时期内餐饮企业实际经营过程的文本。它一般包括创意描述、经营目标、市场分析、管理团队、经营计划、资本结构、财务预测及附录等几个方面。

1. 餐厅创意的描述

这一部分主要介绍创办餐厅的概况、餐厅的产品及服务、菜单、竞争优势以及成立地点和时间、创意形成过程等基本情况。

2. 经营目标

这一部分主要说明餐厅的发展目标，包括餐厅在不同的时期能达到的规模及实现的利润等目标。

3. 市场分析

市场分析内容可以从可行性分析研究中直接摘录过来，包括地理位置、当地市场、竞争者、产业趋势等内容。当然也包括创办餐厅过程中存在的威胁。因为餐厅投资者或贷款人希望看到创办餐厅过程中存在的优势和劣势，如果没有劣势，说明市场研究者可能忽略了某些重要的信息。

4. 管理团队

对投资者及贷款人来说，管理团队是谁，这非常重要，因为管理团队是谁，这在某种程度上影响着投资者及贷款人的决策。因此需要对管理团队进行介绍，包括介绍他们的职务、工作经验、受教育程度等，主要介绍管理团队成功的经验。对餐厅的全职员工、兼职员工人数，哪些职务有空缺等要进行说明。

5. 经营计划

这一部分主要介绍餐厅是如何运作的，包括餐厅发展战略、菜品生产和服务计划、员工的配备及顾客管理等。

6. 资本结构

这一部分主要介绍餐厅目前及未来资金筹集和使用情况、餐厅融资方式，要提供融资前后的资本结构表等。

7. 财务预测

新成立的餐厅及已经成立的餐厅均应提供未来五年的财务报表预测。已经成立的餐厅还应该提供过去 3～5 年的财务报表。

8. 附录

附录中包括支持上述信息的资料，如管理层简历、销售手册、产品图纸等；其他需要介绍的地方。

编写餐厅计划书时，尽管需要按照以上八个方面的内容进行编写，但由于阅读餐厅计划书的人不同，因而在内容的编写上应有所侧重。比如，餐厅向银行和投资人所编写的计划书是不同的，银行需要餐厅提供可以抵押的固定资产，而潜在投资者需要获得更高的投资回报。

☞ 知识链接

某企业餐厅计划书摘要

计划书摘要：
一、公司经营目标与商业模式
二、项目建设内容与规模
三、项目财务预测

四、融资要求

第一章　企业概况

一、企业基本情况

1. 项目业主信息

2. 公司历史沿革

3. 公司组织结构

4. 公司人员构成

二、企业经营业绩

三、公司管理团队

1. 主要团队管理人员

2. 团队素质

第二章　企业产品及服务

一、企业经营模式

二、企业主要服务产品结构

三、中心餐饮与直营餐饮

1. 中心餐饮店规划

2. 餐饮店设计

3. 餐饮运营管理

4. 直营餐饮运作计划

四、加盟餐饮

1. 加盟餐饮经营模式

2. 加盟业务操作与流程

3. 加盟成本费用和投资预测

4. 加盟商利益分析

五、增值服务

1. 电子商务服务

2. 物流服务

六、服务质量控制

第三章　行业分析和市场分析

一、行业现状及发展前景

1. 行业现状

2. 行业发展前景

二、客源市场分析

1. 市场潜力

2. 市场增长预测

3. 目标市场

4. 市场份额

三、市场竞争及对策

1. 市场竞争情况

2. 竞争对策

四、政府产业政策

第四章　营销战略与 CIS 计划

一、营销目标

二、营销策略

1. 品牌策略

2. 服务市场定位与组合策略

3. 价格策略

4. 销售方式与渠道营销策略

5. 广告策略

6. 促销策略

7. 公关策略

三、营销队伍建设计划

四、CIS 计划

1. 企业 CIS 战略

2. 餐饮统一 CIS 系统

五、售后服务体系

1. 服务宗旨

2. 售后服务体系及基本功能

六、饮食文化活动营销策略

第五章　项目建设计划

一、项目建设内容与规模

二、项目选址及项目地区概况

1. 项目选址

2. 项目地区简介

三、直营中心餐饮建设计划

1. 建设内容与投资概算

2. 建设进度

四、餐饮项目建设计划

1. 建设内容与规模

2. 建设进度

3. 餐饮店建设投资概算

4. 商务网建网计划

5. 网络系统投资概算

6. 建设成本控制

第六章　发展战略及目标

一、公司长期发展战略

二、战略发展目标

1. 质化目标

2. 量化目标

三、企业经营发展战略

1. 企业总体经营发展战略

2. 企业运营体制

3. 产品服务发展战略

4. 资本运营战略

5. 国际发展战略

第七章　公司的管理

一、公司管理组织结构

1. 公司总部机构设置

2. 餐饮店机构设置

二、管理机制

1. 董事会领导下的总经理负责制

2. 人才激励机制

3. 财务控制机制

4. 监督机制

5. 管理信息系统（MIS）

三、人力资源计划

1. 公司雇员计划

2. 教育与培训

四、企业文化

1. 企业文化建设的重要性

2. 企业文化建设的目标

3. 企业文化的构成

4. 企业文化建设方案

5. 企业文化的实现

第八章　财务分析

一、营业收入预测

二、营业成本与费用规划

1. 营业成本

2. 营业费用

3. 管理费用

4. 财务费用

5. 总成本费用

三、资本支出

四、损益表和现金流量表

1. 常规假设

2. 特定假设

3. 利润预测及现金流量表

五、财务分析结论

第九章　融资要求及说明

一、资金需求及使用计划

1. 项目资金需求

2. 资金方案

3. 要求资金到位时间

二、投资建议及股本结构

1. 融资方式

2. 股权融资及股本结构

三、投资者权力的安排

四、投资者介入公司业务的程度建议

五、风险投资退出方式

第十章　风险及对策

一、行业风险及对策

二、市场风险及对策

三、经营管理风险及对策

四、融资风险及对策

五、不可抗力及对策

附件附表

一、附件

1. 营业执照影印本

2. 董事会名单及简历

3. 主要经营团队名单及简历

4. 专业术语说明

5. 专利证书生产许可证鉴定证书等

6. 注册商标

7. 企业形象设计宣传资料（标识设计、说明书、出版物、包装说明等）

8. 演示文稿及报道

9. 场地租用证明

10. 工艺流程图

11. 服务项目市场成长预测图

二、附表

1. 主要服务项目目录

2. 主要客户名单

3. 主要供货商及经销商名单

4. 主要设备清单

5. 市场调查表

6. 预估分析表

7. 各种财务报表及财务预估表

实训内容巩固

一、应用题

1. 根据所学知识，为本校实习餐饮企业或实习酒店餐饮部进行市场定位，并将结果与该餐饮企业的定位进行比较，找出本次定位与原来定位有何不同，并解释原因。

2. 运用餐饮企业取名及 Logo 设计的方法，为当地一家经营不善的餐饮企业重新取名并对其 Logo 进行设计。

3. 运用组织机构及人员编制的方法，对实习餐饮企业或酒店餐饮部进行组织机构的设计，指出原组织机构设置是否需要完善并说明原因。

4. 采用逐项估算法，试对当地一个餐饮项目进行投资预算。

二、案例分析题

"俏江南"，面向商务人群

"俏江南" 目标消费人群主要面向商务人群。

商务人群的消费需求首先对环境比较看重，比较看重环境的品位、氛围。为了方便商务宴请，"俏江南" 不仅从环境、菜品、价格、服务等方面有针对性地满足了商务人群的需求，在就餐地点上更是选择了就近商务人群的 "商务楼宇" 内，作为终端。不仅方便商务宴请，对于某些高级白领而言，也提供了优雅的中午用餐环境。

而在用餐环境的打造上，"俏江南" 极大地满足了商务人群高雅的审美情趣，以及充分满足了他们在宴请时的 "面子"；他们极其注重装修的时尚感，以及集个性与艺术空间于一体的高档中餐餐饮企业就餐环境。同时，相比于其他开设在高档写字楼的餐饮企业，"俏江南" 价位要低，吸引了很多普通白领光顾。而这类人群，也是具有强劲消费能力的人群。正是凭借针对这个消费群体的举措，"俏江南" 获得了市场的成功。

明确的市场定位无疑是 "俏江南" 成功的关键。"俏江南" 从一开始就将目标锁定于商务人群，在此定位下，衍生出符合商务人群消费心理的菜品、服务、就餐环境，有效地满足了商务人群的消费需求。

知道自己的受众究竟是谁，在哪里，喜欢什么……因而打造出相应的菜品、环境、服务……进一步规划出品牌的个性和远景，才是建立一个百年老字号品牌的良好开端。

资料来源：营销在线：http：//www. sc19811. com/news/article_ 4156/.

问题：

1. 谈谈餐饮企业市场定位的重要性。

2. "俏江南" 是如何进行市场定位的？

请将解答写在下面。

* *

学生学习小结：

学生疑问：

学生建议（对课堂组织、内容安排、实验方法等）：

成绩评定：________________教师（签字）________________

______年______月______日

模块二　菜单策划与设计

美国的餐饮学者 Donald E. Lundberg 曾指出："最赚钱的餐厅是那些能够提供符合市场需求的菜单的餐厅，它们能将平淡无奇的菜单赋予魅力，以吸引顾客的青睐。"构思巧妙、寓意深刻的菜单能让人过目不忘。在餐饮运作和管理中，菜单的策划和设计是餐饮经营中一个至关重要的环节。菜单是餐饮企业的形象和促销的工具之一，其装帧设计应与餐厅的形象及文化主题相吻合。菜单策划与设计是在市场调研、市场细分、市场定位的基础上进行的。

☞ 实训目的

本模块分为三个实验项目，即菜单设计前的调查与分析、菜单的内容策划、菜单的版式及装帧设计。该模块实验旨在通过学生参与菜单的策划与设计的实践过程，有意识地培养学生收集信息、应用信息、策划与设计的能力，让他们深刻认识到菜单在餐饮企业经营管理中的地位和作用。

☞ 实训器材准备

本模块实训需准备的器材有：

（1）电脑。安装 Windows 2000 及以上操作系统，能支持 Office 2000 及以上的办公软件。每 1 ~2 位学生配备一台电脑。电脑将用于餐饮企业菜单信息收集和设计制作菜单。

（2）菜单。餐饮企业各式菜单数份；上几届学生设计菜单数份。

（3）若干张白纸和书写笔。每位学生都需配备若干张白纸和若干支书写笔，白纸和书写笔将用于记录分析的结果和讨论的思路与重点内容。

（4）白板和白板笔。每组学生配备一块白板和若干支白板笔，白板和白板笔将在对菜单创意与设计思路讨论时使用。

☞ 实训场地要求

本实验采用室内外实验相结合的办法。在对餐饮原材料供应市场充分调研的基础上，进行菜单的室内设计。室内设计可在安装有 PS、AI、CDR 、CAD 或 Photoshop 等平面设计软件的电脑的实验室进行。其余实验内容，可在具有足够空间的教室或实验室（桌椅可挪动）进行，建议室内采用岛屿式布局，以利于实施分组讨论。

☞ 实训方法

实训方法为分组讨论法、头脑风暴法、焦点访谈法等。

备注：为了顺利、高效地实施本次实训，达到预期的效果，实训一开始，老师应指导学生填写“菜单设计工作任务书”（见附件1）。

项目一　菜单设计前的调查与分析

菜单设计前，餐饮企业相关策划及设计人员要充分做好市场调查研究，如各式菜单的收集及分析、消费者需求、食品原材料及酒水供应及价格情况、成本核算等。只有做好这些准备工作，菜单的设计才能有的放矢，符合本企业的总体经营方针，凸显企业文化特色。

一、资料准备

准备的材料应包括：各种旧菜单（包括企业正在使用的菜单）、标准菜谱档案、库存信息和时令菜单、畅销菜单等；各种烹饪技术书籍、普通词典、菜单词典、菜单食品饮料一览表及过去的销售资料。

二、消费者调查分析

在着手进行菜单设计之前，必须做好与餐厅相关的各方面的调查研究工作，以保证菜单设计具有针对性、可行性和高质量。调查研究主要是了解和掌握与餐厅经营活动有关的情况。调查越具体，了解的情况越详尽，设计人员心中越有底，越能与顾客的需求相吻合。设计人员应充分运用消费者行为理论，经过对消费者的调查分析，制定被企业目标顾客所认可的菜单。

三、原材料及酒水市场调查

列明菜点在生产过程中所需要的各种主料、辅料及调味料的名称、数量、操作方法，分量大小和装盘工具及其他必要的信息。然后制定调查计划，进行原材料市场调查，掌握原材料供应情况、购销渠道、批零价格、质量状况等。同时也进行酒水购销的相关调查。

四、确定菜单的风格及厨房设施需求

餐饮企业经营目标、规模、档次、主题文化等与菜单的风格、种类的拟定和厨房设施设备配置有着密切的关系，是菜单设计的依据和指导。进行菜单设计时需要明确餐厅是面向散客还是团队，是采用传统服务方式还是自助方式；明确菜肴的品种、数量、质量标准及风味特色；明确食品原料的品种和规格；明确生产设施、生产设备和生产时间要求。

五、确定菜肴及酒水售价

在确定食品原料、能源成本、经营费用和人工成本等的基础上，计算出菜肴的成本。菜肴成本的计算方法通常可采用成本加成定价法、目标利润定价法、理解价值定价法和通行价格定价法等。

☞ 实训指导

本项目实训以教师引导、学生参与为主。本实训内容由小组合作练习完成，在小组讨论过程中，将运用案例研讨、焦点访谈、头脑风暴等多种教学方法帮助学生了解学习内容和启发创意。

步骤一：资料收集

在本阶段，教师可将学生分为若干小组，每个小组含 6 ~ 8 名成员。在老师的指导下，实行组长负责制。首先由组长组织本组成员讨论每个成员的工作任务，然后拟定收集资料的方法，接着组员各自开展行动，最后在组长的带领下，将资料进行分析并汇总。例如，学生可利用互联网搜索关于餐饮企业菜单设计的相关信息，并在电脑上用 Word 文档格式加以整理。在小组讨论中，由 1 名学生（组长）负责主持，1 名学生负责记录。

步骤二：目标顾客行为调查

教师可以指导各小组学生独立设计一份切实可行并能有效搜集包含菜单设计信息和顾客需求信息的问卷调查表。在本阶段，各小组可事先设计调查的问题，例如：

问题 1：您喜欢哪种材质的菜单？

A 纸质□　　B 丝绸□　　C 塑料□

D 竹简□　　E 其他□______（请注明）

问题 2：您希望本餐厅顾客每餐消费的平均价位是？

A 50 ~ 80 元□　　B 81 ~ 130 元□　　C131 ~ 180 元□

D 181 ~ 250 元□　　E 251 元以上□

问题 3：您期待的爱情主题餐厅的主题色是哪种颜色？

A 玫瑰红□　　B 浅粉色□　　C 海水蓝□

D 柠檬黄□　　E 其他□______（请注明颜色）

教师首先要启发学生明确所设计的餐饮顾客菜单需求问卷调查表是针对哪一种类型的餐饮企业，比如，是主题文化餐厅、中餐厅、西餐厅还是快餐企业。然后学生依据所设定餐饮企业的特色，在电脑上用 Word 文档设计一份餐饮顾客菜单需求调查问卷表。接下来确定调查区域、调查对象及访谈人数等，各组员分头行动，在规定的时间内完成实地调查。最后在教师指导下，各组对调查结果进行分析，写出分析结论。

步骤三：原材料及酒水市场调查

在这一阶段，教师首先布置调查的任务，例如在规定的时间内，调查出不同原材料供应市场的蔬菜、海鲜、肉类、调味品、酒类、饮料等的价格情况。然后各组在组长的带领下讨论调查方案（含调查路线、渠道、分工、汇总、报告撰写等），交老师审定后进行方案的实施。

步骤四：菜单的风格及厨房设施的确定

不同类型、规模的餐饮企业，其厨房所要配备的设施设备有一定差异，这需要根据菜单来确定。中餐厅、西餐厅及咖啡店的厨房设备存在较大差异，如中餐厅可能会用到洗碗机、消毒柜、加热器、冷藏设备、烘烤箱、橱柜、层架、制冰机、冰铲、喷火枪、花边网、刨丝机、鱼炉、搅拌机、绞肉机、发酵机、去皮机、煎盘、肉锤等。而咖啡店的厨房设施则不同，如小型咖啡店的设备配备就另有其特色（见表 2 - 1）。

本阶段，在教师的引导和启发下，由各小组组长主持，讨论本小组拟筹划的餐饮企业的菜单风格、形制、菜品酒水目录等。在小组讨论中，由 1 名学生（组长）负责主持，1 名学生负责记录。

表2-1　咖啡店的设备配备

类别	编号	名称	单位	数量	备注
A 设备类	A01	意大利原装进口三头式半自动咖啡机	部	1	
	A02	软水器（含净水器）	组	1	
	A03	咖啡机专用SPR欧式罩头	部	1	
	A04	意大利原装进口磨咖啡豆机	部	1	
	A05	美国进口制作冰砂专用机	部	1	
	A06	咖啡店贩售专用2.2m冷藏展示柜（蛋糕柜）	部	1	
	A07	储放咖啡用品小型冰箱	部	1	
	A08	产量30公斤专用制冰机	部	1	
	A09	过滤器	部	1	
	A10	烤箱	部	1	
	A11	配电箱（含开关）	台	1	
	A12	CD音响	组	1	
B 用品类	B01	SPR咖啡绿瓷杯（大）	12个/箱	1	
	B02	SPR咖啡绿瓷杯（小）	12个/箱	1	
	B03	多功能进口专用不锈钢杯（中、小）	个	2	
	B04	进口专用温度感应棒（温度计）	支	1	
	B05	进口专用玻璃调制量杯	个	2	
	B06	专业用冰奶泡钢杯	个	1	
	B07	专业用咖啡粉渣槽	个	1	
	B08	1/3不锈钢份盆	个	1	
	B09	置物不锈钢方盘50mm×35mm	个	1	
	B10	不锈钢蛋糕铲	个	1	
	B11	不锈钢蛋糕夹	个	1	
	B12	白瓷盘	个	3	
	B13	SPR文化衫	件	4	
	B14	SPR帽子	顶	4	
	B15	SPR绿围裙	件	4	
	B16	干果竹筐（含包筐绿带2条）	个	2	
	B17	SPR专用爵士CD碟片	片	1	
	B18	磨豆机毛刷	支	1	
	B19	不锈钢汤匙	支	2	
	B20	专业用挤压瓶	瓶	2	
	B21	密封罐	个	2	

步骤五：确定菜肴及酒水售价

成本加成定价法是一种最基本、最简单的定价方法，即以成本为基础，再加上一定的加成来确定产品定价。具体做法主要有外加毛利率法和价格系数法（成本系数法）两种。外加毛利率法的计算方法为：

售价 = 成本 ×（1 + 毛利率）

价格系数法的计算公式为：

售价 = 成本 × 价格系数（价格系数 = 1 ÷ 食品成本率）。

在教师的指导下，各组讨论并采用其中一种定价方法，将它作为本组菜单定价的方法。

☞ 实训成果

在本次实训结束后，各小组实训成果为《××餐饮企业餐饮原材料市场调查报告》和《××餐饮企业菜单设计调查表》。

项目二　菜单的内容策划

菜单作为餐饮企业的产品目录和营销工具，在内容和形式上要体现企业的经营特点，准确地将销售信息传递给消费者，并能起到广告宣传的作用，引导和促进顾客购买餐厅的产品和服务。

一份完整的菜单，在内容策划上应包含以下四个方面：

一、菜肴的选择

菜单上列出的菜肴是顾客就餐时决策的依据，是菜单设计的重要内容之一。菜肴的选择和计划要反映出餐厅的经营风格，并能满足顾客就餐的需求。菜肴选择合理可促使顾客产生购买的欲望，还能吸引他们下次再来，从而提高餐厅的收入和利润。在进行菜肴选择时应遵循以下几个原则：

第一，菜肴选择要迎合目标市场的需求。

第二，所选菜肴应体现餐厅的档次和特色。

第三，所选菜肴应保证供应。

第四，选择赢利潜力较大的菜肴，为餐厅带来最佳经济效益。

第五，菜单选择要注意品种的均衡。

二、菜肴的名称和价格

1. 菜肴的名称

菜肴的名称直接影响就餐者对菜肴品种的选择。菜单上的品名会在就餐顾客头脑中产生一种联想。顾客在选择菜品时，对于未曾用过的菜肴，往往会凭菜品名称去挑选。消费者对某一餐厅是否满意，不仅仅取决于阅读了菜单之后对菜肴产生的期望值，还取决于餐厅提供的菜肴能否满足消费者的期望。菜肴命名通常的方法有：

第一，以质感定名。如重庆的“弹性豆花鱼”、“脆皮粉蒸肉”、广东的“爽口牛肉丸”等许多菜品，都是直截了当地告诉顾客，菜品是什么口感，让你吃得明明白白。

第二，以主料定名。如“红子鸡”、“东江酿豆腐”、“烤乳猪”、“豉汁盘龙鳝”、“北京烤鸭”、“东来顺涮羊肉”、“茉莉鱿鱼卷”等。从菜名看都是不加修饰，朴素大方，用什么料取什么名，便于顾客把握菜品的特点，因此也就方便顾客点菜了。

第三，以烹制方法定名。如“石烹豆花”、“铁板牛肉”、“滑炒鸡片”等，都是以烹调方法命名的。

第四，以成语、吉祥语命名。某酒楼一款苦瓜烧肥肠，取名为“一不怕苦，二不怕死”，让顾客吃得妙趣横生。某餐厅在情人节推出了一道叫“燃情岁月”的菜品。猪肉、鸡肉、香菇合烧后，用锡箔纸包上放入盘中，再放上两朵玫瑰，盘中倒入酒精，上桌点燃后，似乎两颗心也燃烧起来。其他如大枣、花生成菜的“早生贵子”，百合成菜的“百年好合”等都是以成语、吉祥语命名的。

第五，以名人、典故定名。中国的传统名菜，许多都是借名人之名来命名的。如“贵妃鸡翅”、“太白鸡”、“东坡肘子”、“宫保鸡丁”等。但我们在为菜品取名的时候，不妨用店主、厨师或普通人名来命名，这样使之更贴近大众，更显亲切，更觉风味地道。如“麻婆豆腐”、“宋嫂鱼羹”、“钟水饺”等，这样就更显自然、亲切。以典故命名的，如“霸王别姬”、“过桥米线”、“叫花鸡”等。

2. 菜肴的价格

菜肴的价格既是厨师操作、配置菜肴的依据，又是顾客消费结账的凭据。所以其价格标注应明码标价，清楚明确，切忌有修改的痕迹。

根据国际上通行的做法，菜单上菜肴的名称和价格必须具有真实性，即：

第一，菜肴名称要名副其实。真实的菜肴名称可以使顾客立即明白菜肴的真实内容，便于选择和接受。清楚明白的菜肴名称在便于顾客选择的同时，也省略了餐厅服务人员的解释说明。

第二，菜肴的质量应真实可靠。菜肴的质量真实是指，应确保原料的质量和规格要与菜单的介绍相一致，原料的产地必须真实。

第三，菜肴的收费应童叟无欺。菜肴的收费应与实际供应的相符，对顾客无欺无瞒。

第四，菜肴的外文名字须准确无误。

三、菜肴介绍

菜单应对某些菜品进行介绍，配以简洁的文字描述出该菜品的主要原料、烹饪方法和风味特色。有些菜肴名称或源于典故，或追求悦耳，顾客不易理解，而菜肴介绍往往可以代替服务员向顾客介绍这一环节，帮助顾客在斟酌之后下决心挑选某些菜肴，并能减少顾客的选菜时间。菜单上应列出向顾客介绍的以下内容：主要配料以及一些独特的浇汁和调料、菜肴的烹调和服务方法、菜肴的分量、菜肴的辣味程度、菜肴的烹调等候时间和重点促销的菜肴等。

四、告示性信息

除菜肴名称、价格等这些菜单上面必不可少的核心内容之外，菜单还应提供一些告示性信息。告示性信息必须简洁明了，一般包括以下一些内容：

1. 机构性信息

（1）餐厅名称。

（2）餐厅地址、联系电话。

（3）商标标识（Logo）。

（4）组织机构。

2. 服务性信息

（1）餐饮企业的特色风味。

（2）餐厅营业时间。

3. 餐厅荣誉性信息

对于餐厅的规模、历史背景和特色、成长历程、知名人士光顾本餐厅的图片及赞语以及权威性宣传媒体对本餐厅的报道等，我们可将其简明美观地列在菜单中合适的位置。

☞ 实训指导

本项目实训以教师引导、学生参与为主。本实训内容由小组合作练习完成，在小组讨论过程中，将运用案例研讨、头脑风暴等方法帮助学生理解学习内容和启发创意。在小组讨论中，由 1 名学生（组长）负责主持，1 名学生负责记录。

步骤一：菜肴的选择及品名的制定

该步骤以教师指导、学生参与为主。学生根据各小组拟定筹划的餐饮企业的类型、规模、风味特色等，制定菜品计划。如中餐可根据顾客进餐的程式：冷盘、热菜、汤、小吃、主食先进行分类，然后列入选择的菜品和小吃等。

步骤二：菜肴的价格

结合本模块项目一来制定。

步骤三：菜肴介绍

该步骤以教师启发、学生参与为主。有些以典故、成语、吉祥语命名的菜肴，从名称上顾客无法理解菜肴的口味、主辅料，做一些必要的说明就显得非常重要。另外，尤其是特色菜，要以简明的文字加以重点强调。如有些餐厅在菜名后用辣椒的个数表示其辣味程度，既直观又有趣。图片是目前较流行的方式，色、味、形、器一目了然，至于口味，还可以从图片内容加以推测。

步骤四：告示性信息

在这一阶段，教师可以启发引导学生。告示性的信息尽可能要全面，一方面方便顾客查询；另一方面又增加了餐饮企业的透明度。这些信息在整体上给顾客一种真实、放心的感觉，同时提高了企业的美誉度。教师可采用一些知名餐饮企业的案例加深学生的理解。

☞ 实训成果

本项目实训成果为菜单设计初稿。

项目三　菜单的版式及装帧设计

一份精心设计的菜单不仅能够通过提供信息向顾客促销，而且其装帧精美、雅致动人、色调得体、洁净大方也会使顾客心情舒畅并会对餐饮企业的经营和烹调产生好感；顾客会忍不住欣然解囊，乐于点上几道佳肴，体会菜单艺术带来的独特情调。不仅如此，顾客还可以将精美的菜单带回去，与亲朋好友共赏。此外，餐饮企业还可以制作成各种漂亮的宣传品陈列在潜在的顾客易见之处，或者在街头向过路客散发宣传品，或者在报纸、杂志上刊登广告，也可以把宣传品直接邮寄给潜在顾客。这些都是广告宣传，可以扩大餐饮企业的影响力。而一份印制粗劣、污渍斑斑、读起来很费劲的菜单给人的印象就会不佳。这样的印象一旦产生势必会影响餐饮企业的经营业绩。

一、菜单内容的版面位置安排

1. 菜单内容排列顺序

通常情况下，菜单内容一般按顾客就餐顺序排列。这样，顾客能很快地通过菜肴类别找到自己心仪的菜品，同时又符合人们正常的思维习惯。在菜单设计中，西餐菜单的排列顺序一般是：开胃品、汤、色拉、三明治、甜点、饮品；中餐菜单排列的顺序则为：冷盘、主菜、汤、主食、饮料等。

2. 重点促销菜肴的版面位置安排

重点促销菜肴可以是时令菜、特色菜、研发的新菜品等。既然是重点促销菜肴，就应该将这些菜肴名称安排在菜单上的醒目位置。菜肴名称在菜单上的位置对于此类菜肴的推销有很大影响。要使推销效果明显，必须遵循两大原则：首部和尾部。将重点促销菜肴放在菜单的开始处和结尾处，因为这两处位置往往最能吸引顾客阅读的注意力，并在顾客头脑中留下深刻的印象。有些餐饮企业将盈利最大的菜肴名称放在顾客第一眼和最后一眼所注意到的版面位置。经统计，顾客几乎总是能注意到同类菜品的第一个和最后一个菜肴名称。菜单上有些重点推销菜、名牌菜、高价菜和特色菜或套菜可以采用插页、夹页、台卡的形式单独进行推销。

另外，不同表现形式的菜单，其重点推销菜品的版面位置是不同的。如单页菜单，其上半部就是重点推销菜品的版面位置（见图 2－1）。

双页菜单的右上角为重点推销菜品的版面位置，该版面位置是以上边及右边的 3/4 做出一个三角形（见图 2－2）。

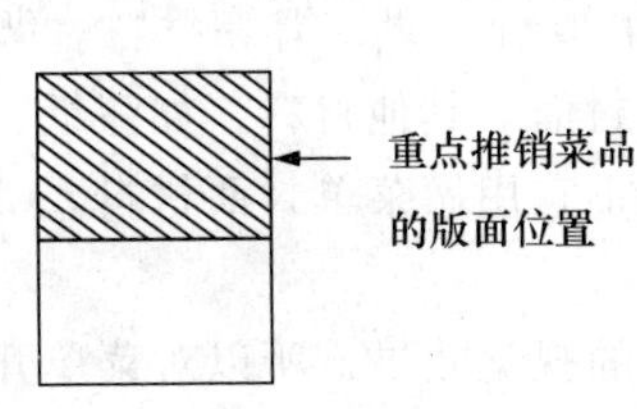

图 2－1　单页菜单的版面位置

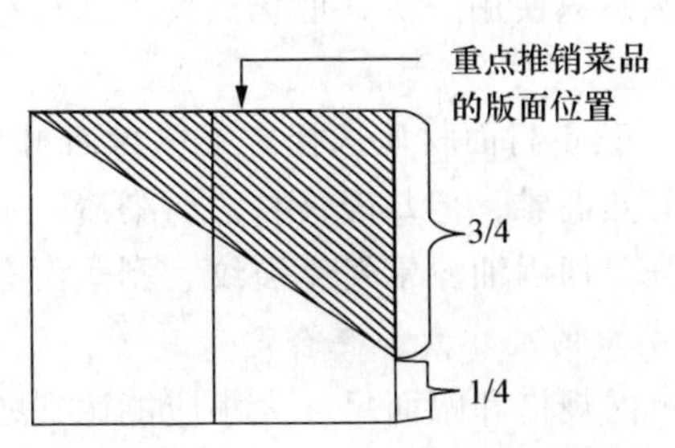

图 2－2　双页菜单的版面位置

三页菜单对菜肴推销很有利，中间部分是顾客打开菜单首先注意的地方，然后顾客的视线移至右上角，接着移至左上角，再到左下角，最后又回到正中。对人们眼睛注意力研究的结果表明，人们对菜单正中部分的注视程度是对菜单其他部分注视程度的7倍。因而中页的中部是最显眼之处，应放上餐厅最需要推销的菜肴名称。阅读三页式菜单的视线先后注意过程见图2－3。

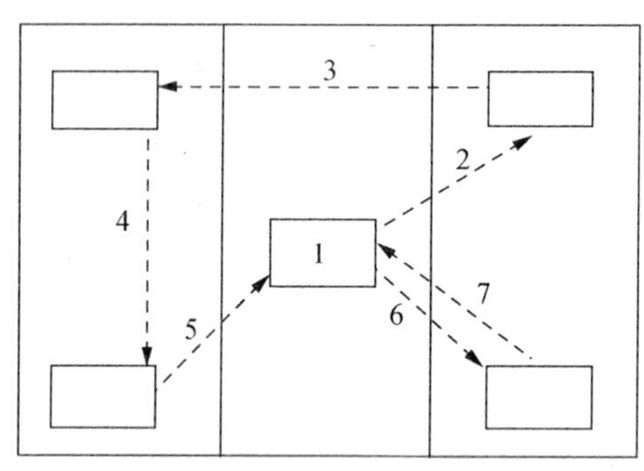

图2－3　三页菜单的版面位置

二、菜单的装帧设计与制作

一份设计成功的菜单，不论其形状、尺寸大小，还是形式、质地、颜色等，均须制作得恰如其分，对客人有较强的吸引力，并反映出一家餐厅的面貌和经营特色，使就餐者仅从菜单的外观，便能感觉到这家餐厅的餐饮管理水平和服务质量。菜单的形式、色彩、字体、版面安排都要讲究艺术美。菜单的设计要与餐厅的经营宗旨相匹配，要体现出餐厅的形象。菜单的装帧设计与制作主要涉及的因素包括菜单制作材料的选择、颜色的搭配、版面尺寸的大小、字体与字号的选取、菜品图片等。

1. 菜单制作材质的选择

（1）菜单内页的材质选择。菜单的制作材料不仅能很好地反映菜单的外观质量，同时也能给顾客留下较好的第一印象。因此，在菜单内页选材时，既要考虑餐厅的类型与规格，也要顾及制作成本，根据菜单的使用方式合理选择制作材料。

不同的菜单使用方式决定菜单制作材料的选择。在餐厅中常用的菜单有“一次性”和“长期性”两种使用方式。“一次性”指使用一次后就处理掉，“长期性”当然指尽可能长期地使用。一般而言，长期重复使用的菜单，要选择经久耐磨又不易沾染油污的重磅涂膜纸张来制作；分页菜单，往往是由一个厚实耐磨的封面加上纸质较薄的活页组成。而一次性使用的菜单，一般不考虑其耐磨、耐污性能，但这并不意味着可以粗制滥造。许多高规格的宴会菜单，虽然只使用一次，但仍然要求选材精良，设计优美，以此来充分体现宴会服务规格和餐厅档次。

（2）菜单封面材质选择。菜单封面材质应避免使用塑料、绸、绢等材料。绸、绢之类的材料固然高雅，但却因极易沾污染渍，不宜用做菜单封面。其他材料，如漆纸、漆布，虽不易弄脏，但因油漆常发生裂纹、剥落而有碍观瞻，也不宜用做菜单封面材料。

2. 菜单的尺寸大小要合适

菜单的规格和幅面尺寸大小应能达到顾客点菜所需的视觉效果，所以对菜单开本和页数的选择要慎重。菜单开本大小要使客人拿起来方便，太大的开本使客人拿起来不舒适，太小的开本会使菜单的版面显得太拥挤。当然，其他规格和式样的菜单也并非罕见。重要的是，菜单的式样必须与餐厅风格相协调，菜单的大小必须与餐厅的面积、餐桌的大小和座位空间相对应。

另外，菜单在篇幅上应保留一定的空白。篇幅上的空白会使字体突出、易读，并避免杂乱。如果菜单上的文字所占篇幅多于50%，那么看上去就会显得又挤又乱，妨碍顾客阅读和挑选菜肴。菜单四边的空白处应宽度相等，给人以均匀之感。同时，还应注意左边字首均应排齐。

3. 菜单文字的字体与字号

菜单文字的字体要为餐厅营造气氛，反映餐厅的环境。它与餐厅的标记一样，是餐厅形象的一个重要组成部分。菜单上的字体一经确定，就和餐厅标记、颜色一起用在菜单上；同时，还可用在火柴盒上、餐巾纸上、餐桌广告牌上及其他推销品上。使用容易辨认的字体能使顾客感到餐厅的餐饮产品和服务质量具有一定的标准并留下深刻的印象。仿宋体、黑体等字体，较多地被用做菜单正文，而隶书则常用做菜肴类别的题头说明。菜单文字的字号，即排版菜单时所用文字的型号大小。

4. 菜单的插图和色彩运用

在菜单上使用颜色和插图是当代餐厅的一种潮流。插图能直观地向顾客展示餐厅所提供的菜肴和饮料。一张令人垂涎欲滴的菜品彩照胜过大段的文字说明，是菜品的缩影，能对菜肴起到促销作用。彩色照片能使顾客加快点菜速度，是对菜肴的有效的推销工具之一。不过，彩色照片的印制要注意质量（见书后彩图2－1、彩图2－2）。

同样，菜单的颜色也能起到推销菜肴的作用。菜单的颜色具有装饰效果，使菜单更具吸引力，令人产生兴趣。通过色彩的安排、组合，能更好地介绍重点菜肴。颜色能显示餐厅的风格和气氛，因此菜单的颜色要与餐厅的环境、餐桌、桌布、餐巾和餐具的颜色相协调。

☞知识链接

各种颜色代表的含义

红色：热情、奔放、喜悦、庆典
黑色：严肃、神秘、静寂、庄重、内敛、含蓄
黄色：高贵、富有、温和、光明、快乐
橙色：繁荣、喜庆、力量、智慧
白色：纯洁、简单、神圣、清爽
蓝色：智慧、冷静、清爽
绿色：生命、生机、青春、和平
灰色：深沉、含蓄、中庸、高雅
紫色：神秘、浪漫、爱情、高贵
棕色：生命力、和谐、中立、信赖

☞实训指导

步骤一：明确菜单内容的版面位置安排

本步骤实训以教师引导、学生参与为主。教师事先准备数份有代表性的菜单，向学生进

行展示，并从内容安排、艺术设计、创意性等方面加以讲解。接着，教师给每组派发一份菜单（某餐饮企业的或上届学生设计的），由组长主持，在规定的时间内，讨论该菜单在内容安排、艺术设计等方面的优势和不足。在小组讨论中，由 1 名学生（组长）负责主持，1 名学生负责记录。讨论结束，每组指定一个学生发言，阐释讨论的结果。

步骤二：菜单的装帧设计与制作

本步骤实训以教师引导、学生参与为主。首先依据菜单的内容和装帧设计原理，在老师的引导下，以小组为单位，采用头脑风暴法，各组成员展开讨论。讨论的内容主要针对菜单装帧设计与制作的方方面面，展开创意思维。创意需要有针对性，要切实可行。在小组讨论中，由 1 名学生（组长）负责主持，1 名学生负责记录。最后教师将小组讨论的结果汇总，向全体学生展示并作出评价。

☞ 实训成果

本次实训结束后，每组在规定的时间完成拟开设餐饮企业的菜单。并制作成 PPT，在课堂上进行汇报展示。

实训内容巩固

一、填空题

1. 菜单的内容设计包括______、______、______、______。

2. 根据国际上通行的做法，菜单上菜肴的名称和价格必须具有______。

3. 中餐菜单排列的顺序为______、______、______、______、______等。

4. 顾客访谈一般可分为两种：______和______。

5. 在菜单装帧设计时，应避免使用______、______、______、______等材料作为菜单封面。

二、案例分析题

食品原料价格调查分析报告

调查目的：了解各种原料价格，便于成本控制、菜品价格的制定及确定最佳原料采购点。

调查对象：各种酒类、软饮料、蔬菜、鱼肉海鲜类及各种调味品的价格。

调查时间：2011 年 3 月 12 日至 2011 年 3 月 13 日

调查范围：成都各大蔬菜市场、超市、海鲜城等。

调查方式：访谈法、观察法、记录法等。

调查人员："天府膳食坊" 成员

调查资料具体如下：

10 种调味品的价格		
名称	规格	价格（元）
蒜	500g	7.50
姜	500g	6.00
葱	500g	0.80
花椒粉	一袋（45g）	5.00
香油	1ml	7.00
酱油	1ml	5.00
盐	一袋（400g）	1.00
醋	瓶（420ml）	5.00
孜然粉	500g	7.50
味精	一袋（200g）	7.00

近来日本地震海啸造成的核泄漏事件，致使人心惶惶，很多人都害怕核辐射。再加上媒体及民间盛传含碘物品可预防核辐射，于是各地民众盲目地抢购加碘食盐囤积在家中。这种现象与当年"非典"时期食盐供不应求，大幅涨价非常相似。所以在目前这种情况下，本餐厅是以健康饮食为主打特色，食用过多的盐不但对身体无益还可能导致多种疾病，因此本

餐厅会相应地减少盐的用量。

（1）调查时间：2011 年 3 月 12 日

调查地点：成都理工大学后校门下涧槽菜市场

调查人：祁亚萍

20 种肉类价格					
名称	规格	价格（元）	名称	规格	价格（元）
牛腿肉	500g	39.80	五花肉	500g	12.00
猪肉	500g	21.80	后腿肉	500g	22.80
棒子骨	500g	13.80	里脊	500g	19.80
蹄髈	500g	12.00	猪肚	500g	24.80
带皮猪肉	500g	12.80	带筋猪蹄	500g	13.90
老母鸡	500g	10.00	乌鸡	500g	21.80
兔肉	500g	8.00	土鸭	500g	14.80
鸭掌	500g	14.80	鸭菌肝	500g	24.80
鸡翅尖	500g	16.80	鸡中翅	500g	26.80
羊肉片价格	500g	15.00	羊肉卷	500g	16.00

从 2008 年猪肉价格开始上涨，到 2011 年，猪肉的价格一直是我国物价的直接反映表，几年来猪肉价格涨涨停停，无法有个具体的定论。所以针对猪肉价格的不稳定，我们应该与供应商搞好关系，能保存的就批量地定制，那些不宜保存的则随时与供应商联系。

（2）调查时间：2011 年 3 月 12 日

调查地点：伊藤商场超市，万年场菜市场

调查人：陈怡、赵春梅

20 种蔬菜的价格					
名称	规格	价格（元）	名称	规格	价格（元）
黄瓜	500g	3.00	土豆	500g	2.00
花菜	500g	1.50	莴笋	500g	1.50
茄子	500g	3.50	菠菜	500g	1.50
红萝卜	500g	1.80	白萝卜	500g	0.70
小白菜	500g	1.00	大白菜	500g	1.00
藕	500g	3.00	大头菜	500g	0.80
西红柿	500g	3.50	青椒	500g	4.50
红椒	500g	6.00	南瓜	500g	1.80
玉米	500g	6.00	莲花白	500g	1.00
生菜	500g	1.20	西兰花	500g	3.00

商务部监测数据显示，上周（2011 年 3 月 7 ~ 13 日）商务部重点监测的食用农产品价格小幅上涨，生产资料价格回落。

18 种蔬菜平均批发价格比前一周上涨 2.2%，其中，辣椒、冬瓜、青椒和西红柿分别上涨 9.6%、8.7%、5.9% 和 5.8%。肉类价格小幅上涨，其中，猪肉价格上涨 0.7%，羊肉、牛肉和白条鸡价格均上涨 0.1%。粮食零售价格涨幅趋缓，其中，大米价格上涨 0.4%，涨幅比前一周缩小 0.2 个百分点，面粉价格上涨 0.2%。食用油零售价格基本稳定，其中，豆油、花生油价格上涨 0.1%，菜籽油价格与前一周持平。

（3）调查时间：2011 年 3 月 13 日

调查地点：成都理工大学食堂后勤部

调查人：张爽、杨思琴

20 种海鲜及水鱼类的价格					
名称	规格	价格（元）	名称	规格	价格（元）
龙虾	500g	18.00	基围虾	500g	20.00
大黄鱼	1000g	44.00	黄鳝	1000g	50.00
鲶鱼	1000g	11.50	活海鲜	1000g	29.00
草鱼	1000g	11.40	花鲢	1000g	13.60
鲫鱼	1000g	11.60	鳊鱼	1000g	9.80
鲇鱼	1000g	14.00	三文鱼	1000g	90.00
黄花鱼（小）	1000g	30.00	沙丁鱼	1000g	14.00
墨鱼	1000g	9.80	武昌鱼	1000g	15.00
秋刀鱼	1000g	12.50	梭鱼	1000g	28.00
鱿鱼	1000g	28.00	八爪鱼	500g	28.80

近期海鲜价格普遍上涨两成以上，而螃蟹、鲅鱼、加吉鱼等个别海鲜价格甚至翻番。总结海鲜涨价的原因，业内人士称海洋渔业资源减少是主因，油费、工人工资及船舶建造维护等费用上涨也是重要的影响因素。据业内人士预测，海鲜上市后，海鲜价格将有所回落，但下跌幅度不大，与 2010 年同期相比价格偏高。

（4）调查时间：2011 年 3 月 13 日

调查地点：青石桥海鲜城

调查人：马馨、饶钰莹

10 款饮料的价格					
名称	规格	价格（元）	名称	规格	价格（元）
农夫山泉	一瓶（550ml）	1.25	统一鲜橙多	一瓶（450ml）	2.20
果粒橙	一瓶（450ml）	2.60	雪碧	一瓶（600ml）	2.70
可口可乐	一瓶（600ml）	2.40	营养快线	一瓶（500ml）	3.90

续表

10 款饮料的价格					
名称	规格	价格（元）	名称	规格	价格（元）
唯怡豆奶	一瓶（960ml）	7.20	统一绿茶	一瓶（500ml）	2.20
统一红茶	一瓶（500ml）	2.35	王老吉	一瓶（310ml）	3.40

“饮料价格又涨价啦！”这是众多媒体和民众最近常说的一句话。据多方调查分析，发现不少品牌饮料价格出现了不同程度的上涨，大部分饮料价格上涨了 2 毛钱，涨幅在 8% 左右。如 600 毫升可口可乐及其旗下产品雪碧、芬达、醒目的价格都已由 2.50 元涨至 2.70 元，百事可乐旗下的百事青柠、美年达等的价格也由 2.50 元涨到 2.70 元，而百事可乐的价格依旧为 2.50 元。汇源 100% 一升的售价也涨了 2 元，从 12.80 元涨到了 14.80 元。“涨价太突然了，以后买饮料也得考虑考虑了。”不少市民声称，饮料的突然涨价让他们无法接受。对于餐厅来说，饮料是可以相对较长时间贮存的，所以在采购时可考虑大批量进货以降低成本，同时，我们也可以推出特色鲜榨果汁、豆浆、花生奶等。

（5）调查时间：2011 年 3 月 12 日

调查地点：成都家乐福青石桥店

调查人：任丽

10 款洋酒的价格					
名称	规格	价格（元）	名称	规格	价格（元）
人头马（VSOP REMY MARTIN VSOP）	一瓶（500ml）	280.00	轩尼诗（VSOP HENNESSY VSOP）	一瓶（600ml）	248.00
马爹利 XO（MARTELL XO MINI）	一瓶（480ml）	60.00	名仕马爹利（MARTELL NOBLLIGE）	一瓶（480ml）	150.00
御鹿 VSOP HINE VSOP	一瓶（300ml）	195.00	豪达 VSOP OTARD VSOP	一瓶（380ml）	190.00
路易斯迪奥 XOLOUIS DOR XO	一瓶（500ml）	285.00	格兰菲迪 GLENFIDDICHPURE MALT	一瓶（600ml）	185.00
百灵坛特醇 BALLANTINES FINEST	一瓶（500ml）	90.00	加拿大俱乐部 CANADIAN CLUB	一瓶（500ml）	90.00

对于洋酒这种成本较高，但是较易贮存的物品，应该派有相应酒水方面知识的采购员去采购，以辨真伪，采购时尽量按餐厅一定时期内所需批量进货以降低采购成本，并且仓库管理员也应该具备相应酒水的贮存知识，定期检查库存。

（6）调查时间：2011 年 3 月 12 日

调查地点：百盛商场天府广场店

调查人：兰子银

20 款酒的价格					
名称	规格	价格（元）	名称	规格	价格（元）
剑南春	一瓶（500ml）	428.00	丰谷特曲	一瓶（500ml）	198.00
国窖 1573	一瓶（500ml）	558.00	水井坊精装	一瓶（500ml）	558.00
五粮液 52 度	一瓶（500ml）	498.00	茅台	一瓶（500ml）	428.00
泸州老窖特曲	一瓶（500ml）	98.00	五粮春 45 度	一瓶（500ml）	168.00
五粮液 39 度	一瓶（500ml）	29.00	百威啤酒	一瓶（250ml）	7.50
嘉士伯	一瓶（250ml）	7.00	青岛啤酒	一瓶（600ml）	5.00
雪花勇闯	一瓶（600ml）	5.00	青岛纯生	一瓶（600ml）	8.00
金威啤酒	一瓶（600ml）	4.00	哈尔滨啤酒	一瓶（600ml）	4.00
拉萨啤酒	一瓶（600ml）	10.00	菠萝啤酒	一罐（500ml）	3.00
青梅酒	一瓶（500ml）	28.00	三年陈绍兴花雕酒	1 瓶（1L）	29.00

（7）调查时间：2011 年 3 月 13 日

调查地点：家乐福双桥子店

调查人：谢阳洋、潘冲

由于通货膨胀，所有的物品，正如老百姓说的那样，都在涨价，同样，酒水价格也不例外。最近就有报道说，现在是“买房要限量，买车要拿号，买个茅台也要身份证”，最近茅台酒都被涨到了几千元甚至上万元，消费者大叹不敢消费了。针对目前这种状况，餐厅可考虑少提供烈性白酒，同时加强采购和贮存环节的管理，从而降低成本。

从以上资料分析可知，目前各种物品都处在价格飙升的阶段，任何物品的价格都比前些年要贵。大家都知道石油涨价了，都想这下卖石油的要赚大发了，可是最近却有报纸戏称“卖石油还不如去卖蔬菜”，由此可见蔬菜价格涨幅之大。而餐厅若是不控制好成本，那么要么亏损，要么就提高菜品的价格，但菜品价格上涨可能会导致餐厅失去很多顾客。因此为降低成本，餐厅可考虑进行网上采购，一般在相同的情况下网上采购比在实体店采购要便宜得很多，我相信大家都有过这样的体会，同时网上采购还可以节约人员方面、时间方面的成本，既方便又快捷。但是，不可否认，网上采购也存在很大的风险，如产品质量问题、发货时间问题，等等。所以，在此问题上餐厅必须选聘有相应经验的采购员，并且餐厅管理层还应协助采购员选出信誉良好的供应商。

2011 年 3 月 23 日

问题：

请分析该调查报告是否存在问题？如果有，请指出并加以完善。

“大妈烤肉”菜单

“大妈烤肉”餐厅是位于某高校（该校有师生员工约40000人）附近的一家以烤肉为特色的小规模餐厅。其市场定位以高校学生为主，学校教师及周边居民为辅。其宣传口号为：原汁原味原生态；春天的气息，大妈的关怀（该烤肉店的菜单见书后彩图2－3、彩图2－4）。

问题：

请根据菜单设计相关原理，对“大妈烤肉”餐厅的菜单设计加以评价。

请将解答写在下面。

* *

学生学习小结：

学生疑问：

学生建议（对课堂组织、内容安排、实验方法等）：

成绩评定：________________教师（签字）________________

______年______月______日

附件 1：

菜单设计工作任务书

班级：________　　组名：________________

项目名称	××企业菜单设计	完成时间
工作目标		
工作任务		
实施过程		
注意事项		
组员构成	组长： 组员：	

附件 2：

菜单设计学生自评表

班级：________　　组名：________________

评分项目	总分（分）	得分（分）
小组配合（组员参与情况、配合默契程度等）	20	
资料搜集情况	10	
菜单创新性	15	
菜单美观性	10	
菜肴搭配的合理性	15	
PPT 制作	15	
PPT 汇报	15	
总分	100	

附件3：

菜单设计综合评价表

班级：________　　　　组名：________

评分项目	总分（分）	得分（分）
菜单的艺术性	20	
菜单的实用性	20	
版面布局	10	
菜肴搭配的合理性	20	
主题文化突出	15	
菜单设计创新	15	
总分	100	

附件4：几种菜单展示（见书后彩图2－5、彩图2－6、彩图2－7、彩图2－8、彩图2－9、彩图2－10、彩图2－11）。

模块三　餐饮营销计划与策划

制定餐饮营销计划与组织餐饮营销策划活动是餐饮企业管理者重要的工作内容之一。餐饮营销计划与策划在餐饮企业，尤其是社会餐饮企业中非常薄弱，未得到充分重视。随着餐饮规模化经营和竞争的日益加剧，餐饮企业的营销计划和策划必须作为一项重要的工作内容加以考虑。

☞ 实训目的

本模块实训旨在使学生在对餐饮企业营销计划与策划基本理论充分理解的基础上，掌握餐饮营销计划与策划的程序和相关文案的撰写。通过实训，学生将掌握如何进行企业市场调研和环境分析，对餐饮综合营销策划和专项营销策划的关系和差异有一定认识。最终学生能够运用所学知识进行餐饮营销计划与策划，并能编写餐饮企业营销计划和撰写各种餐饮营销策划方案。

☞ 实训器材准备

本项实训需准备的器材有：

(1) 电脑。安装 Windows 2000 及以上的操作系统，能支持 Office 2000 及以上的办公软件。每 1 ~2 位学生配备一台电脑。电脑将用于餐饮企业经营信息收集和数据库建立。

(2) 若干张白纸和书写笔。每位学生都需配备若干张白纸和若干支书写笔。白纸和书写笔将用于记录分析的结果和讨论的思路与重点内容。

(3) 白板和白板笔。每 6 ~8 位学生配备一块白板和若干支白板笔。白板和白板笔将在进行客户关系维护与管理小组讨论时使用。

☞ 实训场地要求

本实验以室内实验为主，结合户外调研及到餐饮企业的实地调查。电脑实验操作部分可在安装电脑或可使用笔记本电脑的教室中进行。其余实验内容，可在具有足够空间实施分组讨论的教室中进行。

☞ 实训方法

实训方法为分组讨论、头脑风暴法、焦点访谈法、角色体验法等。

项目一　餐饮营销策划基础

餐饮营销策划在餐饮企业尤其是社会餐饮企业中非常薄弱，未得到充分重视。随着餐饮规模化经营和竞争的日益加剧，餐饮企业必须尽快摆脱其盲目经营的现状，这就迫切需要营销策划的指导。

一、营销策划的含义

1. 什么是策划

策划是谋略或对策。策划是面向未来的活动，是针对未来将要发生的事情做当前的决策。策划的含义包括如下几个基本点：

（1）策划是根据现实的各种情况和信息进行谋划。策划人员要尽可能多地掌握各种现实情况和信息，在掌握充分的信息和对有关情况进行深刻分析的基础上再进行策划，这样才能使作出的策划有合理性和针对性。

（2）策划具有明确的目的性。策划是为了达到一定的目标，在调查、分析有关材料的基础上，努力把各项工作从无序转向有序的活动过程。企业营销策划的根本目的就是为了建立品牌、传播价值，以期获得长远发展。

（3）策划可以比较与选择方案。针对同一目标，能够做出多个不同的策划方案，人们可以从多个策划方案中作权衡比较，从中选出合理的方案。同时，策划也不是一成不变的，在保持策划要有一定稳定性的同时，还必须根据环境的变化，不断对策划进行调整和变动，以保持策划在现实中的最佳状态。

（4）策划是按程序运作的系统工程。现代策划为了保证策划方案的合理性与高成功率，一般可按照一定的程序进行。

2. 策划与计划的辨析

策划是通过激发创意，有效地运用企业现有的有限资源，选定可行的方案以实现预订的目标或解决企业面临的问题。策划应该包括：

（1）必须有崭新的创意。策划的内容必须新颖、独特，能使人拍案叫绝，产生新鲜、有趣的感觉。

（2）必须是有目的的创意。再好的创意，如果没有明确的目标，也不能称为策划。

（3）必须有实现的可能。在人力、物力、财力的限制之下，有实现可能的创意才能称为策划；否则，再好的创意也只能是空谈。

人们常常将策划与计划混为一谈，其实两者有很大的差异（见表 3－1），策划近似英文 Strategy + Plan，而计划则是英文 Plan。

3. 什么是营销策划

营销策划（Marketing Planning）是营销管理活动的核心，是将营销活动的每一个环节通过引入全新的构想与创新，事先做一整体规划，并把它作为执行准绳。其内容主要包括营销目标、营销定位、营销策略及一定时期内的短期营销战术（Short Time Marketing Tactics）策划等。营销策划是解决营销过程中某一问题的创意思维。

表 3－1　策划与计划的比较

对比项目＼名称	策划	计划
创意性	必须有	不需要
范围	不确定	确定
步骤	没有固定	固定
工作要领	掌握原则与方向	处理程序与细节
变化性	灵活多变的	一成不变
工作方向	What to do（做什么）	How to do（怎样去做）
思维方式	开创性	保守性
挑战性	大	小
要求能力	长期的专业训练	短期训练

营销策划是从营销方案的构思、实施到评价的规范程序和科学方法。营销策划应该尽可能兼备明确及可定位的营销目标。例如，营销策划可能是要提高销售量的 10%，增强销售量的 5%，抑或减少销售量下跌的倾向等，这些目标均要配合企业总体目标、企业资源条件及营销经理对市场的嗅觉来拟定。

营销策划必须考虑时间因素方能发挥绩效。也就是说，必须列出完成营销目标与流程步骤的时间表（Time Schedule）。因此，时间是营销策划中的一个重要因素。

营销策划并不是单纯的广告与销售策划活动，必须与企业整体的经营策略很好地配合才能使企业掌握最佳的市场机会。

二、什么是餐饮营销策划

1. 餐饮营销策划

餐饮营销策划是策划人员在对企业内外部环境予以准确的分析并有效地运用各种资源的基础上，对一定时间内企业某项营销活动的行为、方针、目标、战略及实施方案与具体措施进行的设计和计划。

2. 餐饮营销策划的类型

营销策划根据企业的实际需要可分成综合营销策划和专项营销策划两种，两者的区别在于营销策划的内容和范围不同。企业的营销活动大致可分为两大块，即确定目标市场与占领目标市场，因此营销策划大致也会围绕这两个方面开展。根据营销活动涉及的范围可以确定是做综合营销策划还是专项营销策划。

（1）综合营销策划。综合营销策划是指比较完整地运用营销知识，结合具体情况，进行全过程式的策划。其内容涉及企业营销活动的全过程，它既包括确定目标市场的活动又包括占领目标市场的活动。依据一定的营销目的或任务可分为：

第一，以市场为导向的营销策划。市场上充满竞争和机会。营销离不开产品、顾客和竞争，竞争造就了企业，又有可能挤垮企业，正所谓“成也萧何，败也萧何”。因此，企业针对不同的竞争者和各种各样的竞争形势，要进行不同的策划。

一个市场往往被市场领先者掌握最大的市场份额，另外的市场份额大部分掌握在市场挑战者手中，这些企业正在为获得更多的市场份额而努力奋斗。另外，还有的市场份额被市场追随者所掌握，它们只图维持它们的市场份额，并不希望扰乱市场局面。剩下来的市场份额掌握在一些市场补缺者手中，它们正在为大企业所不感兴趣的小的细分市场服务。

市场领先者要想继续保持第一位的优势，在营销战略上就必须注意两个方面的问题：首先，它必须找到扩大总需求的方法，例如，扩大总市场。其次，它还必须通过良好的防御和进攻行动来保护它的现有市场份额，时刻注意保护自己的现行业务不受竞争者侵犯。

市场挑战者往往会攻击市场领先者和其他竞争者，以争取更多的市场份额，它的营销战略是，首先必须确立自己的战略目标。例如，有一个实际区域，还没有服务或者服务得不好，这就是一个战略目标。又如，市场挑战者努力使创新胜过市场领先者，这也是一个战略目标。其次，在明确了战略目标后，就可以通过采取正面进攻、包围进攻、绕道进攻、侧翼进攻、游击进攻等手段开展竞争。

市场追随者的追随战略并非是被动的或者是市场领先者的翻版，积极的追随战略有以下几种：①紧跟追随战略：在尽可能多的细分市场和营销组合中模仿市场领先者；②距离追随战略：既保持某些距离，但又在主要市场和产品创新、一般价格水平和分销渠道上追随市场领先者；③选择追随战略：企业在有些方面紧跟市场领先者，但有时又走自己的路。这类企业可能具有完全的创新性，但又避免直接的竞争。

市场补缺者的营销战略是避免与大企业竞争，它的目标是小市场或大企业不感兴趣的市场，成为在一小块市场上的领先者或者补缺者，在补缺中的关键问题是专业化，以至于成为这些市场上的特殊专家。例如，特定产品线专家：某些餐饮企业专门提供有疗效的菜肴——药膳。特色服务专家：某些餐饮企业提供一种或多种其他餐饮企业所没有的服务。由于市场补缺者往往是弱小者，因而它们必须连续不断地创造新的补缺市场。

第二，以顾客为导向的营销策划。当今的营销要以顾客为中心，充分考虑顾客的需求。餐饮企业中经常提到的"顾客永远是对的"就是顾客导向策略的例证。餐饮企业开拓市场、进入市场的过程也是争取顾客、满足顾客的过程。餐饮企业面对的顾客有消费者、经销商、社会团体、政府机构等；内部顾客有餐饮企业内部员工等。围绕顾客进行的营销策划的目的是：培养忠诚的顾客、留住忠诚的员工、提供定制化的产品或服务。

第三，以社会利益为导向的营销策划。以社会利益为导向的营销策划就是企业在营销活动过程中必须承担起社会责任。企业通过营销活动，充分、有效地利用人力资源、环境资源，在满足消费者的需求、取得合理利润的同时，保护环境，减少公害，营造一个健康和谐的社会环境，以此不断提高人类的生活质量。社会营销观念要求企业营销策划的目的不仅是使利润最大化，而且要使企业担负起社会责任，即企业的营销活动要考虑取得良好的社会价值或社会效益。

（2）专项营销策划。所谓专项营销策划，它具有阶段性特点，它的内容是营销过程的组成部分，如对市场调研中的调研任务、调研模式的策划，对产品展示的策划等，亦即凡是策划内容不同时涉及确定目标市场和占领目标市场的策划就是专项营销策划。例如，某餐饮企业在一项开发餐饮新产品的策划方案中，就包含了菜肴、菜谱、环境、活动等子策划，这些子策划就成了专项营销策划（见图 3 – 1），也正是由这些子策划构成了综合的餐饮产品的营销策划。

餐饮产品营销策划的思路：

菜肴策划：通过原料、作料、色彩、造型及制作方法，来传递餐饮文化的策划。

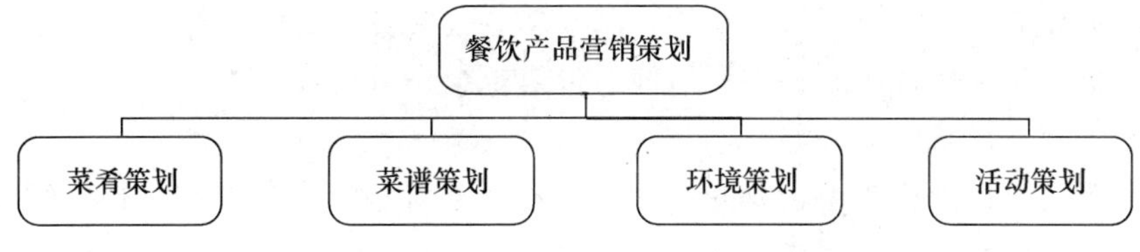

图3-1　餐饮产品营销策划

菜谱策划：通过菜谱的重新组合形成主题菜谱或特色菜谱；菜品的重新命名；根据餐饮企业特色制定相应菜谱；把菜谱当做传递餐饮产品的文化媒介。

环境策划：环境可以起到烘托主题的作用，可以通过装饰、服饰、礼仪的策划来形成富有特色的餐饮环境。

活动策划：活动策划内容很多，既可以是围绕餐饮企业的餐饮而开展的一系列重大活动，也可以是一些日常餐饮中配合开展的小型的、经常性的活动，如小型歌舞、器乐表演等。

以上这些策划都是餐饮企业餐饮产品营销策划中的小策划即局部营销策划。

问题：

1. 如何理解策划与计划？

2. 什么是餐饮营销策划？餐饮营销策划的类型有哪些？

（备注：对项目一的内容老师可布置学生提前预习，为接下来的实训做好理论基础准备。）

项目二　餐饮市场调研

餐饮营销策划的目的在于增加或促进餐饮销售，所以要利用一切可能的方式与可行的途径达成销售量增加的目标。在餐饮企业中，任何形态或方式的市场营销策划均以争取顾客为其主要目标。这种策划是否具有实际的可行性或预期的效益性，完全决定于策划内容是否切实可行、目标策略是否可以超越其他同业的竞争。前瞻性的市场资讯掌控便成了营销策划中不可或缺的条件。所以，进行餐饮市场调研就显得至关重要。

一、餐饮市场调研的内容

餐饮企业市场调研是餐饮企业对市场营销环境的调查和研究。任何企业都处于动态的营销环境中，营销环境的变化可以给餐饮企业带来市场机会，也可以带来威胁。因此餐饮企业经营管理人员必须重视营销环境动态，积极做好营销环境的调查和研究，及时适应当前环境的变化。

1. 宏观方面的调研

（1）人口：人口总数、人口增长和分布、职业和家庭结构、人口流动等。

（2）自然环境：地理位置、面积、地形、资源、温度和湿度等气候。

（3）政策与法律：当地税法、合同法，政府对餐饮和餐饮业的政策等。

（4）经济环境：原料、能源、交通、地区经济、就业情况、收入与消费水平、消费习惯等。

（5）技术环境：本行业技术、菜肴、酒水和餐饮服务更新换代等。

（6）社会文化：教育状况、宗教信仰、价值观念、风俗习惯等。

2. 微观方面的调研

（1）企业竞争：当前餐饮企业的规模和数量、菜肴和酒水种类和价格、餐饮营销策略、人力资源管理、财务和技术能力等。

（2）餐饮产品：当前餐饮原材料供应、菜肴与酒水需求、产品开发等。

（3）价格与消费：当地菜肴和酒水价格、价格弹性、顾客对价格反应、顾客消费习惯、消费时间和消费能力等。

二、餐饮企业市场调研程序

1. 明确调研目标

进行市场调研，首先要明确市场调研的目标，按照餐饮企业的不同需要，市场调研的目标会有所不同。餐饮企业制定营销策略时，要调研市场需求状况、市场竞争状况、消费者购买行为和营销要素情况。当餐饮企业在经营中遇到了问题，这时应针对存在的问题和产生的原因进行市场调研。

2. 设计调研方案

一个完善的市场调研方案一般包括以下几方面的内容：

（1）调研的目的要求。例如，本次市场调研的目的是了解某产品的消费者购买行为和消费偏好情况等。

（2）调研对象。市场调研的对象一般为企业各种现实的顾客和潜在的顾客。

（3）调研内容。调研内容是收集资料的依据，是为实现调研目标服务的，可根据市场调研的目的确定具体的调研内容。调研内容的确定要全面、具体，条理清晰、简练，避免面面俱到，内容过多，过于烦琐，避免把与调研目的无关的内容列入其中。

（4）调查表。调查表是市场调研的基本工具，调查表的设计质量直接影响到市场调研的质量。

设计调查表要注意以下几点：

第一，调查表的设计要与调研主题密切相关，重点突出，避免可有可无的问题。第二，调查表中的问题要让被调研者容易接受，避免出现被调研者不愿回答的问题或令被调研者难堪的问题。第三，调查表中的问题次序要条理清楚、顺理成章、符合逻辑顺序，一般地，可遵循这样的安排：容易回答的问题放在前面，较难回答的问题放在中间，敏感性问题放在最后；封闭式问题在前，开放式问题在后。第四，调查表的内容要简明，尽量使用简单、直接、无偏见的词汇，保证被调研者能在较短的时间内完成调研表。

（5）调研地区范围。调研地区范围应为餐饮企业的市场区。

（6）调研方法。餐饮企业做市场调研时，通常采用面谈法、电话调查法、邮寄法等。这几种调研方法各有其优缺点，适用于不同的调研场合，餐饮企业可根据实际调研项目的要求来选择。

（7）资料的收集和整理方法。资料的整理方法一般可采用统计学中的方法，利用 Excel 工作表格，可以很方便地对调研表进行统计处理，获得大量的统计数据。

3. 制定调研工作计划

（1）组织领导及人员配备。建立市场调研项目的组织领导机构。可由餐饮企业的市场部或企划部来负责调研项目的组织领导工作，针对调研项目成立市场调研小组，以负责项目的具体组织实施工作。

（2）访谈员的确定与培训。企业的访谈人员可从高校中的经济管理类专业的大学生中招聘，根据调研项目中完成1份问卷实地访问的时间来确定每个访谈员1天可完成的问卷数量，核定需要的访谈员人数。

为了保证调研的质量和效率，对访谈员须进行必要的培训，培训内容包括：访谈调研的基本方法和技巧、调研企业的基本情况、实地调研的工作计划、调研的要求及注意事项。

（3）市场调研的工作进度安排。将市场调研项目整个进行过程做好安排并制定一个时间表，确定各阶段的工作内容及所需时间。

1）调研工作的准备阶段。该阶段各种工作的内容包括调查表的设计、抽取样本、访问员的招聘及培训等。

2）实地调研阶段。

3）问卷的统计处理、分析阶段。

4）撰写调研报告阶段。

（4）费用预算。市场调研的费用预算主要有对调研表设计印刷费、访谈员培训费、访谈员劳务费、礼品费和调研表统计处理费用的预算。餐饮企业应核定市场调研过程中将发生的各项费用支出，合理确定市场调研总的费用预算。

（5）实地调研。实地调研是指由调研人员亲自搜集第一手资料的过程。实地调研需直接面对被调查对象，比如，在商业区进行街访、在居民家里面对面访问、在会议室举行消费者焦点访谈小组座谈、在餐厅内实施顾客观察，等等。

（6）调研资料的整理和分析。实地调研结束后，即进入调研资料的整理和分析阶段，收集好已填写的调研表后，由调研人员对调研表进行逐份检查，剔除不合格的调研表，然后将合格的调研表统一编号，以便于调研数据的统计。调研数据的统计可利用Excel电子表格软件完成，将调研数据输入计算机后，经Excel电子表格软件运行后，即可获得已列成表格的大量的统计数据。利用上述统计结果，就可以按照调研目的的要求，针对调研内容进行全面的分析工作。

（7）撰写调研报告。撰写调研报告是市场调研的最后一项工作内容，市场调研工作的成果将体现在最后的调研报告中，调研报告将被提交给餐饮企业的决策者，作为餐饮企业制定市场营销策略的依据。市场调研报告要按规范的格式撰写，一个完整的市场调研报告格式由题目、目录、概要、正文、结论和建议、附件等组成。

☞知识链接

餐饮营销环境或形势分析

餐饮企业常常采用SWOT来进行餐饮营销环境或形势分析。

1. SWOT分析的目的

营销环境或形势分析的目的是为了找出餐饮企业应以何种方式满足哪些顾客的何种需要，也就是要做营销学常用的 SWOT 分析，分析内外环境中的优势（Strengths）、弱势（Weaknesses）、机会（Opportunities）、威胁（Threat），借以选出最适当的决策，这也是已经存在的餐饮企业进行营销研究的第一个阶段。SWOT 分析的目的为：

（1）集中焦点于各种优点及缺点：业务繁忙的餐饮企业常常容易忽略大环境的变化，所以一年一次的 SWOT 分析，可以帮助企业集中焦点、凸显优点及发现缺点。

（2）帮助企业做长期性的策划：SWOT 检视未来的营销趋势，确保适当的长期策划。

（3）帮助企业搞好营销计划的发展：SWOT 帮助企业建立营销计划的架构。

（4）获得附带利益：SWOT 常常会有“附带品”，如服务的缺点、竞争者的优势等。

（5）有利于餐饮企业发现市场机会，应对市场威胁。

2. SWOT 分析的步骤

SWOT 分析包括六个步骤，分析从大环境（营销环境分析）到小环境（地点与社区分析），最后缩小到针对该餐饮企业组织做营销定位与计划，当然，其中均包含对各种优点、缺点、机会与威胁所做的分析。表 3－2 为形势分析与市场分析步骤的比较。注意两者的第二及第四的步骤调换，因为在形势分析中，企业的地点已经设立，资讯可以由过去的顾客那里取得，所以先进行地点分析。

表 3－2　形势分析与市场分析步骤的比较

形势分析（SWOT）的步骤	市场分析的步骤
1. 营销环境分析	1. 营销环境分析
2. 地点与社区分析	2. 市场潜力分析
3. 主要竞争者分析	3. 主要竞争者分析
4. 市场潜力分析	4. 地点与社区分析
5. 服务分析	5. 服务分析
6. 营销定位与计划分析	6. 营销定位与计划分析

（1）营销环境分析：检视五个环境要素——竞争、经济、政治与立法、社会与文化、科技以及其对企业所带来的冲击。分析这些要素有助于凸显各种营销机会及威胁。

（2）地点与社区分析：首先针对整个地理区域做分析，然后评估社区的发展趋势及其影响的冲击。

（3）主要竞争者分析：确定主要的竞争者，通常确定 2～3 个主要的竞争者，然后针对其优缺点加以分析评论。

（4）市场潜力分析：需同时考虑该餐饮企业以前的及潜在的顾客群。可以将辅助研究同原始研究相结合。所谓辅助研究是指由其他来源而得到的各种资讯，无论是内部（餐饮企业顾客资料）还是外部。而原始研究则是指经由辅助研究而得到的第一手资料，以期回答某些特定问题。

（5）服务分析：企业的长处及短处是什么？机会及威胁是什么？

（6）营销定位与计划分析：考虑两个关键问题，其一为："我们在潜在顾客及以往顾客的心里占有何等地位？"其二为："我们的营销效果如何？"

SWOT 分析的主要目的是作为一种基本架构，以引导企业在动态的环境中选择主要机会。然后，这些机会可能被当做企业适当的长处。其次要的目的是找出并分析对企业可能有伤害的威胁，以及在主要环境中可能需要改善的弱点。一般来说，威胁与弱点合称为"问题"。餐饮环境典型的 SWOT 分析变数，见表 3－3。

表 3－3 餐饮环境典型的 SWOT 分析变数

优势（Strengths）	弱势（Weaknesses）
1. 地点好 2. 满意度高的产品与服务 3. 顾客数量在增加 4. 成本低 5. 资金充裕 6. 营销系统良好 7. 优秀的管理团队	1. 成本控制差 2. 利润低 3. 产品组合差 4. 顾客满意度差 5. 顾客数量在降低 6. 业绩持续下降 7. 企业形象差
机会（Opportunities）	**威胁（Threat）**
1. 竞争者少 2. 商圈形成产品需要 3. 商圈人口成长 4. 顾客想要变化	1. 经济衰退 2. 竞争者强大 3. 道路施工，影响生意 4. 商圈人口减少

☞ 实训指导

本项目实训以教师引导、学生参与为主。本实训内容由小组分工合作完成，在小组实训过程中，将运用分组讨论、头脑风暴、焦点访谈等多种方式帮助学生掌握学习内容和启发创意。

步骤一：明确调研目标

首先，教师指导每个小组确定调研的目标。选定一家正在研究的餐饮企业作为调研对象，了解其近期（学期内）的经营目标和计划，双方共同商定调研的目标（如餐饮质量提升调研；某节日的活动策划调研；目标顾客消费行为调研等）。

步骤二：设计调研方案

在教师的引导下，分组讨论并制定调研方案。在方案中对调研的内容、方法、时间、人员安排、调研对象、调研范围以及调查表的设计等做出详细的计划。

步骤三：调研前的准备工作

在这一阶段，教师应指导学生明确：①调研的方法；②如何进行样本数据的整理与统计分析；③现场调研的技巧和注意事项。通常采用面谈法、电话调研法、邮寄法等，这几种调研方法各有其优缺点，适用于不同的调研场合。教师指导学生讨论、选取本小组调研宜采用的最佳方法。另外，关于调研结束后资料的收集和整理方法，教师可向学生提出建议。对于现场调研的技巧和注意事项，教师可启发学生通过角色体验法来得出结论。

步骤四：撰写调研报告

教师指导学生分工协作完成调研报告。调研报告可提交给被研究餐饮企业的相关人员，作为餐饮企业制定市场营销策略的依据。同时，教师和组长及时了解餐饮企业对报告的反馈信息，并与各组学生交流，以利于调研工作质量的提高。

☞ 实训成果

在本次实训结束后，各小组实训成果为《××餐饮企业××营销策划调研报告》。附件应包含“××营销策划调查表”。

项目三　餐饮营销计划制定

完成餐饮市场调研后，策划人员就可以开始以书面文件的形式准备营销计划了。

一、餐饮市场营销计划的概念

一般而言，我们将餐饮企业制作的各种营销活动的纲领性书面文件的集合称之为市场营销计划。餐饮市场营销计划必须是一份书面文件，而不是那些隐藏在餐饮企业管理者头脑中的想法。以文字形式确定下来的东西具有相对的稳定性和连续性，而人们头脑中的想法各种各样，易变且跳跃性较明显。餐饮市场营销计划就是要以准确、明晰的文字形式提供营销计划的方案，从而保障餐饮企业在计划周期内的各项营销活动能够稳定、连续、有效地开展并最终达到预订的目标。

二、餐饮市场营销计划的种类

市场营销计划的种类有很多。常见的有：

1. 按计划周期分类

（1）短期市场营销计划：通常以一个财务年度为周期，一般包含年度运营计划和各部门计划。短期市场营销计划对餐饮企业管理人员的影响极大，相对于中长期市场营销计划或长远市场营销规划而言，它更加侧重于手段和措施问题，可以将其理解为餐饮企业日常经营工作的指南。

（2）中长期市场营销计划：一般来说，中长期市场营销计划的时间跨度为1～5年，该计划的内容与中层及一线管理人员的日常工作有更多的直接关系。中长期市场营销计划较为稳定，受环境因素变化的影响较小，是多数餐饮企业制定计划的重点。

（3）长期市场营销计划：该计划的时间跨度通常在5年以上，其主要内容包括组织的扩大或缩编、各级领导人员的增减、产品的改进与发展、各细分市场的攻守策略、餐饮企业改扩建及装修等经营管理的重大工作安排。长期市场营销计划是指导餐饮企业制定其他各阶段市场营销计划的纲领性文件，从某种意义上讲，可以将其理解为餐饮企业的长期发展规划。

2. 按计划涉及的范围分类

（1）产品营销计划：一般来说，该计划主要对餐饮产品的目标、战略、战术等做出具体规定。

餐饮产品的分类方式很多，如传统的按功能分类，有物质产品（菜肴、酒水等）和精神产品（餐饮企业环境、情调等）等，或按目标市场分类，有会议产品、旅游团队产品、婚庆产品、家庭和一般散客产品等组合产品。与此相对应，产品营销计划的侧重点各不相同，按功能分类的产品营销计划强调一个产品的目标、战略、战术等，而按目标市场分类的产品营销计划则强调产品的组合目标、战略、战术等。

（2）服务营销计划：服务是该计划的重点，主要包括服务的项目设置、特色和创新、服务提供部门的协同动作、质量控制系统的建立及运行等。

（3）客户营销计划：如何开发目标客户、与客户建立长期稳定的合作关系、培养忠诚客户等工作是客户营销计划的主要内容。

3. 按计划的组织层次分类

（1）餐饮整体计划：该计划包括餐饮企业所有的业务计划，它规定餐饮企业的使命、发展战略、业务决策、投资决策以及餐饮企业当前的营运目标等。

（2）职能部门计划：职能部门的发展及赢利目标是该计划的主要内容，通常包括对职能部门的营销活动以及相应的市场、财务、人事等方面工作的具体安排。

（3）特殊活动计划：此类计划是专门为餐饮企业正常经营范围以外的活动而设计的，例如，新产品推广计划、美食节计划、淡季促销计划等。特殊活动计划需要餐饮企业单独提供资金，由专门机构或部门组织实施。

4. 按计划的功能分类

（1）分销计划：在该计划中，分销渠道的选择与管理是计划的中心，如何与销售渠道成员建立友好、共赢的合作关系是分销计划的重点内容。

（2）广告计划：根据餐饮企业的总体目标，通过各部门之间的协调，把广告目标与整个餐饮企业的目标市场、市场定位、营销组合等诸多决策相结合，由广告计划负责媒体组合、广告投放、广告效果评估等相关工作内容。

（3）销售促进计划：该计划主要涉及餐饮产品销售推广的具体目标、战略战术、措施等内容。销售促进计划是餐饮企业销售系统的工作手册和行动指南。

（4）价格计划：该计划的主要内容是，在不同的环境、时期、目标市场、产品组合等条件下，餐饮企业所应遵循的价格体系和政策，以及特殊情况下的应对策略等。

（5）新产品开发计划：随着市场经营环境的不断变化，竞争对手的不断推陈出新，目标市场需求的改变，餐饮企业必须适时调整产品结构、产品组合，甚至开发、生产、推广自己的全新产品。新产品开发计划便是涉及阶段性新产品开发重点、投放市场时机和投放方式等工作内容的一份指导性计划。

三、餐饮市场营销计划的作用

餐饮市场营销计划是餐饮营销管理的重要工具之一，它在餐饮营销策划中发挥着重大作用。

餐饮市场营销计划不同于那些对经营环境的被动应付措施，它是餐饮经营者的超前决策。这种决策通过确立目标和系统地制定战略战术来组织、调配资源，进而适应市场环境的不断变化，并求得餐饮企业的发展。

餐饮市场营销计划是全局协调和长期发展的结合体，具有战略上的意义。我们称市场营销为一种管理过程，就是指既要规定出餐饮企业要达到的目标，又要确立行之有效的实现目标的方案和手段。良好的餐饮市场营销计划是实现餐饮市场营销管理过程的重要保障，是效率和效益的结合。

市场营销计划将有助于餐饮企业经营管理者选择更加有效的经营管理方案。在餐饮市场营销计划的制定过程中，餐饮企业经营管理者将有机会进行全面的思考，对餐饮企业过去的经营管理方式进行反思，由此可以发现和利用更多的减少成本、防止浪费、提高营业收入和利润的机会。从另一方面看，餐饮市场营销计划可以帮助餐饮企业避免陷入零碎的、杂乱无章的经营管理困境中去。

四、检验计划

假设某餐厅经营出现了问题，其经营方式、产品等均需要进行转变。另外，我们假定调查显示，开一家泰国风味餐厅可能很受欢迎。我们现在用以下的问题来检验一下开泰国风味餐厅这一例子。

（1）餐饮企业想要销售的产品有市场需求吗？（泰国菜已经非常受欢迎并且是市场中的一个增长点。）

（2）是否有了怎样给产品带来可持续的竞争优势的想法？（泰国风味餐饮企业数量不断增加，而这个餐饮企业的特色将在哪里？）

（3）是否有足够大的市场来充分证明投资是值得的？（是否确实有足够的市场，需要再开一家泰国餐饮企业？经营失败或经营不利的首要原因是发现原来以为有价值的市场不存在或者小得不足以支撑餐饮企业。）

（4）客源市场是否容易进入？即客源市场是否离餐饮企业很近且企业向市场传递信息很便利？（例如，旅游度假地除了来此地旅游的客人之外可能没有足够大的当地市场来支撑餐饮企业所需的销售量。如果餐饮企业在市区，那么广告和促销就会简单得多。）

（5）是否有生产产品和服务的生产设施和技术？（有制作和准备泰国菜的技术吗？需要什么额外的设备？在装潢风格和表现形式上哪些是必要的？）

（6）餐饮企业是否有能力保持服务和产品水平？（如果餐饮企业迅速成功，它就更容易受到顾客的挑剔。人才市场是否有一定素质和技能的员工作保障都需要考虑到。）

（7）是否有资金用来合理开发并贯彻实施计划？（餐饮企业若要成功，就必须具有泰国文化气息并制作出风味儿独特的泰国菜。在竞争激烈的市场环境下，餐饮企业装修不当、员工缺乏、投资不足都会损坏整体的经营构思。）

（8）是否对目标顾客市场有足够的了解？（喜欢泰国菜的人是一类顾客群，餐饮企业必须了解他们的期望值是什么。）

（9）是否完成了可行性研究？（开泰国风味餐厅的成本必须与预计收入和赢利加以比较。）

（10）管理人员是否有成功控制此类项目的经验？（谁以前经营过泰国餐馆或曾在泰国

餐馆工作过？这可不是什么现学即会的。要使顾客从一开始就对餐饮企业掌握的泰餐技巧和专业知识一目了然。）

（11）管理者是否有宣传餐饮企业的营销预算？（销售、促销和公关都是花费昂贵的活动。营销成本是否能带来预期的结果？）

（12）这样做是否有意义？（泰国风味餐厅是否能与餐饮企业的整体定位和顾客组合和谐一致？）

（13）在销售额、市场份额或赢利等方面，新的项目策划能带来多少销售额？促使这一尝试的营销目标是什么？（写下营销目标时，必须决定可量化的结果并限定好时间。）

（14）应该从哪些细分市场上确定顾客组合？（这个问题的答案应来自于市场分析。）

（15）产品策略是什么？将要提供给顾客什么？（必须决定好服务风格、菜单、饭菜份额、餐具摆设等。）

（16）餐饮企业外观是什么样？（装潢陈设的主题、音乐和总体氛围必须力求对目标市场有感染力。）

（17）价格策略是什么？（价格将决定顾客对服务质量和餐饮产品水平的看法。）

（18）产品在顾客心目中的地位如何？（利用广告、直接接触、销售推广和公开宣传等综合形式把餐饮企业介绍给潜在顾客是必要的。要传递给顾客的信息是什么？）

五、编制市场营销计划的步骤

1. 整理餐饮经营的历史数据

市场营销计划的制定必须依据最新的资料，其中餐饮企业已有的各种资料是计划制定不可缺少的重要依据之一。在制定下一阶段的市场营销计划之前，参考上一阶段计划执行成果（数据），对于计划制定者发现上期计划目标设定中的偏差、重新认识餐饮企业的经营管理能力和计划执行能力，检验预测准确性和计划的合理性都有很大的帮助作用。因此要对餐饮经营的历史数据进行及时的更新、整理。

2. 进行市场调查

市场调查的主要内容有：宏观环境调查、竞争对手调查和餐饮企业自身调查。

宏观环境是指全面地、间接地影响餐饮企业长远发展的外部因素，主要包括政治法律环境、社会文化环境、经济环境、金融环境和技术环境等。

竞争对手是指那些与本企业具有相同或类似的产品与服务、规模和档次较为接近并且目标市场基本一致的餐饮企业。对他们的调查主要集中在产品组成、价格政策、销售渠道、营业推广、企业形象、公关宣传等方面。

3. 信息分析

分析现有的信息、数据和资料是为了预测市场发展趋势、竞争对手的活动、顾客的行为和经济形势等。经过前两个步骤，餐饮企业获得了大量信息、数据等资料，但是尚不能直接使用它们，因为这些资料仍然显得零散、琐碎和表面化。信息分析就是要通过各种分析手段将已经取得的各种数据、资料进行“深加工”，经过求证、逻辑推理等步骤，从中提取结论性的信息，这些信息才是餐饮企业制定市场营销计划的最终依据。

信息分析一般有定量分析和定性分析两种。定量分析是餐饮企业制订市场营销计划的基础，餐饮企业在确定营销目标时的许多参考因素，诸如市场份额、各产品销售状况、顾客满意度、竞争对手数量等，都需要以量化的数据直观地反映出来。定性分析也有可能要参考大量的数据资料，但这只是用来支持对某种变化或趋势的判断，这样的分析并不一定都需要包括定量分析，在实际工作中，定性分析强调从非数字的资料中找出其所包含的有用的东西。定性分析需要较强的逻辑推理能力和较为丰富的工作阅历，因此，餐饮企业必须选择合适的人员进行此项工作，并通过有效途径（如专家审查等）对信息分析质量加以控制。

4. 制定目标、策略和行动方案

经过对各种各样数据、资料的搜集、整理和分析，餐饮企业已经掌握了制定市场营销计划的主要依据，接下来的工作便是制定餐饮企业及各部门的目标、策略和具体的营销活动方案。

营销目标是对一定时期内在餐饮企业关键区域所应实现的成果的清晰而明确的表述。此处所指的关键区域（Key Area）是指餐饮企业内部能够取得长期战略成果和短期经营效益，并使经营目标成为本年度目标的区域。由此可以看出，营销目标不是虚幻的美梦或一厢情愿的期望，而是在一定时间和空间之内必须完成的某项工作或应当取得的某种成果。营销目标、策略和组合方案的制定要受到餐饮企业的任务、总体目标和策略、餐饮企业政策和资源等方面的约束。因此，本步骤的主要工作通常包括：确定目标；制定能达到目标的策略和方法；根据达到目标（如利润）的能力、餐饮企业的政策和实现目标的可能性等因素设计出不同方案进行比较，以选择合适的目标、策略和方案的组合形式。其中的关键事项是要考虑多项可行的方案，再对其加以论证。

5. 制定初始财务报表

营销目标为餐饮企业规定了需要达到的经营期望值，这些期望值主要包括利润增长率、销售额增长率、市场占有率等。但是，期望终究只是期望，能否最终成为现实仍然需要进行进一步的求证。从财务管理和控制的角度对市场营销计划方案进行详细的财务分析，便是对计划目标可行性的一种具体而有效的论证方法。

财务分析的基础是各种财务报表，常用的财务报表一般包括现金流量表、预算报表、损益表等。通常，餐饮企业的高层管理人员必须十分仔细、慎重地审查这些报表，尤其是对那些期望达到的财务指标，以使得这些指标既可以实现，同时又能保证餐饮企业获得比较理想的实际收益。

6. 计划的审查和批准

市场营销计划的制定是由许多部门共同参与完成的，每个职能部门制定计划的过程实际上也是一个向餐饮企业高级决策层阐述自己的意见或主张并获得支持（如资金、人力等）的过程。由于受到一些主、客观因素的影响，部门的意见或计划往往较多地注重细节而失于全面，因而，已经制定的市场营销计划必须经过餐饮企业高层管理者反复几轮的审定，去除计划中不准确、不必要或不尽如人意的部分和内容。经过必要的调整和修订，从步骤一到步骤五制定的餐饮市场营销计划将最终得到批准并付诸实施。为了使市场营销计划更加全面、准确，制定工作更有效率，餐饮企业应建立由中层、高层管理人员和专家组成的计划审核体系，根据一定的工作程序将计划的审查工作贯穿于整个计划制定过程中去。

7. 计划实施进度的调整

餐饮企业内、外部环境始终处于连续不断的变化之中，它们是客观存在并不以人的意志为转移的。虽然在制定市场营销计划的过程中十分强调市场调查，强调信息的收集和分析，以及对未来各种可能情况的预测，但是，预测与实际结果通常存在一定的差距，这种差距往往会造成计划与现实的脱节。

变化是永恒的，计划应该是可变的。在计划期内餐饮企业面临环境的变化时，对计划向目标迈进的方向和速度必须加以调节，以使计划保持必要的正确性。这意味着必须及时收集环境信息和测定目标（如市场占有率和销售量），以便收集到所需要的信息。这些信息可以通过定期或不定期的市场调查研究及常规的信息系统进行收集。

8. 市场营销计划实施后的审查

在一个计划周期结束后，餐饮企业必须对计划执行的实际效果与计划目标进行比较分析，找出两者之间存在的差距并认真分析其产生的原因。

审查的范围主要集中在：

计划周期内实际销售额、利润（率）与计划指标是否一致，未能完成或超额完成的原因。

各部门对计划的理解和执行能力是否达到餐饮经营的要求，尚存在哪些薄弱环节？

餐饮情报信息系统的工作是否能够满足计划对信息的需求，其提供的信息是否及时、有效。

餐饮企业对市场变化的预测是否准确，产生误差的原因有哪些？

计划执行过程中是否存在协调方面的困难，这些困难是否是由于计划制定时缺乏考虑和安排造成的？

计划的灵活性如何，即市场环境发生变化时，市场营销计划是否能够进行相应的、及时的调整，调整后的效果怎样？

餐饮企业各级管理人员，尤其是中、高级管理人员对计划执行的综合控制能力如何？

这种对计划实施情况的信息反馈和总结将为餐饮企业目前的和将来的市场营销计划制定与实施工作提供很重要的参考资料。

☞ 相关知识点

餐饮营销计划的编写格式

一份较为完整的餐饮市场营销计划，应包括概要、背景评价、营销目标、营销策略、营销组合的具体策略、财务文件、监督和控制、应急计划和其他的文件等组成部分，具体内容及编写格式如下：

1. 概要

餐饮市场营销计划正文前面为概要部分，这部分内容主要是对当前形势、目标、策略、行动方案和财务指标的关键部分进行扼要的介绍。

2. 背景评价

（1）历史情况评价，考虑的事项包括：

1）市场。

·市场大小和规模以及竞争对手的销售历史情况和市场占有率。

·市场潜力、餐饮主要产品和相关产品供求的趋势。

2）市场活动。

·餐饮企业各产品销售的定价情况以及引起价格变化的原因。

·销售渠道形式。

·销售策略和实践。

·广告和促销。

3）餐饮企业产品的销售额、成本、毛利润。

·根据销售地区、客户类别、产品类别等分类方式，分别进行销售额和成本的历史情况分析。

·利润历史情况。

·各产品系列的销售量、销售额和利润的变化。

4）产品、技术及工艺的改进。

·产品所处的生命周期阶段。

·产品设计和开发周期。

·市场效果。

·产品生产和质量控制的难度。

5）市场特点。

·目标顾客的消费规律。

·目标顾客的购买频率、购买数量和购买时间。

·目标顾客的购买过程。

·服务情况。

6）政府和社会。

·法律环境。

·财政与金融政策。

·消费者保护运动情况。

·自然环境保护带来的影响。

（2）产品基本情况档案。产品基本情况档案是单独的档案文件，但它与整个营销计划密切相关，它是对产品和市场营销活动的结果、环境条件和特征等，从统计上所做的永久性记录。

产品基本情况档案的作用是提供关于产品的所有必要信息。这些将成为营销计划的基础，并使新员工能尽快熟悉产品和市场。这也使得管理上的策略有连续性。

准备档案的基本职责通常是由负责该产品或产品系列的管理人员（如产品经理）承担。

（3）形势分析。形式分析主要包括以下内容：

1）销售分析。

·产品系列的销售额、成本和利润的变化趋势。

·中间商、目标顾客、重要顾客的销售情况。

·从区域、产品、销售渠道等方面分析过去与现在的销售情况。

2）行业吸引力分析。

·市场因素：市场的大小、增长率、周期性、季节性。

·行业因素：生产能力、新产品进入前景、竞争状况、供应商议价能力、替代产品的威胁等。

·环境因素：社会因素、政治因素、人文统计上的因素、技术因素、法律法规因素等。

3）顾客分析。

·谁：谁是顾客；如何分类；本餐饮企业和竞争对手的目标市场群体过去和将来的

情况。

·为什么：顾客为什么购买；什么时间购买；购买决策影响人的目的。

·可能的变化及其影响：影响顾客购买的因素；如何预测这种改变；顾客行为的改变预示着什么；这种改变对餐饮企业和竞争对手的影响如何。

·顾客分析对理解整体市场的作用是什么。

4）竞争对手分析。

·针对每个主要的竞争对手分析以下的内容：如何衡量和评价餐饮企业的竞争表现；目标如何达成；促进和阻碍的因素是什么；优势和劣势是什么；竞争策略和手段将如何变化；未来的战略可能是什么。

·进行完整的分析：包括评价餐饮企业过去的成果和策略。

·进行资源评价：对餐饮企业设计新产品的能力、生产制作能力、营销能力、财务能力、管理能力进行评价。

5）资源分析。

·对餐饮企业进行评价：对本餐饮企业的资源状况与主要竞争对手的资源状况进行比较；将资源状况与寻求机会或避免威胁的要求进行比较；把资源状况与战略决策对资源的要求进行比较。

·资源评价的内容：创意和设计能力、生产能力、营销能力、财务能力和管理能力。

3. 营销目标

（1）餐饮企业的目标。

（2）各个部门的目标。

（3）营销目标。

1）数量（销售量、销售额、市场占有率、利润和费用等）。

2）方针。

3）时间范围。

4）基本原则。

4. 营销策略

（1）策略的备选方案。

（2）市场定位策略。

（3）产品定位策略。

（4）其他关键性策略。

5. 营销组合的具体策略

（1）定价策略。

（2）广告与促销策略。

（3）广告创意策略。

1）媒体计划。

2）消费者促销与中间商促销。

（4）销售与销售渠道策略。

（5）产品研究开发策略。

（6）市场开拓策略。

6. 财务文件

（1）预算。

1）广告与促销预算。

2）销售额。

3）市场研究预算。

4）产品开发预算。

（2）预算报表。

1）成本。

· 总成本与单位成本。

· 变动成本与固定成本。

· 预测总收入。

2）利润。

· 总利润、单位产品利润。

· 投资收益率等。

7. 监督和控制

在监督和控制中将要使用下面的研究信息。

（1）间接数据（或第二手资料）。

1）销售报告。

2）合同或订单。

3）非正式渠道的信息。

（2）原始数据来源。

1）餐饮企业各种财务审计数据。

2）特定的提供数据的公司，如市场研究公司、管理咨询公司等。

3）用户调查网等。

8. 应急计划和其他的文件

（1）应急性计划。

（2）应考虑的备选策略方案。

（3）其他有关文件。

以上餐饮市场营销计划的编写大纲是汇总了餐饮企业全部营销计划内容的格式，也有一些餐饮企业的市场营销计划只包含产品市场推广方面的有关计划，如促销计划、公关宣传计划、广告计划等。其他的诸如财务预算等计划则单独制定并下发。需要强调的是，市场营销计划提纲所列的是一份完整的餐饮市场营销计划所应包含的内容，但这并不意味着所有的内容都必须集合在同一个文件中才算是一份完整的计划。

☞ 实训指导

本项目实训以教师引导、学生参与为主。根据实训内容采用小组合作的方式完成。在小组合作过程中，将运用分组讨论、案例分析、头脑风暴等多种方法帮助学生掌握学习内容。下面将按照前文所述内容，明确餐饮企业市场营销计划的编制过程。

步骤一：制定营销计划主题

教师可指定每组学生完成本小组拟筹建餐厅的年度营销计划和某一专项营销计划（如客户营销计划、服务营销计划或产品营销计划等）或特殊营销计划（如新产品推广计划、美食节计划、淡季促销计划等）。各小组在组长带领下，选定某专项营销计划或某特殊营销计划（年度营销计划为每组必做）。

步骤二：收集信息与市场调查

教师可指导各小组讨论并进行分工，小组成员分别通过网络、图书馆及餐饮企业现场访谈等途径，收集餐饮企业及目标顾客偏好等信息，为制定科学可行的营销计划做准备。

步骤三：制定营销计划

根据营销计划主题和对收集信息的分析，为本小组拟筹备餐厅制定出年度营销计划和专项营销计划或特殊营销计划。在计划中，财务预算是不可或缺的内容之一。营销计划的撰写可参考项目三的相关内容。

☞ 实训成果

本次实训结束后，各小组成果为本小组拟筹划餐饮企业制定的年度营销计划和专项营销计划或特殊营销计划。

项目四　餐饮营销专项策划

所谓营销专项策划，是营销过程的组成部分，其策划内容涉及某一特定的问题，也有可能是综合策划中的一部分（即子策划），正是由这些子策划构成了综合的餐饮营销策划。

一、餐饮营销专项策划的步骤

1. 确定营销目标

营销目标和策略是营销策划的基础，营销策划是为实现营销目标服务的。营销目标指出了要达到销售目标必须完成“什么”，营销策略则指出实现目标的各种方法。

拟订策划案的第一个步骤就是界定问题。“磨刀不误砍柴工”，策划前要准确地界定问题，选准目标，再实施策略，就会获得成功。因此，拟订营销目标之前，必须先确定销售目的、目标市场以及机遇与威胁。确定这些项目之后，即可知道如何设定营销目标和运用什么策略能够实现这些目标。在这一过程中，创意思维起着至关重要的作用。通过创意思维，以机遇与威胁、销售目标、目标市场与所获得的数据为依据，就可以确定营销目标和相应的目标市场，这是在策划前应该做的准备工作。

2. 调查和收集相关信息

中国有句古话，叫做“巧妇难为无米之炊”，策划也是如此。策划人员再聪明，分析能力再强，如果没有信息，也只能是“无米的巧妇”，难以做出优秀的策划案。因此，信息收集工作是策划成功的关键，信息收集能力也是策划人员必须具备的基本素质。当收集到的资料不足，或在现成资料中没有找到有价值的信息时，就得依赖市场调查，以获得所需的资料。

市场调查资料来自向经销商、竞争同行、原料供应厂商所做的调查。由于这些资料都是直接调查获得的，因而被称为第一手资料，或是初级资料。

最常用的调查方法有两种，一种是询问法，另一种是观察法。

（1）询问法。所谓询问法，就是以发问的方式向被访问者问问题而获得信息的方法。该方法通常是通过拟定问卷来进行询问的。询问法按询问方式的不同，又可区分为人员访问法、电话访问法、信函访问法三种。

（2）观察法。所谓观察法，就是用肉眼、仪器或两者兼用，去查看事实并记录下来，以获得资料的方法。例如，有些餐饮企业为了了解顾客对菜品的满意度，会让服务员在服务时观察顾客进餐时的表情，这就是肉眼观察法。

3. 产生创意

创意就是把营销策划思想和定位在概念上表达出来，它以创造新奇的营销策划谋略为其主要特征。创意就是构思。创意是营销策划的核心，一个好的创意，将是营销策划火花的引爆点。

创意思想的要求是：

（1）主题突出、构思完整、不喧宾夺主。策划主题是营销活动的灵魂，营销创意必须充分表现策划主题，而不能自由发挥。营销创意偏离策划主题，将难以取得良好的作用。

（2）创意独特、立意新颖、巧妙、奇而不怪。营销创意是一种智力和开拓精神的较量，这种较量的重点就是标新立异。独特性是营销策划的生命，营销创意独特才会使营销具有感召力，抓住消费者的注意力，引起共鸣。

（3）简明易懂、精练生动，具有艺术性和趣味性。营销创意的核心是突出主题，不可表现过多而冲淡了主题，使人感到模糊，不知道企业产品的独特之处，因此营销创意必须接近生活，简明易懂，给消费者一个完整准确的概念，使信息传递快速、准确。

（4）创意思想要有情感性。创造的意境要真挚，要呈现给消费者一个出神入化的艺术境界。营销创意富于情感，使消费者能够产生联想，才能引起其兴趣，形成深刻印象。

4. 撰写营销策划书

营销策划书中的必备项目有：

（1）策划名称（策划主题）。

（2）策划人员姓名（小组名称、成员名称）。

（3）策划制作时间。

（4）策划目的及策划内容的简要说明。

（5）策划经过说明。

（6）策划内容的详细说明。

（7）策划实施时的步骤说明以及计划书（时间、人员、费用、操作等计划表）。

（8）策划的预期效果。

（9）对本策划问题症结的想法。

（10）可供参考的策划案、文献、案例等。

（11）如果有第二、第三备选方案时，列出其概要。

（12）策划实施中应注意的事项。

二、营销策划书的编写

1. 营销策划书所包含的内容

（1）封面。封面的构成要素应该包括呈报对象、文件种类、营销策划名称、副标题、策划人员姓名及简介、所属部门、密级、呈报日期、编号及总页数。

（2）目录。除非策划书的页数很少，否则千万不要省略目录页的内容，因为通过目录可以让阅读者对策划书有个概括的了解。在目录中具体应该有主标题、副标题、附件或资料，以及以上内容的页码。

（3）前言。当人们拿到营销策划书时，最先阅读的部分除目录外，就是前言。如果在策划提案讨论会上无充分的解说时间，就必须在前言中清楚地表述所阐述的重点问题。具体内容包括策划的目的意义、策划书所展现的内容、希望达到的效果及相关内容、致谢等。

（4）策划摘要。摘要一般要阐明一个营销策划书所有的重点内容，页数最好控制在两三页左右，用简洁的语言对每个项目进行说明，具体的构成要素大致有：

1）动机。

2）目标及策划的必要性。

3）情景分析。

4）所需资源。

5）相关的辅助信息。

6）预期效益。

7）风险评估。

8）实施中的计划管理。

按照上述内容书写摘要，可以收到提示重点的效果。简洁的摘要可以促使读者继续阅读下去。在完成了以上所列示的内容之后，接下来就可以开始书写策划书的主干内容。主干内容包括四部分：①［Why］：策划的背景和动机。②［What］：策划目标、范围以及情景分析。③［How］：方案说明、策略的形成、物力财力资源的投入、预期效益、风险评估。④［Action］：实施计划的管理。

（5）策划的背景、动机。这部分内容应该根据策划书的特点，在以下项目中选取所需的内容进行重点阐述。这些项目有：企业基本情况简介、主要股东及持股比例、经营状况；主要硬件、主要产品销售方式、销售渠道及主要客户、财务状况及最近三年财务分析、研发能力实绩、研发部门组织状况、研发团队的专长说明、重要的研究设备、研发成果、获奖及专利情况、管理能力、营销能力、企业组织结构、各部门主管的学历和经历等企业内部环境的说明，以及相关的目的、动机等。

（6）规划目标。在策划书中，需要明示策划所要实现的目标或改善的重点。目标的选择必须满足SMART的要求，即重要性（Significant）、可度量性（Measurable）、可实现性（Achievement）、相关性（Relevant）以及时效性（Time）。

（7）环境分析。在进行营销策划时，应该了解问题的环境特征，做好SWOT分析，如要考虑企业面临的优势、弱点、机会、威胁等因素。在行业内部应该了解国内市场、全球市场、行业内部的竞争情况等；在外部环境分析方面，应做好STEP分析，即做好对社会文化因素（Society）、技术进步（Technology）、经济状况（Economy）、政治法规因素（Politics）等方面的分析。如果能对内外部环境形势全面了解，那对分析问题将会大有裨益。

将策划书的撰写重点放在如上环境分析的各项因素上，对过去和现在的情况进行详尽的描述，并通过对将来情况的预测来制定计划。如果周围的环境情况不明，则应该通过调查研究、市场和经营环境分析加以补充。

（8）方案说明。

（9）策略及评估。在营销策划书中，解决问题和实现目标的策略应该一目了然。同时，对方案的可行性、成本收益情况须进行详尽的评估，而且采用的评估步骤、方法既要科学合理，又要简单易懂。

（10）使用资源、预期收益及风险评估。在营销策划书中，应对方案执行过程中所需的人力、物力、财力以及可能产生的有形、无形成本负担进行评估。同时，对方案何时产生收益、产生多少收益以及方案有效收益期的长短等也须进行评估。另外，内、外部环境的变化，不可避免地会给方案的执行带来一些不确定性，也就是我们常说的风险。因此，当环境变化时，是否有应变措施，失败的概率有多少，造成的损失是否会危及企业的生存等也要在策划书中加以说明。

（11）实施的日程计划。对策划方案的各工作项目，按照实施时间的先后顺序排列、标示形成实施的时间表。这样，有利于在策划方案实施时进行检核。另外，人员的组织配备、相应的权、责也应在这部分中加以明确。执行中的应变程序也应该在这部分通盘考虑。

2. 营销策划书的编写技巧

（1）在正式的营销策划书中，要附摘要和前言。前言的撰写最好采用概括力强的方法，如采用流程图或系统图。

（2）在书写营销策划书之前，在一张图表上要反映出计划的全貌。

（3）巧妙地利用各种图表。

（4）适当举证。举证或举例既可以是正面的，也可以是反面的经验教训。当然，也可以选择一些国外企业营销的成功的范例来支持自己的方案。

（5）利用数字说明问题。任何经济活动都应考虑经济数量关系，如销售额、利润率、市场占有率、价格等。所以，在营销策划书中应注意利用数字来说明问题，在营销策划中也应有数量的计划安排。

（6）策划书的体系要井然有序，局部也可以用比较轻松的方式来表述。

（7）在策划书的各部分之间要做到承上启下。

（8）要注意策划书版面设计的感染力。

☞ 实训指导

本项目实训以教师引导、学生参与为主。根据实训内容采用小组合作的方式完成。在小组合作过程中，将运用分组讨论、案例分析、头脑风暴等多种方法帮助学生掌握学习内容，并通过完成编制餐饮企业市场营销策划案来巩固实训内容。

步骤一：制定营销策划主题

教师可指定每组学生完成本小组拟筹建餐厅的某一专项营销策划（如美食节、儿童节、中秋节、情人节、春节等节日营销策划）。各小组在组长带领下，选定某专项营销策划。

步骤二：收集信息与市场调查

教师可指导各小组讨论并进行分工，小组成员分别通过网络、图书馆及餐饮现场访谈等途径，收集餐饮企业及目标顾客偏好等信息，为制定科学可行的营销策划做准备。各种餐饮海报也是信息收集的参考内容之一（如书后彩图3－1、彩图3－2、彩图3－3、彩图3－4）。

步骤三：撰写营销策划文本

根据营销策划主题和对收集信息的分析，为本小组拟筹备餐厅制订出专项营销策划方案。在方案中，财务预算是不可或缺的内容之一。营销策划案的撰写可参考项目四的相关内容。

☞ 实训成果

本次实训结束后，各小组成果为本小组拟筹划餐饮企业编制的专项营销策划方案。

实训内容巩固

一、填空题

1. 餐饮营销策划的类型有：________营销策划和________营销策划。

2. 按计划涉及范围分类，餐饮营销计划分为________营销计划、________营销计划和________营销计划。

3. 按计划的组织层次分类，餐饮营销计划分为________营销计划、________营销计划和________营销计划。

4. 最常用的调查方法有两种：一种是________法，另一种________法。

二、名词解释

1. 营销策划
2. 餐饮营销策划
3. 综合营销策划
4. 专项营销策划
5. 餐饮企业市场调研
6. 餐饮市场营销计划

三、案例分析题

猫头鹰餐厅——热情服务，风靡美国

猫头鹰餐厅是美国的一家很有特色的餐饮企业，由罗伯特·布鲁克斯于1983年创建，凭借着特色十足的服务，很快风靡美国。如今，在美国47个州，都可以看到猫头鹰餐厅的身影。猫头鹰餐厅不仅在美国受到欢迎，更是走向了世界，在全球拥有超过500家连锁店。

猫头鹰餐厅为人们所欢迎甚至津津乐道的正是餐厅的服务特色。而其中最大的特色在于服务员的着装。猫头鹰餐厅的服务员统一穿的是白背心、橘红色运动短裤、白色运动袜以及白色的厚底运动鞋，而且这些号称“猫头鹰女郎”的服务员都是由青春靓丽的年轻女孩儿所组成。

罗伯特·布鲁克斯所创造的猫头鹰特色服务的灵感，来自于一支名叫Dolphin的橄榄球队的拉拉队制服，这支橄榄球队的拉拉队的制服正是白色弹力小背心和橙红色运动短裤。受到这支拉拉队的启发，罗伯特·布鲁克斯把它的豪放、热情移植到了餐饮服务上，最终形成了猫头鹰餐厅的特色，甚至成为了豪放的美式文化的象征。

正如罗伯特·布鲁克斯在接受一家杂志采访时所说：“漂亮的女人、凉丝丝的啤酒、食物，这些东西是永远不会过时的。”的确，优质的美食由漂亮而又迷人的“猫头鹰女郎”呈上来，让顾客有了不同于一般餐厅就餐的体验。“猫头鹰女郎”服务成了猫头鹰餐厅的独特风景，也是猫头鹰餐厅之所以风靡全球的一大关键因素。

猫头鹰餐厅体现出了“豪放”的特色服务，豪放也意味着热情，这种特色服务成了猫头鹰餐厅的最有吸引力的一块“招牌”，从而让猫头鹰餐厅独树一帜，并受到了很多消费者的欢迎。

海底捞——服务提升竞争力

海底捞来自四川简阳，创建于1994年，以经营川味火锅为主。短短十多年的时间里海底捞取得了长足的发展，如今，在北京、西安、郑州、上海等全国各大城市，都可以看到海底捞的身影。

提到海底捞，最令人津津乐道的是这家火锅店的服务。服务成了海底捞吸引消费者光临的一大核心竞争力，也是海底捞获得持续发展的一大关键因素。海底捞的服务不仅仅是体现于某一个细小的环节，而是形成了从顾客进门到就餐结束离开的一套完整的服务体系。

海底捞的服务之所以让消费者印象深刻，就在于海底捞将其他同类火锅店所存在的普遍性问题通过服务的形式予以了很好的解决。比如说，在就餐高峰的时候，很多火锅店都需要排队等位子，而一般的火锅店都是让顾客在那里“干等”，很少提供相关的服务，这样难免会让一些心急的顾客流失。而海底捞就不同，它会在顾客等候的时候提供一些让人感觉很温暖、很温馨的服务，如免费为顾客送上西瓜、苹果、花生、炸虾片等水果和小吃，还有豆浆、柠檬水、薄荷水等饮料；同时，顾客在等待的时候还可以免费上网，甚至女士可以在等待的时候免费修理指甲。正因为如此，很多顾客甚至很乐意在海底捞排队等位子，这也无形中形成了海底捞的一个服务招牌，从而有效地挽留住了客源。那些看起来是十分小的事情，却让顾客感觉到了海底捞的不同之处，既不让等候的顾客流失，也有效地提升了海底捞的营业额。除了等位服务之外，在点菜、就餐期间，海底捞也是无处不体现出在服务细节上的贴心和周到。如在客人点菜期间，很多的顾客为了面子特别是在请朋友吃饭的时候，或许点很多的菜品，换成一般的餐饮店，客人点的菜越多越好，但海底捞的服务员会对客人进行善意的提醒，让客人感觉很温暖，面子上也过得去，让顾客感觉到店家在为自己着想，更增添了对海底捞的好感度。同时，在就餐期间，海底捞也会提供比较细致周到的服务，如多次为顾客更换热毛巾，为女士提供发夹防止头发掉落，为顾客提供手机套防止手机进水，为顾客提供就餐围裙，等等，总之，这些都是一些小细节，但这些细节组合起来就形成了一套服务体系。

另外，海底捞在店内建立了专供儿童玩乐的场所，这样做是让带儿童前来就餐的父母们能够专心用餐，而不用担心小孩破坏就餐的氛围，甚至海底捞的服务员还可以带这些小孩玩，喂饭给小孩吃，充当起了这些孩子的临时“保姆”。在卫生间，海底捞设有专人，客人洗手后会立刻递上纸巾，让顾客感觉仿佛到了星级酒店一样，这与其他的火锅店一比较，顾客的感受自然不同。

还有就是在就餐后，海底捞和其他的餐饮店的做法一样，会送上一个果盘，但如果客人提出要求说再要一个，海底捞的服务员也会热情地为你送上。虽然有些服务会增加一点点海底捞的运营成本，但这种付出是值得的，与稳定的顾客源、不断扩大的忠实消费群及品牌的美誉度相比较，这种投入产出是十分合算的，这也正是海底捞的聪明之处。

从顾客进门等候到就餐完毕，海底捞的服务贯穿其中。虽然很多的餐饮店在其中的某一个环节上也做到了如海底捞一样的服务，但是没有形成系统性，没有制度化，因此，海底捞的服务才会显得更加突出，而这也是餐饮企业在服务上所需要借鉴与学习的。

问题：

猫头鹰餐厅和海底捞火锅店，都是餐饮服务营销的典型案例。结合这两个案例，谈谈如何进行餐饮营销创意？请将解答写在下面。

*

学生学习小结：

学生疑问：

学生建议（对课堂组织、内容安排、实验方法等）：

成绩评定：________________________教师（签字）______________________

____年____月____日

模块四　餐饮企业质量管理

餐饮企业质量管理是餐饮企业参与市场竞争和可持续发展的基石。随着经济全球化趋势的日益加深，企业之间的竞争由区域性竞争向全球性竞争发展，质量的市场作用与地位也日益重要，质量管理已成为企业竞争的重要工具。

☞ 实训目的

餐饮企业质量管理是餐饮企业管理的重要内容之一。通过本项实训，学生应掌握企业质量管理的基本内容，了解餐饮企业实施质量管理的基本步骤，并能够使用具体管理工具实践餐饮企业质量管理，从而达到企业质量管理的目标。

☞ 实训器材准备

（1）电脑。安装 Windows 2000 及以上的操作系统，能支持 Office 2000 及以上的办公软件。每 1 ~2 位学生配备一台电脑。电脑将用于质量管理相关表单制作。

（2）若干张白纸和书写笔。每位学生都需配备若干张白纸和若干支书写笔。白纸和书写笔将用于质量管理图表分析。

（3）白板和白板笔。每 6 ~8 位学生配备一块白板和若干支白板笔。白板和白板笔将在质量管理问题分析小组讨论时使用。

☞ 实训场地要求

本实验为室内实验。电脑实验操作部分可在安装电脑或可使用笔记本电脑的教室中进行。其余实验内容，可在具有足够空间实施分组讨论的教室中进行。

☞ 实训方法

实训方法为角色扮演法、焦点访谈法、头脑风暴法等。

角色扮演法就是教师依据学生人数进行合理分组，并为每组学生设计一个与餐饮企业质量管理相关的情景。根据情景，由教师指派或学生自由选择场景中涉及的角色，模拟所选人物的立场，进行情景对话。这一方法有助于加深学生对餐饮企业质量管理实践的体验和理解。焦点访谈法和头脑风暴法都是指学生分小组进行讨论，通过讨论加深对餐饮企业质量管理实践的了解。在具体操作中，两种方法的步骤略有不同，详见本项目中的实训指导。

项目一 餐饮企业质量管理基础

顾客在购买产品和服务时，当然希望得到理想的产品和服务。对于许多产品和服务来说，即使是99.9%的完善程度也不够好！以美国为例，如果所有的美国人都以99.9%的完善程度来工作，那么：一小时内在银行账户中会出现22000张错误支票；一分钟内有1314个错误电话；一天中会有12个新生婴儿给错了父母；一年中有250万本书印错了封面；一天中降落在奥海尔机场的飞机中有两架飞机不安全；一小时内有18322封信件被错误地处理；一年中所开的药方有200000份是不正确的；第三版韦氏新国际大词典中有315个词条有拼写错误。

因此，质量零缺陷是餐饮管理不断追求的目标。要想获取良好的质量管理结果，首先需明确质量管理的主要内容，也就是“4W1H”（What，Why，Who，When和How）。

一、质量是什么（What）

质量，如果问一百个人，一百个人都会给出自己的定义。因为大家从不同角度来理解，产生不同的判断。那么作为餐厅的管理者，我们该如何来看待质量问题呢？质量，如同美丽一样，应由旁人来判断。而餐饮企业最重要的旁观者就是顾客，质量是顾客想要得到的，因此，唯有顾客才是质量的最终裁判员。所以说，质量是顾客对我们提供的产品和服务所感知的优劣程度。从深层次来看，质量是事物的本质属性，是与这一类事物的本质属性的符合程度。表4-1显示的是关于质量的误解以及相应的真相。

表4-1 关于质量的误解与真相

误　解	真　相
误解一：出什么价格，有什么质量	真相一：质量必须超出顾客的期望——物超所值
误解二：质量无标准，只是空洞的理想	真相二：质量一定要有标准，即符合顾客需求的标准
误解三：孰能无过，质量也不例外	真相三：预防胜于整改，任何过失都可能事先避免
误解四：花钱越多，质量越高	真相四：从源头抓起，质量最高，成本最小
误解五：质量问题大部分错在第一线	真相五：85%的质量问题是管理决策或组织制度造成的

二、质量管理为什么重要（Why）

餐饮企业质量管理可以说是餐饮企业的生命线。没有质量，企业就不能持续发展。

从对顾客服务角度出发，良好的企业质量，能增加顾客满意度，树立餐饮企业的声誉和良好的企业形象。从企业角度出发，提高质量就是降低成本，提升企业的工作效率，最终提高餐饮企业的竞争力。从企业员工角度出发，实施企业质量管理能调动全体员工的工作积极性，最终提升全体员工的根本利益。

三、谁负责质量管理（Who）

全体员工均对自己的工作质量负有不可推卸的责任（见表4-2）。各级管理人员不仅保证自己所负责工作的质量，还要对下属的工作质量负责；质量管理部专业质量管理人员负责对企业质量管理工作进行管理。

表 4－2　不同等级和岗位员工质量管理责任

员工角色或岗位	质量管理责任
普通员工	在自己的工作过程中要按照质量标准进行操作和提供服务，并对质量结果负责
领班	工作时间里采取定点和游动的方式在现场进行工作质量点的检查、监督指导；每日班前会进行总结、讲评和指导；通过针对性培训进行质量方面的培训；通过组织技术比赛、评优和业务定级等强化员工质量意识和完成质量工作的能力与积极性
主管	通过对工作现场的连续不断地巡视来对工作现场的工作质量进行管理；通过每日晨会、对领班的培训等方式对质量工作进行管理
部门经理	参加每日部门及酒店工作例会；对工作过程进行巡视与抽查
总监	在每日的酒店工作例会上进行讲评；每日抽查所属各部主要业务质量；召开质量研讨会
质量管理员	按照分工进行质量管理工作的指导和监控
质量管理部经理	每天对各专职质量管理员的工作进行分工、布置、听取汇报、指导和进行总结
总经理	负责定期听取质量管理部工作汇报，并进行指示；负责进行质量管理的最终仲裁

四、什么时候执行质量管理（When）

餐饮企业的质量管理应该是随时随地，无时无刻的。不管何时，餐饮企业都要绷紧质量管理这根弦。当企业面临顾客投诉增加、顾客流失严重、企业效益下滑的时候，就需要特别注意企业的质量管理，要找出问题产生的原因并进行改进。

五、如何实施质量管理（How）

餐饮企业在实施质量管理时，需注意以下十条原则：

（1）注重细节，追求完美；杜绝马虎之心，是追求质量的第一要务。

（2）质量管理具有否决权，质量管理工作在企业日常管理工作中享有至高的裁决权，任何人都不得以任何借口对质量管理工作进行干预和破坏其严肃性。

（3）全方位全过程原则。质量管理工作是面向全企业的所有工作方面的。质量管理必须从产品的第一环节抓起，进行全过程、全方位的管理，方为完整的质量管理。

（4）总经理直接挂帅原则。质量管理部经理直属总经理的领导，目的在于避免或减少干扰，从而使质量管理工作真正地按照较为科学、有效的方式运作。

（5）人员高度专业性。质量管理人员必须是企业中最优秀的管理人才和专业面广、功底深、学历高、经验丰富且经过强化训练和持续不断地更新知识、提高能力的专门人才。

（6）专业负责与全员负责原则。各级管理人员是企业质量管理体系中理所当然的质量管理人员，对本部门质量管理负有全部的责任。所有人员，在任何时候都必须对自己的工作承担起质量责任。质量管理实行专业人员管理与各级管理人员管理相结合、他人监督管理与岗位个人自己负责相结合的原则。

（7）监督与指导相结合。质量管理工作是要时刻牢记质量管理的目标，通过对工作的监督、检查、评估、指导，激励先进、纠正错误、帮助提高，最终使工作质量能有显著的提高。

（8）标准规范化。企业经营管理工作各环节的标准与规范化的建设是质量管理工作的一个重要前提。

（9）严格公正。质量管理工作是否严格公正是其能否成功地达成质量管理目标的重要保证。

（10）奖优罚劣原则。质量管理工作实行层层对全过程和最后目标负责的原则，并对执行人的完成情况和改进情况实行“奖优罚劣”。

☞实训指导

本项目实训方法以学生参与体验为主，以教师启发式教育为辅。

步骤一：质量管理重要性分析

教师可先向学生解释什么是质量管理，然后分组讨论质量管理的重要性。即按照学生人数，将学生分为若干个小组，每组6～8人为宜。给学生5～10分钟的时间，让学生自由讨论质量管理对餐饮企业的重要性。要求学生将讨论的结果进行归纳总结，并以海报的形式制作出来。随后每组派一位代表汇报小组讨论结果，并阐述原因。

（备注：在讲解不同岗位或等级员工质量管理责任时，可运用配对游戏的方法，将不同的岗位以及相应的质量管理责任做成若干套卡片。每一岗位和每一责任分别为一张独立的卡片。每一个小组发一套卡片，要求学生通过讨论，将每一个岗位及相应的责任对应起来。所有小组配对结束后，由教师公布答案，并检查哪一个小组配对正确率最高。）

步骤二：点评质量管理的十项原则

在教师的指导下，所有学生仔细阅读关于质量管理的十项原则，并思考这十项原则对餐饮企业而言是否适用。每位学生选择其中的一项原则写一篇100～200字的小短文进行评论，说明适用或不适用的理由。然后在各组组长的主持下，小组成员发言交流，每组将讨论结论汇总提交。在小组讨论中，由1名学生（组长）负责主持，1名学生负责记录。

☞实训成果

本项实训成果为以小组为单位分别提交一张餐饮企业质量管理重要性的海报和餐饮企业质量管理十项原则的适用性评论。

项目二　质量管理实践：戴明环管理法

全面质量管理要求餐饮企业全员参与质量管理，并全方位地从计划、业务、设备、物资、人事、财务等多方面入手实施质量管理。戴明环是一种常见的全面质量管理方法，本项目将训练学生应用戴明环对餐饮企业的产品和服务质量进行管理。

一、戴明环质量管理的内容和方法

质量管理理论是由美国管理学大师威廉姆·爱德华·戴明（William Edwards Deming）

在日本进行企业管理实践指导的过程中，成功开创出来的。因此，戴明也被认为是现代质量控制管理思想的先驱。在戴明的质量管理思想里面，最具有实践价值的理论之一就是他在实践中精炼出的"PDCA/PDSA 管理循环（PDCA Cycle/PDSA Cycle）"，又称为"戴明环（Deming Wheel）或持续改进螺旋（Continuous Improvement Spiral）"。该方法包括四个步骤：①计划（Plan），该做什么；②执行（Do），贯彻计划；③检查（Check/Study），做了些什么；④修正（Act），制止错误或改进流程。这一过程形成了一个不断循环重复的环（见图 4－1）。

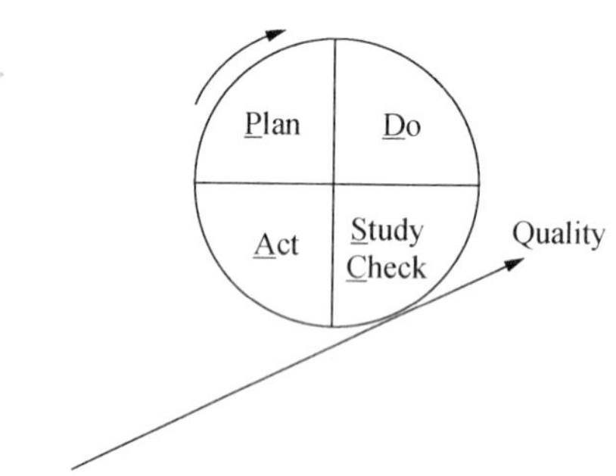

图 4－1　戴明质量管理 PDSA/PDCA 循环图

戴明的 PDCA 方法有三个特点：

（1）大环带小环。如果把整个企业的工作作为一个大的戴明循环，那么各个部门、小组还有各自小的戴明循环，就像一个轮系一样，大环带动小环，一级带一级，有机地构成一个运转的体系。

（2）阶梯式上升。戴明循环不是在同一水平上循环，每循环一次，就解决一部分问题，取得一部分成果，工作就前进一步，水平就提高一步。到了下一次循环，又有了新的目标和内容，更上一层楼。

（3）科学管理方法的综合应用。戴明循环的四个阶段又可细分为八个步骤，每个步骤的具体内容和所用的方法如表 4－3 所述。在这八个步骤中会应用到多种工具作为进行工作和发现问题、解决问题的手段。

表 4－3　戴明 PDSA/PDCA 循环阶段、步骤及方法

阶段		步骤	方法
P	1. 界定问题	找出存在的主要问题	顾客调查
	2. 原因分析	找出影响问题的全部原因	排列图
	3. 确定原因	从全部原因中找出主要原因	因果图
	4. 制定对策	针对主要原因制定措施计划	对策表
D	5. 实施计划	按照计划对策表，认真去执行	
C	6. 检查效果	按照计划对策表，检查实际执行的结果	质量执行评定单
A	7. 总结经验	对结果进行总结，把经验与教训纳入有关标准、规定和制度，培训员工	质量管理阶段小结
	8. 遗留问题	尚未解决的问题转入下一个 PDCA 循环	

二、戴明环餐饮质量管理的具体步骤

本项目的实训主要围绕质量管理的第一阶段，也就是计划阶段进行展开。下面将分步骤详细介绍计划阶段四个步骤中每一步骤的实训内容和要点。

1. 界定问题

餐饮企业作为服务企业，必须坚持“顾客至上”的原则。国际服务质量标准ISO9000在论述服务质量体系的关键时就提出“顾客是质量体系的焦点”。因此，判断餐饮企业质量是否合格的最主要的标准就是顾客满意度。而导致顾客满意度下降或产生不满意的因素，也就是餐饮企业需要发现并加以改进的质量问题。另外，提升餐饮产品和服务质量不能仅仅是亡羊补牢，也需要深层次挖掘顾客的需要，从而为顾客提供超出其期望的优质产品和服务。

收集影响顾客满意度的因素，可以采取多种方法和手段，包括开通投诉热线，进行顾客满意度问卷调查，组织顾客填写意见表，展开顾客访谈等。在上述方法中，投诉热线所涉及的如何处理顾客投诉及维持与客户关系的内容，我们将在模块五——餐饮企业客户关系管理中进行分析。在本项目实训中，学生需要掌握的方法包括如何设计顾客满意度问卷调查表及如何进行顾客访谈。

（1）餐饮顾客满意度问卷调查表设计。顾客满意度问卷调查是餐饮企业了解和掌握顾客对本企业评价、对本企业各项产品和服务满意度的有效途径。餐饮顾客问卷调查表通常由标题、问卷说明、填表指导、调研主题内容、编码和被访者基本情况等内容构成。

1）问卷的标题。问卷的标题概括地说明调研主题，使被访者对所要回答的问题有一个大致的了解。确定问卷标题要简明扼要，但又必须点明调研对象或调研主题。如可采用“××餐厅顾客满意度调查问卷”这样的标题，而不要简单采用“调查问卷”这样的标题，因为这样无法使被访者了解明确的主题内容，妨碍接下去回答问题的思路。

2）问卷说明。在问卷的卷首一般有一个简要的说明，主要说明调研意义、内容和选择方式等，以消除被访者的紧张和顾虑。问卷的说明要力求言简意赅，文笔亲切又不太随便。下面举个实例加以说明。

> 尊敬的顾客：
>
> 首先感谢您一直以来给予我们的信赖与支持！顾客满意度调查是我们聆听顾客心声的重要方式，您宝贵的意见与建议将是对我们产品与服务持续改进的鞭策与期许。问卷为无记名形式，您的回答将完全保密。完成调查需10分钟左右的时间。再次感谢您的配合和支持。

3）填表指导。对于需要被访者自己填写的问卷，应在问卷中告诉回答者如何填写问卷。填表指导一般可以写在问卷说明中。例如，请根据您的实际感受为下列餐厅服务内容进行评分；或请根据您在本餐厅的就餐经历，对下列各项服务从最满意到最不满意进行排序。

4）调研主题问题及选择。调研主题内容是按照调研设计逐步逐项列出调研的问题，是调研问卷的主要部分。这部分内容的好坏直接影响到整个调研价值的高低。在设计问题时有几个需要注意的问题。第一，提出的问题要具体，避免提一般性的问题。例如：“您认为我们餐厅的菜品怎么样？”这样的问题就很不具体，应具体化为询问关于产品的价格、外观、卫生、服务质量等方面的评价。第二，一个问题只能有一个问题点。一个问题如果有若干个问题点，那不仅会使被访者难以作答，而且对其结果的统计也会很不方便。例如："您为何不选择在餐厅就餐而选择外卖"这个问题就包含了"您为何不选择在餐厅就餐"和"您为何要选择外卖"。第三，要避免带有倾向性或暗示性的问题。例如："您是否和大多数人一样认为我们餐厅的菜性价比高"这一问题带有明显的暗示性和引导性。"大多数人认为"这种暗示结论的提问会带来两种后果：一是被访者会不假思索地同意引导问题中暗示的结论，二是使被访者产生反感。被访者心想，既然大多数人都这样认为，那么调研还有什么意义。于是，被访者或是拒答或是给予相反的答案。所以，在问句中要避免使用类似的语句。第四，要避免提出断定性的问题。例如："您一周外出就餐的次数有多少"这个问题的潜在意思就是"您一周内肯定会出去用餐"。而对于那些通常不外出用餐的人来说，这个问题就难以回答。因此在设计这一问题的回答项时，应包括"0次或没有"这样的选项。第五，封闭式问题要设置："不清楚"、"不知道"、"没听过"等绝对否定的词；在题目中，询问频率时，答案要用数字给出具体频率，不能使用"经常"、"偶尔"等文字。例如：您每个月光顾餐厅的频率是：A. 经常；B. 偶尔；C. 很少；D. 从没去过。因为各个人对"经常、偶尔"的定义各不相同，所以以上选项可以替换成：A. 每月1～3次；B. 每周3～5次；C. 每月5次以上；D. 每月不到一次；E. 从没有去过。

具体地，关于顾客满意度的题项，可以从餐厅各项产品和服务着手进行设计。表4－4罗列了一些可选题项供参考。由于每个餐厅的主题、性质等都有所不同，因而问卷调查的题项也可相应进行增减。比如，对于娱乐餐厅，可以增加对娱乐活动满意度的题项，而对于风味餐厅，可以增加对菜品风味满意度的题项。

表4－4　餐厅产品、服务要素

交通便利性；餐厅拥挤度；用餐环境氛围；餐厅卫生；洗手间设施；饭菜口味；饭菜卫生；饭菜品种多样化；菜品价格定位；服务态度；服务效率；服务人员外表；服务技能；菜品推介服务；订餐服务；外送服务；投诉处理

题项选择的组成方式与问题的类型有关，问题类型的多样性决定了回答的组成方式也有多种。常见的餐饮顾客满意度问题答案的组成方式有：多项式、序列式、对比式、尺格式、表格式、填入式、自由式。

多项式：多项式是提供两个以上的答案，被访者按要求只选择一个答案或者几个答案。例如：您认为本餐厅发布营销活动消息的渠道中，哪些方式最有效？（可多选）__________

①在餐厅门口张贴海报；②发放传单；③手机短信；④邮政广告；⑤电视广告；⑥网络广告；⑦报纸广告；⑧其他__________

序列式：序列式是要求被访者对所给的全部答案做出考虑，并从重要性出发排出序列。例如：请您就本餐厅新推出的服务按照重要程度排出1～4的顺序（1为相对而言最重要，4为相对而言最不重要）。

A	外卖服务	
B	网络提前点餐服务	
C	个性化菜单定制服务	
D	短信发送营销活动内容服务	

对比式：按照上面全面排序的方法，如果内容过多或难以比较的时候，被访者不愿花许多时间去斟酌，可能放弃填写，为此可改为对比方式。例如：以下是本餐厅新推出的服务，请您在对您而言最重要的那个服务的对应栏中打勾。

外卖服务		个性化菜单定制服务	
网络提前点餐服务		短信发送营销活动内容服务	

尺格式：尺格式是将回答的答案看做一条连线，就像一把有寸格的尺子，被访者只需在寸格上面打勾。例如：您对本餐厅菜品口味的评价是：

好　　　　　　　　　　　　　　　　　　　　　　　　　　　　差

表格式：此回答方式是把两个或者两个以上的问题集中起来，用举证来表示。一般主项是横栏，在左边，次项是纵栏，在右边。例如：请您对下列各项服务的满意度发表意见，在最适合的项目栏中打上勾。

	项目	很不满意	不满意	一般	满意	非常满意
1	服务态度					
2	服务效率					
3	服务技能					
4	服务人员外表					
5	投诉处理					

填入式：填入式是被访者将答案（数字或文字）直接填入问题空格中的方式。例如：请您如实填写以下情况：您本周内有几次外出就餐：________

自由式：通常在问卷调查的结尾安排一个开放式的问题，以了解被访者在标准问题上无法回答的想法。让被访者自己酌情填写答案。其作用相当于顾客意见表。例如：您对本餐厅改进菜品有何意见或建议：____________

5）编码。编码是将问卷中的调研项目以及被选答案变成统一设计的代码的工作过程。如果对问卷均加以编码，就会易于进行计算机处理和统计分析。一般情况下都是用数字代号系统，并在问卷的最右侧留出“统计编码”位置。

6）被访者基本情况。这是指被访者的一些主要特征，如个人的姓名、性别、年龄、收入、职业等。这些是分类分析的基础。如果在分析问卷信息时不需要统计被访者的特征，就不需要询问。这类问题一般适宜放在问卷的末尾。

下面给出的调查问卷（样本）可供参考（见表4－5）。

表 4－5　餐饮服务质量调查问卷（样本）

××餐厅关于员工服务的顾客满意度问卷

问卷编号：

尊敬的××女士/先生：

您好！非常感谢您能从百忙之中抽出时间回答此问卷！本调查完全采用匿名的方式，您的个人回答将会受到严格保密，敬请放心。请您根据自己的真实想法对本餐厅的各项服务做出评价。

* *

一、以下是对本店员工服务质量的一些描述，请根据您的同意程度勾选相应分数（1 = 完全不同意；2 = 不同意；3 = 不确定；4 = 同意；5 = 完全同意）

1. 本店的服务人员穿着整齐得体的服装 …… 1 2 3 4 5
2. 本店的服务人员会主动关怀并协助顾客解决问题 …… 1 2 3 4 5
3. 本店的服务人员在第一次为顾客服务时就做得很好 …… 1 2 3 4 5
4. 本店在承诺的时间内满足了顾客的饮食需求 …… 1 2 3 4 5
5. 本店提供快速的服务 …… 1 2 3 4 5
6. 本店的服务人员愿意为顾客提供帮助 …… 1 2 3 4 5
7. 本店的服务人员不会因为太忙而忽略了顾客的需求 …… 1 2 3 4 5
8. 本店职员的行为让顾客逐渐对其产生信任 …… 1 2 3 4 5
9. 本店员工对顾客一直很有礼貌 …… 1 2 3 4 5
10. 本店的服务人员有足够的专业知识来回答顾客的问题 …… 1 2 3 4 5
11. 本店的员工给予了顾客足够的关怀 …… 1 2 3 4 5
12. 本店员工能够为顾客提供个性化服务 …… 1 2 3 4 5

二、请从下列选项中挑选三项您认为本餐厅员工表现得最令您不满意的，将该表现的相应序号填在括号中（　　）

1. 面对顾客始终保持微笑；2. 见到顾客时能主动打招呼；3. 能主动关怀顾客的需要；4. 始终将顾客的需要放在第一位；5. 尽可能地满足顾客的需求；6. 点菜时，能提供有帮助的建议；7. 不会强制推销酒水或菜品。

三、请依据您对下列服务岗位的满意度，从最满意到最不满意进行排序。序号 1 代表最满意，序号 6 代表最不满意。将相应序号填入括号中

1. 迎宾员——（　　）；2. 桌面服务员——（　　）；3. 传菜员——（　　）；
4. 点菜员——（　　）；5. 预订接待员——（　　）；6. 领班——（　　）。

四、背景资料

您的性别：	A. 男	B. 女	
您的年龄：	A. 25 周岁以下	B. 25～30 周岁	C. 30～40 周岁
	D. 40～50 周岁	E. 50 周岁以上	
您的学历：	A. 高中（含中专）及以下	B. 大专	C. 本科
	D. 硕士	E. 博士	
您的家庭月收入：	A. 1000 元及以下	B. 1000～2000 元	C. 2000～3000 元
	D. 3000～4000 元	E. 4000 元及以上	

问卷到此结束，再次感谢您的参与！

（2）顾客访谈。餐饮顾客满意度问卷调查存在着一定的不足，比如，问题都是预先设定的，可能不够全面；即使设置了开放性的问题，顾客回答的意愿也不高，回答得不够清晰。为了弥补问卷调查的不足，有必要实施典型用户的访谈。访谈一般可分为两种：深度访谈和焦点访谈。

深度访谈是针对顾客的满意度和对餐厅的期望进行一对一式的交谈，在交谈过程中访问者提出一系列问题，探究被访问者对餐厅如何提升服务和产品品质的看法。焦点访谈则是由一名访问者担任主持人的角色，引导多位顾客（通常在6～15位）对本餐饮企业产品和服务品质的提升进行深入的讨论。焦点访谈中要尽量引发争论，若顾客对某个观点表现出惊人的一致时要引起注意，访问者要进行跟进和深度提问。

通常在访问前，访问者都应该设计一份较详细的访问提纲。提纲内容可以是对近来本餐饮企业表现不好的方面进行意见征询，以及对餐厅的期望和未来经营的建议。表4－6为访谈提纲示例。

表4－6　顾客服务质量访谈提纲

××餐厅顾客服务质量访谈

开场词：

各位尊敬的顾客，感谢大家在百忙中抽空参加本餐厅组织的这次座谈会。欢迎在座的各位能畅所欲言，就我们餐厅应该如何改进产品和服务质量献计献策。本餐厅一定会从善如流，依据大家的建议改进服务质量，为大家提供更好的就餐体验。

主要问题提纲：

1. 您喜欢什么样的菜品？对我们餐厅目前提供的菜品还满意吗？
2. 您对我们餐厅的产品的总体评价如何？为什么？能否具体说说哪些方面做得比较好？哪些方面做得不足？
3. 您对我们餐厅的服务的总体评价如何？为什么？能否具体说说哪些方面做得比较好？哪些方面尚有欠缺？
4. 您觉得一次理想的就餐体验是怎么样的？您期望本餐厅为您提供什么样的服务和就餐体验？
5. 您觉得在本地餐饮企业中，哪些餐厅给您留下的印象比较深？为什么会给您留下较深的印象？

另外，可注意被访谈客户的言谈、衣着、习惯动作，从而判断其个性及品味。

2. 原因分析

通过步骤一，餐饮企业分要素收集了顾客对本企业的产品和服务质量的意见和期望。在步骤二中，先要将通过各种不同渠道搜集到的顾客意见汇总成表。由不同的意见收集方式所形成的意见汇总表，在形式上会有所区别。这里简单介绍频数型意见表和均数型意见表两种。

（1）频数型意见表的制作和基于频数型意见表的分析。在通过访谈收集顾客意见时，或是运用多项式、对比式、填入式和自由式的方式收集问卷调查的反馈时，最后形成的意见汇总表通常是以频数的形式表达的。在用访谈法和自由式开放性回答法收集顾客对餐饮企业各项产品和服务质量的评价时，同一产品和服务要素可能会被不同的顾客提及。每一次有顾客提到某一个要素，该要素的提及次数就计为1。例如，如果总共有10人次的顾客都提到餐厅最近出品的菜品质量较差，那么最终菜品问题被提及的次数就记录为10。在运用多项式、对比式方式收集问题答案的时候，同样，任何选项每被选择一次，那么相应的提及次数就计为1，最后计算被提及次数的总数。填入式回答也可以用类似的方式来处理。比如，对于每周外出就餐次数，有10位被调查者填写了每周3次，有5位被调查者填写每周1次。那么每周3次外出就餐的提及次数就是10，而每周1次外出就餐的提及次数就是5。表4－7（a）显示了某餐厅在某月依据顾客意见表上的投诉内容进行统计而形成的频数型意见表。

表 4－7（a）　频数型意见表

问题	提及次数	占总体比例（%）	累计比例（%）
服务速度慢	22	55	55
菜品质量差	10	25	80
餐具不卫生	7	12.5	92.5
收银出差错	3	7.5	100
总计	42	100	

掌握各类要素被顾客提及率的目的，是要进一步地对这些要素进行分析。特别是要分析其中的主要矛盾，解决最主要的问题。排列图就是通过直观的形象解释在顾客提到的众多要素中，哪些才是最迫切需要解决的问题的一种有效方法。

排列图的全称是“主次因素排列图”，也称为帕累托图。排列图由一个横坐标、两个纵坐标、若干个矩形和一条折线组成。横坐标表示影响结果的各种项目或因素。左边的纵坐标表示影响结果的因素发生的次数或件数；右边的纵坐标表示各种因素在全部因素中所占的百分比数。每个因素都用一个矩形表示，矩形的高度表示影响因素的权重。还有一条起自右下角抵达左上角的折线，用来表示各种因素的累积百分比，这条线即称为帕累托折线。下面的例子是依据表 4－7（a）所总结的顾客意见汇总而做出排列图（见图 4－2）。

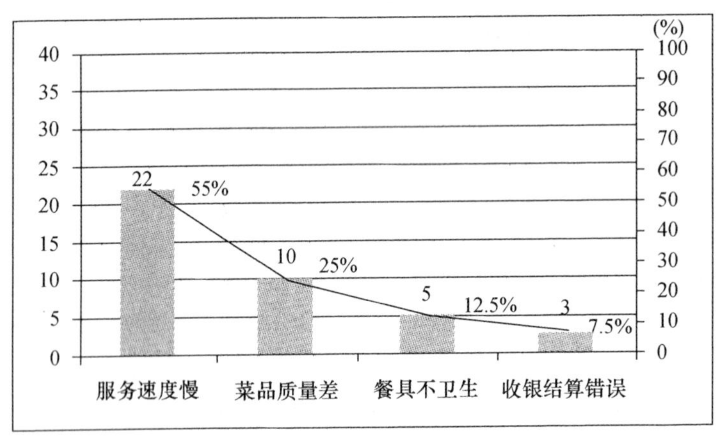

图 4－2　×月餐厅顾客意见排列图

由图 4－2 可以看出，排列图上累计比率在 0～80% 的因素是 A 类因素，即主要因素；累计比率在 80%～90% 的因素为 B 类因素，即次要因素；累计比率在 90%～100% 的因素为 C 类因素，即一般因素。本例中，服务速度慢和菜品质量差属于 A 类因素，这两大类问题一经解决，即可解决顾客投诉问题的 80%。因此，现阶段工作的质量控制重点应该放在服务速度提高和菜品质量上。

（2）均数型意见表的制作和基于均数型意见表的分析。在进行顾客满意度问卷调查时，有时所采用的问题回答方式是序列式、尺格式或表格式。对这些数据的分析通常会采用均数分析的方法。序列式的回答方式要求每一位被访问者就若干个要素进行排序。如果有4个待排序的要素，最不满意的要素记为1分，最满意的要素记为4分，那么根据每一位被访问者对每一要素的排序，每一要素都会形成一个总体得分。将总分除以被访者总人数，每个要素都会有一个最后的均数得分。通过这个均数得分，就可以比较多个要素之间的重要程度。尺格式和表格式的回答方式都要求被访问者对某一要素在某一个赋值范围内，依据自己对该要素的评价进行评分。例如，餐饮企业想了解顾客对本企业服务的总体评价，就可以将总体评价从差到好分为5个不同等级，要求被访问者进行评分。如果被访问者认为餐饮企业总体服务差就赋予1分，较差则为2分，一般为3分，较好为4分，而好则是5分。那么根据每一位被访问者对该要素的评分，每一项要素都会有一个总得分。总得分根据被访问者人数进行平均后，就会形成该要素的平均分数。通过比较各要素的得分，即可得知每个要素的相应重要程度。表4－7（b）显示了用均数方法表现的各要素重要性程度。

表4－7（b）　均数型意见表

要素	平均得分	备注
服务人员服务速度	2.5	最高得分为5分，最低得分为1分。分数越高，表示对该项服务或产品要素越满意
菜品质量	3	
停车设施	4.1	
餐厅卫生	4.38	

依据各类要素的得分，可以进一步地分析这些要素，从而得出影响餐厅服务和产品质量的主要原因。在上例中，在满分为5分的得分中，服务人员服务速度的得分只有2.5分，意味着顾客认为服务人员在服务速度的表现上较差，顾客感觉不满意。同样，菜品质量的平均得分为3分，意味着顾客对菜品质量的评价是一般，而不是满意。另外，顾客对停车设施和餐厅卫生的评分高于4分，表示顾客对餐厅的停车设施以及餐厅的卫生环境基本表示满意。但相较于餐厅卫生，餐厅在停车设施上还有较多的改进空间。运用柱状图可以将表4－7（b）的均数型意见表视觉化。在图4－3中，左边纵轴代表着评分的赋值范围，横轴代表影响结果的各种项目或因素。每一立体柱代表一个要素，而立体柱的高度则体现了该要素的平均得分。

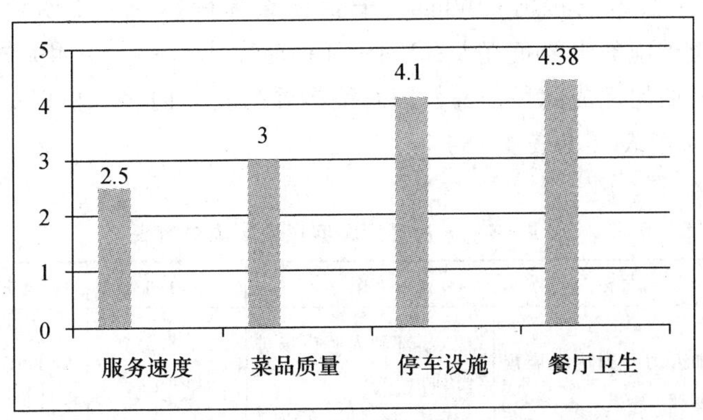

图4－3　×月餐厅各服务和产品要素顾客评价得分柱状图

从图 4－3 来看，服务速度的得分不仅远低于其他三项要素，而且低于一般水平（3 分），因此是最急需改进的。菜品质量达到一般水平，但作为餐饮企业仅获得顾客评价一般是不够的，必须改进菜品质量，让顾客满意。对餐厅的停车设施和餐厅卫生，顾客基本表示满意，得分接近最高分。因此，现阶段的工作应该放在提升服务速度和改进菜品质量上。

3. 确定原因

通过排列表和柱状图，餐饮企业管理者大致了解了导致顾客满意度下降的原因，或者是了解了顾客对餐厅的期望。但这些原因还只是表层次因素，想要解决这些问题，需要进一步作深入的探讨，从而从根本上解决问题。借助因果图可以较准确地了解现象背后的深层次原因。所谓因果图又称为“鱼骨图”，是一种根据组织运作状态来发现存在问题以便发掘矛盾根源再寻求化解方法的图表。它由特性、原因、枝干三部分构成（如图 4－4）。

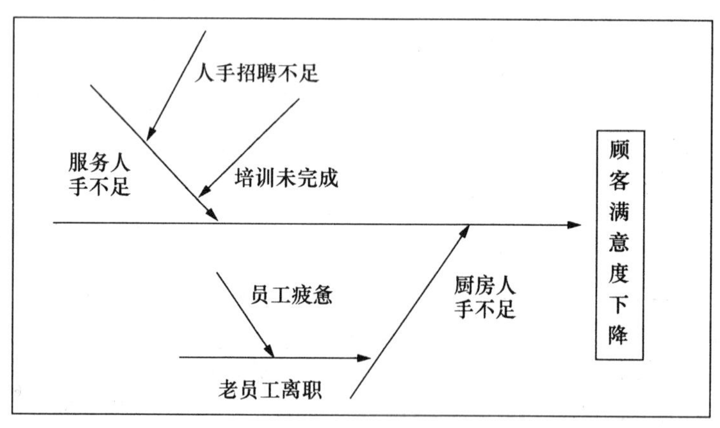

图 4－4　×月餐厅顾客意见分析鱼骨图

4. 制定对策

通过因果图找出问题的原因后，下一步便是针对主要原因制定措施解决问题。可以将为解决这些具体问题而制定的各项措施汇集成表格，也就是对策表。对策表可以起到便于检查、保证全部措施得到贯彻实施的目的。在制作对策表时，可考虑采用“5W1H”方法。即：Why（为什么）——说明为什么要制定各项计划和措施；Where（在哪里干）——说明由哪个部门负责在什么地点进行；What（干到什么程度）——说明要达到的目标；Who（谁来干）——说明措施的主要负责人；When（何时完成）——说明完成措施的进度；How（怎样干）——说明如何完成此项任务，即对策措施的具体内容。根据上面鱼骨图的分析结果，可得出下面的对策表（见表 4－8）。

表 4－8　×月餐厅顾客意见解决对策表

编号	问题	目标	方案	时间	负责人	备注
1	厅面和厨房人力不足	增加人力，到达本店规定标准	1. 人事部到人才市场进行招聘 2. 委托中介机构介绍	一月内完成	人事部招聘专员	

续表

编号	问题	目标	方案	时间	负责人	备注
2	员工缺乏训练	新服务员在本店初级服务技能上考核合格	1. 培训部每周抽2天进行集中培训 2. 领班进行现场技能指导	一月内完成	培训部经理	
3	员工工作疲劳	无人离职	1. 在本月内，安排一次大休 2. 制定新的排班时间表	半月内完成	人事部薪酬福利主管	

☞实训指导

本项目实训以教师引导、学生参与为主。根据实训内容的不同又分为个人独立练习和小组合作练习。其中餐饮质量调查表以及餐饮质量问题初步分析等实训内容由学生个人独立完成。而餐饮质量管理问题收集、餐饮质量管理问题深度分析等内容则由学生分小组合作完成。在小组练习过程中，将运用角色扮演、焦点访谈、头脑风暴等多种方式帮助学生掌握学习内容。下面将按照前文所述实训内容，明确每一阶段学生的实训方法。

步骤一：界定问题

在本阶段，教师可以指导每一位学生独立设计一份切实可行并能有效搜集餐饮顾客满意度信息的问卷调查表。教师或学生首先要明确所设计的餐饮顾客满意度问卷调查表是针对哪一个类型的餐饮企业，比如，是风味餐厅、连锁餐厅、主题餐厅、中餐厅或是西餐厅或是快餐企业。然后依据所设定餐饮企业的特色，参考前面的实训内容指导，在电脑上用 Word 文档格式设计一份餐饮顾客满意度问卷。在设计过程中，可利用互联网搜索关于所设定餐饮企业的产品和服务要素的相关信息，比如餐饮企业产品和服务质量标准。尽量使问卷能够全面、准确地测量餐饮企业想要了解的关于顾客对服务和产品质量满意度的信息。

另一种收集顾客意见的方法是通过访谈。教师可将学生分为若干小组，每个小组含6～8名小组成员。挑选其中一名学生扮演访问员的角色，其余的学生可担当顾客的角色。访问员先设计一份访谈提纲，然后依据访谈提纲，组织和引导其余学生就提纲上的问题进行探讨，并及时将访谈内容进行记录。访谈结束后，小组成员可共同将访谈结果进行汇总和整理。如果时间允许，小组成员也可以轮流扮演访问员的角色，体会该如何引导和组织访谈活动。

步骤二：原因分析

在本步骤中，要求每位学生对在上一步骤中通过访谈获得的顾客意见进行分析。每位学生独立对顾客意见记录进行分析汇总，并在电脑上运用 Excel 制作一份顾客意见汇总表，然后运用 Excel 的图表功能将意见汇总表上的内容用排列图的形式表现出来。

步骤三：确定原因

步骤三的实训内容要求以小组为单位完成。学生被分配为若干个小组，以6～8人为一组，挑选其中一位学生负责制作鱼骨图。所有学生一起展开头脑风暴法，探讨导致排列图上主要问题的大、中、小原因，以及原因之间的从属关系。在探讨过程中，负责绘制鱼骨图的学生，在白板或白纸上渐渐形成鱼骨图初稿。当大家一致认同基本原因已经找到时，探讨可以停止。此时将定稿的鱼骨图重新整理，再绘制一遍，便于清晰观察图上的内容。

步骤四：制定对策

依据鱼骨图，小组成员再次展开头脑风暴法，参照实训内容里所提到的“5W1H”方法，针对造成餐饮企业产品和服务质量问题的大、中、小原因提出相应的解决对策。对策需要有针对性，要切实可行。最后，将小组讨论的结果，用对策表的方式表现出来，并为每一项对策指定完成时间和完成的责任人。

☞ 实训成果

在本次实训结束后，每位学生的独立成果包括顾客满意度问卷调查表、顾客意见汇总表和顾客意见排列图。而小组成果则包括顾客访谈结果总结、餐饮企业产品和服务质量问题原因分析鱼骨图，以及餐饮企业产品和服务质量问题解决对策表。

项目三　质量管理实践：标准化管理

标准化管理是质量管理的一种重要手段。餐饮企业可以依据事先设定的质量标准，对本餐饮企业的服务和产品质量进行逐项检查。这对餐饮企业的日常质量管理很有帮助。标准化管理包括制定标准、学习标准、组织实施和检查督导。

一、制定标准

制定标准意味着餐饮企业各部门根据顾客需求信息，设计服务的过程及标准。一个有效的质量标准应该能满足以下要求：①满足顾客的期望；②具体详细，能够被评估；③餐厅员工能够接受；④强调重点；⑤及时修改；⑥既切实可行又有挑战性。

在制定质量标准时要注意的是：①餐厅要明确制定及修改质量标准的职责归属。②借鉴行业标准或其他企业标准，并根据酒店实际制定标准。③根据顾客的需求信息修改标准，以满足顾客需求。④征求员工意见，听取操作者对标准的合理化建议，在满足顾客的前提下，尽可能地方便操作者。⑤聘请有关方面专家，结合新形势、新理论、新方法、新技术给予修正。⑥根据顾客和员工的反馈信息，经过科学分析后进行完善和改进。改进的速度要及时快捷。

二、学习标准

根据标准化要求，通过组织知识竞赛、技术比赛等方式不断地强化员工和各级管理人员对工作职责、程序与标准的掌握。在进行标准化培训时，要遵循的原则包括：①以帮助员工进步为目的。②个人学习与团队学习相结合。③培训以学以致用为目的。④因人而异，进行培训。培训措施包括：①建立健全培训制度，并严格执行。质量管理培训不合格的员工绝不允许上岗。②通过组织知识竞赛、技术比武、辩论赛等方式进行团队学习。

三、组织实施

在实施过程中，餐饮企业要让各级人员明确自己在质量工作中的基本职责，并且将服务和产品质量结果与个人利益相挂钩。当质量管理部发出质量整改通知时，各级员工需要积极改进整改通知中所提到的内容。

在组织实施质量管理时，还需注意对实现质量所耗成本的控制。通常质量成本由以下四个部分组成。即：预防成本——与为避免差错发生或检查成本最低化有关的活动和工作的费用，如质量计划、招聘和选择培训计划、质量改进计划等。检查成本——检查服务状况是否符合质量标准而发生的费用，如暗查、定期检查。内部损失成本——交付顾客前改正不符合标准的工作而发生的费用，如废弃的表格、返工的饭菜。外部损失成本——在交付顾客后改正不符合标准的工作而发生的费用，如因质量不合格而采取的打折或赔偿措施。要将质量管理成本高低与个人利益挂钩；鼓励员工学习与质量成本有关的知识，并分析自己工作的质量成本构成；对质量不变而降低成本的员工给予奖励。

四、检查督导

对餐饮质量管理标准的实施情况，要实时进行检查。检查的责任主要落在员工和质量管理部工作人员身上。各位员工要积极地自查，将自身服务质量与标准手册进行对比，并对自查和被查出的问题进行归类分析。而质量管理部工作人员负责对各部门质量管理工作进行常规监督检查和指导，帮助解决质量管理工作中遇到的问题。

五、总结提高

注意随时搜集整理质量管理工作中发现的新问题及新方法，及时组织人员进行分析研究，并制订解决方案。在进行总结时要注意，不能只对检查结果做初级整理，从而成了记流水账，而要进行深层次的分析和整理。要依据总结，对质量进行持续改进。所谓持续改进意味着不断地对产品和服务进行改进，逐渐消除所提供的产品、服务中的错误与缺陷。每位员工和每个部门都要制定相应的改进计划。要实施改进计划，并将改进结果以操作规程形式确定下来。

☞知识链接

星级饭店细微服务之基本标准（餐饮服务篇）

1. 接待服务

1.1 零点服务

1.1.1 服务员熟练掌握零点服务程序及有关要求。

1.1.2 引位员引导客人抵达餐厅，引位员热情礼貌地向客人问候。对常客和VIP客人称呼姓氏或职衔。

1.1.3 引领客人时，引位员与客人同步稍前，遇障碍物或台阶应提醒客人，对行动不便的客人，应主动搀扶。

1.1.4　客人进入餐厅时，服务员要上前问候，主动为客人拉椅让座，送上菜单，并及时提供茶水、香巾服务。香巾温度要适中，不宜太热或太凉。

1.1.5　餐厅客满时引位员应告知客人等候时间，并安排客人到休息处等候。

1.1.6　客人点菜，服务员熟练运用推销技巧主动向客人介绍菜品特色、特点，并视情况提醒客人适量用餐。菜单、酒水单文字要清楚简练，印刷清晰，无涂改、无污迹、无皱褶，要标明价格、标准等。

1.1.7　服务员填写菜单要准确、迅速，如果客人对菜点口味有特殊要求，应在点菜单上注明。

1.1.8　点菜结束后，服务员要将所点菜品、饮料等内容向客人复述，请客人予以确认。

1.1.9　客人点菜后，第一道菜出菜时间不应超过10分钟，所有菜点一般应在45分钟内或应客人要求顺序上齐。若某种菜肴制作时间较长，应事先告知客人。菜点温度要冷热适宜，热菜温度一般不低于65℃，汤菜温度一般不低于75℃。

1.1.10　菜品现场制作，要做到安全、卫生，凡有爆响、浓烟等有碍他人进食的操作，不得在现场进行。

1.1.11　客人就餐时，服务员要及时为客人斟倒酒水，更换骨碟、烟灰缸等。

1.1.12　服务员要熟练掌握服务技巧，服务时避免将菜汁、酒水等泼洒到客人衣物上。

1.1.13　菜点上齐，服务员要及时告知客人，并询问客人是否添加菜点。

1.1.14　客人用餐完毕，如果客人要求，应提供菜点打包、酒水寄存等相应服务。

1.1.15　服务员在清桌撤盘时要轻拿轻放，避免影响客人就餐。不得暗示、催促客人用餐。

1.1.16　客人离开餐厅，服务员应主动为客人拿取衣物，并提醒客人不要遗忘物品。

1.2　宴会服务

1.2.1　服务员熟练掌握宴会服务程序及有关要求。

1.2.2　接受宴会预订后，要根据宴会性质、规模及主办单位要求，对宴会场地进行精心设计布置，恰当烘托宴会气氛。

1.2.3　桌次、座次等应于宴会前安排妥当。宴会菜单每桌应放置2份以上。

1.2.4　大型宴会，应向客人发放座次安排图，客人到达时，服务员要及时引导客人就座。

1.2.5　中餐上菜一般应在主人席旁的第三个席位的空隙处进行，切忌在主宾和主人之间上菜。斟倒酒水以及分菜后上菜应按照先主宾、主人然后按顺时针方向绕餐桌依次进行或按照先女主宾、女宾、男主宾、男宾，最后为主人的顺序进行。

1.2.6　服务员提供分餐时，要先将菜盘摆放在餐桌上，请客人观赏，并报菜名，再分菜。

1.2.7　服务员要熟练掌握分菜技巧，做到分配均匀、迅速、声响小，分汤时不宜盛添过满。

1.2.8　在多骨刺或口味不同的菜品之间及上水果前，应为客人更换骨盘。

1.2.9　如果有用手剥食的菜品，应提供洗手盅，并为客人上擦手巾。

1.2.10　宴会期间如安排讲话、祝酒或节目演出等内容，服务员要及时通知厨房，适当调整上菜时间。

1.2.11　宴会结束后服务员要在餐厅门口送别客人。

1.3　自助餐服务

1.3.1　服务员熟练掌握自助餐服务程序及有关要求。

1.3.2　自助餐台设计要做到科学合理，餐台面积、餐台空间与就餐人数相适应，方便客人取菜。

1.3.3　自助餐菜品、餐具摆放布局合理，客人取用方便。菜点摆放要分类，摆放顺序一般为先冷菜，然后依次为汤、热菜、甜品、水果等。

1.3.4　开餐前15分钟要将菜点上齐，热菜要加盖，并配有暖锅保温。

1.3.5　客人就餐期间服务员要及时巡台、整理台面，视情况添加菜点。

1.4　酒吧服务

1.4.1　酒吧服务员熟练掌握酒吧服务工作程序及有关要求。

1.4.2　服务员熟悉各类酒水知识，具有较高的调酒技巧。

1.4.3　调酒壶、调酒杯、冰桶、酒杯以及各种调酒用料要配备齐全。

1.4.4　为客人调酒时，服务员要微笑面对客人，做到配方准确，操作规范，向客人展示良好的调酒技艺。调制的酒水与使用的酒杯要匹配。

1.4.5　酒水调制一般应在5分钟内完成送上。

1.4.6　红葡萄酒、白兰地等一般饮用温度为15～20℃。白葡萄酒、香槟酒一般饮用温度为5～10℃，整瓶服务时应放在冰桶内。啤酒一般饮用温度为6～8℃。矿泉水、汽水、果汁一般饮用温度为6～14℃。

1.4.7　调酒时，服务员拿取酒杯时应握底部，不能拿杯口。取用冰块、点缀物应用专用工具，不得用手直接拿取。

1.4.8　当客人杯中酒水剩下1/3时，应征询客人是否添加。

2. 环境与卫生

2.1　餐厅门口显著位置设醒目标志，标明营业时间、餐厅名称等有关内容。

2.2　餐厅装饰装修风格与提供的菜品服务相协调，就餐环境做到整洁优美，舒适温馨。

2.3　餐厅温度一般保持在22～24℃。光照充足，光线柔和，通风良好，空气清新，无烟酒等异味。

2.4　零点餐厅应设非吸烟区，非吸烟区位置设置合理。

2.5　各种餐具专人洗涤保管，消毒彻底，摆放整齐，取用方便，有有效防止二次污染的措施。

2.6　餐厅地毯、地板等整洁卫生，无灰尘、无污渍。骨盘、酒杯等各种餐具光洁明亮，无水迹、无油污。桌布、口布等棉织品熨烫平整，无污渍、无异味。面巾一客一清洗，一客一消毒。

2.7　食品加工、贮藏，应做到冷热、生熟、荤素分开。厨房地面无水迹、无油污。

2.8　餐厅公共卫生间设专人管理，并配卫生纸、洗手液等，清洁及时。有排风装置，通风良好，无异味。

2.9　餐厅、厨房等各种设备用品要定期定时维护保养，确保运转良好，完好有效。

2.10　木质地板要定期打蜡抛光，无开裂、无脱漆。严禁用水擦洗地板。

2.11　要及时科学清洗保养地毯，确保无油迹、尘土，不开裂、不缩水、不变形。如有烟头烫痕要及时修补。

2.12　要每日对餐厅桌椅、柜台等家具进行检查。如有脱漆、烫痕、划痕等现象，要及时修复。

2.13　要每日检查各种灯具，如有损坏，应及时更换。

2.14　餐具、酒具等完好无损，无缺口、无划痕。

☞ 实训指导

本项实训以教师指导、学生参与为主。根据实训内容采用小组合作的方式完成。实训主要包括以下步骤：

步骤一：制定餐饮服务标准手册

教师依据学生人数，将学生进行分组。每组以 6 ~ 8 人为宜。对每一小组给予一个固定的主题，如环境标准、服务标准、酒水服务标准和预订标准等。由学生就该主题进行小组讨论，列出应该从哪些方面制定标准以衡量该服务。随后每组选择一名学生，汇报本小组的讨论结果。课后可要求学生通过上网搜索或去图书馆找资料的方式，对原有的讨论结果进行补充和更正，形成一个较完善的标准化手册。

步骤二：学习标准手册

学生将被要求扮演质量标准手册培训员。要求每一位学生设计一个对员工进行质量标准培训的方案。设计完成后，两位相邻座位的学生可互相交流方案，并互相指出方案的不足之处。

☞ 实训成果

本项实训结束后，以小组为单位提交一份质量管理标准手册。

实训内容巩固

一、填空题

1. 质量管理理论是由美国管理学大师________________开创的。
2. 判断餐饮企业服务和产品质量是否合格的最主要的标准是____________。
3. 顾客访谈一般可分为两种：________________和________________。
4. 头脑风暴法可分为________________和________________两类。
5. 对餐饮企业而言，判断企业质量的最主要依据是________________。

二、不定项选择题（每一题的选项可能是1个或多个，请将答案写在题后的括号内）

1. 戴明PDCA质量控制法中，P指的是计划阶段，那么计划阶段包括下列哪些步骤？（　　）

A. 界定问题　　B. 确定原因　　C. 制定对策　　D. 实施计划

2. 在下列问卷调查题项回答方式中，哪些是采取均数的方式统计调查结果的？（　　）

A. 尺格式　　B. 表格式　　C. 多项式　　D. 序列式

3. 收集顾客意见的方式可以是多种多样的，下面哪些方式可以用来收集顾客意见？（　　）

A. 顾问满意度问卷调查　　B. 顾客意见表

C. 顾客访谈　　D. 投诉热线

4. 下面关于实施标准化手册对实施质量管理意义的表述正确的是（　　）

A. 制定标准化手册是实施质量管理的第一步

B. 企业需培训员工了解标准化手册

C. 员工实施质量管理的监督责任主要由质量监督员承担

D. 员工有责任对实施质量管理的成本进行分析和控制

5. 从“5W1H”方法入手制定提升餐饮企业产品和服务质量对策时，其中的H指的是（　　）

A. 说明为什么要制定各项计划和措施　　B. 说明要达到的目标

C. 说明措施的进度　　D. 说明如何完成此项任务

三、简答题

1. 戴明PDCA质量控制方法有什么特点？
2. 在实施质量管理时，需要遵从哪些原则？
3. 在运用头脑风暴法展开讨论时，有哪些需要注意的原则？

四、案例分析题

一次有待提高质量的服务

某三星级饭店一行15人由总经理率领慕名到某市一家饭店用晚餐。他们此行的主要目的是想学习该饭店的管理和服务，看看菜肴如何。

晚7点他们来到包厢“春”厅，虽有预订，因为多来了几个人，使得服务员和领班手忙脚乱地添加椅子和餐具。大家入座后，一客人指着墙上一幅字，问服务员写的是什么？服务员回答：“不清楚。”又问领班，领班也回答：“不知道。”客人点菜时询问：“最近咱们餐厅推出什么特色菜没有?”领班回答：“不清楚，我到厨房问一下告诉你。”客人点完菜，领班把菜牌一收就离开了。15分钟后才开始上凉菜。客人们发现转盘底下爬出一只蚂蚁，叫服务员赶快处理；同时，一客人在啤酒杯里发现一只小虫子，让领班换一只杯子，换过杯子后，客人觉得更换的这个杯子似乎就是刚才那个杯子，因为发现杯子里有手动过的痕迹，要求再重新换一个。领班不情愿地拿来一个与原来杯子不同的高脚杯，往桌子上“砰”地一放，客人讲：“怎么是这种杯子?”领班答：“那种杯子没有了，这才是喝啤酒的杯子。”

席间，客人流露出对领班的不满，就对服务员讲：“您服务得不错，你们那个领班真不像话。”后来领班也就没有再出现了。结账时一位客人提出要打折，一位自称是部长的女士讲：“我做不了主，得上报经理。”客人中的主人（即总经理）对那个部长开玩笑地讲：“你可得注意，这个人不好惹（指要求打折的同事），他是黑社会的头儿。”部长回敬道：“没关系，我们敢开这么大一个店，就不怕有人来捣乱。”10分钟后，部长把要求打折的那位客人叫出去了。餐饮部经理（一个会讲中文的外国人）出面说：“可以给你们打八五折。”客人说：“不行，你们的服务出现这么多问题，菜肴也不好，怎么也得打六折。”餐饮部经理讲：“我做不了主，得上报老总。”这样，双方僵持不下，10分钟又过去了。最后，值班经理（饭店的人力资源总监）来了，听了投诉经过后说：“你们讲的那个领班服务不好我知道，她不代表我们饭店。你们不能指责服务员，你们是人，他们也是人。”最后，以八折达成协议。可是，客人一看账单觉得价格不对，打折下来应为3200多元，怎么是3600多元？仔细一算，发现该饭店将基围虾和另一个菜按两份结账。这下客人火了，客人说：“本来是想来考察，学习学习，没想到不仅没学到东西，反而让人生气。”

资料来源：摘自“餐饮服务与管理案例库”，http：//www. tczj. net/jpkc1/cyfw/stk/llsj/alfx. htm.

问题：

1. 请分析并指出整个服务过程出现了哪些问题?
2. 应用本实训中的相关知识，分析这些问题背后的深层次原因，并提出解决的对策。

请将解答写在下面。

* *

学生学习小结：

学生疑问：

学生建议（对课堂组织、内容安排、实验方法等）：

成绩评定：________________教师（签字）________________

____年____月____日

模块五　餐饮企业客户关系管理

目前，餐饮业的竞争日益激烈，餐饮企业的竞争最终体现为客户的竞争。随着餐饮企业的增加，顾客拥有了更多选择的空间，因此想要保持顾客对某一特定餐饮企业的忠诚变得越加困难，顾客稍有不满就可能转向其他的餐饮企业。除了良好的就餐环境、可口的菜肴和优质的服务外，良好的客户服务和客户关系已成为企业在竞争中获胜的关键因素。

☞ 实训目的

学生通过本项实训将了解餐饮企业客户关系管理的基本概念，掌握如何收集顾客资料，建立顾客数据库，并在此基础上深入分析顾客的行为。要求学生能够设计出切实有效的客户维护和客户管理手段，增进企业与顾客的情感联系，提升顾客的忠诚度。

☞ 实训器材准备

(1) 电脑。安装 Windows 2000 及以上的操作系统，能支持 Office 2000 及以上的办公软件。每 1 ~2 位学生配备一台电脑。电脑将用于餐饮企业顾客信息收集和数据库建立。

(2) 若干张白纸和书写笔。每位学生都需配备若干张白纸和若干支书写笔。白纸和书写笔将用于分析顾客行为。

(3) 白板和白板笔。每 6 ~8 位学生配备一块白板和若干支白板笔。白板和白板笔将在进行客户关系维护与管理小组讨论时使用。

☞ 实训场地要求

本实验为室内实验。电脑实验操作部分可在安装电脑或可使用笔记本电脑的教室中进行。其余实验内容，可在具有足够空间实施分组讨论的教室中进行。

☞ 实训方法

本模块实训方法可采用角色扮演法、团队作业法、上机操作法。

角色扮演法就是教师依据学员人数进行合理分组，并为每组学员设计一个与餐饮客户管理相关的情境。根据情境，由教师指派或学员自由选择场景中涉及的角色，模拟所选人物的立场，进行情境对话。这一方法有助于加深学员对餐饮客户关系管理实践的体验和理解。团队作业法是指分为一组的学员需全程参与整个客户管理工作的讨论，但每个学生也可分工承担某一专项工作，如客户信息收集、数据库建设、处理客户投诉等，以锻炼学生沟通、协调及团队合作的能力。

项目一　餐饮企业客户关系管理基础

客户管理的核心思想，就是将企业的客户作为企业最重要的资源，通过完善的客户维护和深入的客户分析来满足客户的需求，在为客户创造价值的同时实现企业自身的价值。

一、客户关系管理概念

餐饮企业中的客户关系管理（Customer Relationship Management）是一种努力使餐饮企业和客户之间达到“双赢”的管理意识，其核心就是发现客户的价值，满足客户的需要，通过与客户的互动来减少销售环节，降低经营成本。作为一种运作方法体系，客户关系管理要求以客户为中心来构建企业，建立客户驱动的产品设计机制和向客户提供更快捷、周到的优质服务，以吸引和保持更多的客户资源；建立完善的对客户需求的快速反应机制，优化以客户服务为核心的工作流程（孙志强，钟志惠，2008）。具体而言，客户关系管理（CRM）有三层含义：

（1）体现为新的企业管理的指导思想和理念。

（2）是创新的企业管理模式和运营机制。

（3）是企业管理中信息技术、软硬件系统集成的管理方法和应用解决方案的总和。

餐饮企业的客户从广义上可以涵盖消费链终端的企业或个体消费者、企业的各类供应商、企业的内部员工客户；但狭义上，一般仅指企业或个体消费者。

二、餐饮企业运用客户管理的重要性

餐饮企业运用客户管理可以为客户提供个性化的服务。通过客户资料管理，餐饮企业可以了解客人的口味特征、忌讳的菜肴、喜欢的包间。当顾客光顾餐厅时，服务员如果能对客户喜欢喝的酒、抽的烟、吃的菜都如数家珍，那会使客户有宾至如归的感觉。另外，通过客户管理还可以增加餐饮企业与顾客的感情。餐饮企业能随时查询了解到顾客的重要纪念日，根据客人的价值排行进行相应关怀，如送鲜花、生日蛋糕、寿面等。对来用餐的重要客人，餐饮企业可以事先安排，比如安排领导迎接，提升顾客的被尊重感。对餐饮企业而言，客户管理能为企业提供客户行为分析的基础数据，比如分析客户的消费额、消费次数、人均消费。这有利于监控客户的消费行为，当某位客户前往餐厅的次数减少时，餐饮企业可以及时得到预警，避免顾客流失。分析客户行为还可以提升餐饮企业的促销有效性。比如，餐饮企业为了吸引客户，有时会举办主题美食节活动，如“海鲜美食节”。如果在报纸、电视上做广告，成本会比较高，但针对性不强。如果根据美食节主题，自动搜索出喜欢海鲜的客户名单，发送邀请函、传真，这样成本低，又有针对性，能有效提升营销效果。

三、餐饮企业实现客户关系管理的技术手段

在现代餐饮企业管理中，客户关系管理往往通过管理软件来实现。客户管理软件综合集成了数据库与数据库创立技术、数据挖掘技术、在线分析处理、Internet 技术、面向对象化技术、销售自动化技术以及其他相关技术成果，能够为企业的销售、客户服务、决策支持等领域提供一个业务自动化的解决方案（陈文捷，2005）。客户关系管理软件如何在企业中运作见图 5－1。

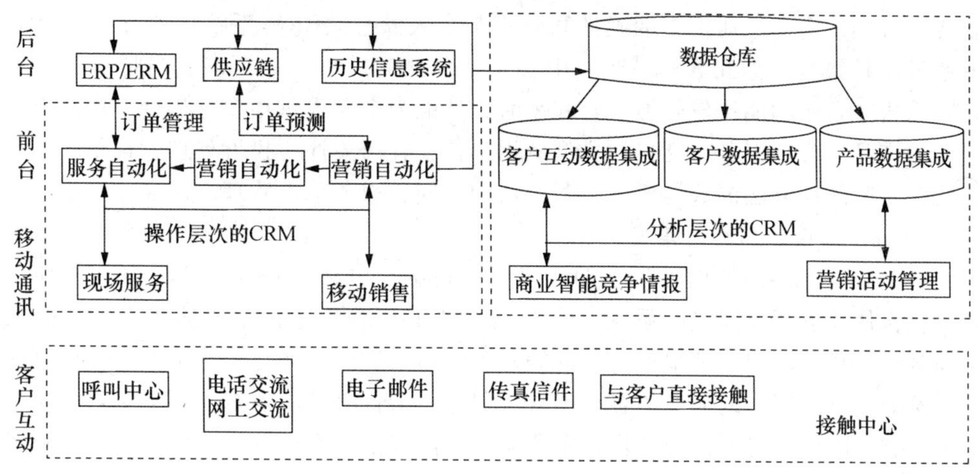

图 5-1　客户关系管理软件运作图

下面从销售、营销、客户服务与支持和计算机技术四个方面说明客户关系管理所使用到的技术手段。

1. 销售

在采用 CRM 解决方案时，销售力量自动化（Sales Force Automation，SFA）在国外已经有了十几年的发展，并将在近几年在国内获得长足发展。SFA 是早期的针对客户的应用软件的出发点，但从 20 世纪 90 年代初开始，其范围已经大大地扩展，以整体的视野，提供集成性的方法来管理客户关系。

就像 SFA 的字面意思所表明的，SFA 主要是提高专业销售人员的大部分活动的自动化程度。它包含一系列的功能，提高销售过程的自动化程度，并向销售人员提供工具，提高其工作效率。它的功能一般包括日历和日程安排、联系和客户管理、佣金管理、商业机会和传递渠道管理、销售预测、建议的产生和管理、定价、区域划分、费用报告等。

2. 营销

营销自动化模块是 CRM 的最新成果，作为对 SFA 的补充，它为营销提供了独特的能力，如营销活动（包括以网络为基础的营销活动或传统的营销活动）计划的编制和执行、计划结果的分析；清单的产生和管理；预算和预测；营销资料管理；“营销百科全书”（关于产品、定价、竞争信息等的知识库）；对有需求客户的跟踪、分销和管理。营销自动化模块与 SFA 模块的不同在于，它们提供的功能不同，这些功能的目标也不同。营销自动化模块不局限于提高销售人员活动的自动化程度，其目标是为营销及其相关活动的设计、执行和评估提供详细的框架。在很多情况下，营销自动化模块和 SFA 模块是互为补充的。例如，由成功的营销活动可能得知很好的有需求的客户，为了使得营销活动真正有效，应该及时地将销售机会提供给执行的人，如销售专业人员。在客户生命周期中，这两个应用具有不同的功能，但它们常常是互为补充的。

3. 客户服务与支持

在很多情况下，客户的保持和提高客户利润贡献度依赖于提供优质的服务，客户只需轻点鼠标或打一个电话就可以转向企业的竞争者。因此，客户服务与支持对很多公司是极为重要的。在 CRM 中，客户服务与支持主要是通过呼叫中心和互联网来实现的。在满足客户的个性化要求方面，它们的速度、准确性和效率都令人满意。CRM 系统中的强有力的客户数据使得通过多种渠道（如互联网、呼叫中心）的纵横向销售变为可能，当把客户服务与支持功能同销售、营销功能比较好地结合起来时，就能为企业提供很多好机会，向已有的客户销售更多的产品。客户服务与支持的典型应用包括：客户关怀、投诉处理、订单跟踪、现场服务；问题及其解决方法的数据库；服务协议和合同；服务请求管理。

4. 计算机、电话、网络的集成

企业有许多同客户沟通的方法，如面对面的接触、电话、呼叫中心、电子邮件、互联网、通过合作伙伴进行的间接联系等。CRM 应用有必要为上述多渠道的客户沟通提供一致的数据和客户信息。客户经常根据自己的偏好和沟通渠道的方便与否，掌握沟通渠道的最终选择权。例如，有的客户或潜在的客户不喜欢那些不请自来的电子邮件，但对企业偶尔打来电话却不介意，因此，对这样的客户，企业应避免向其主动发送电子邮件，而应多利用打电话这种方式。

统一的渠道能给企业带来效率和效益，这些收益主要从内部技术框架和外部关系管理方面表现出来。就内部来讲，建立在集中的数据模型的基础上，统一的渠道方法能改进前台系统，增强多渠道的客户互动。集成和维持上述多系统间界面的费用和困难经常使得项目的开展阻力重重，而且，如果缺少一定水平的自动化，在多系统间传递数据也是有很多困难的。就外部来讲，企业可从多渠道间的良好的客户互动中获益。比如，客户在同企业交涉时，不希望向不同的企业部门或人提供相同的重复的信息，而统一的渠道方法则能从各渠道间收集数据，这样，客户的问题或抱怨能更快、更有效地被解决，从而提高了客户满意度。

四、实现餐饮企业客户管理成功的要素

1. 高层领导的支持

这里讲的高层领导一般是指销售副总经理、营销副总经理或总经理。他是项目的支持者，主要作用体现在三个方面。首先，他为 CRM 设定明确的目标。其次，他是一个推动者，向 CRM 项目提供为达到设定目标所需的时间、财力和其他资源。最后，他确保企业上下认识到这样一个工程对企业的重要性。在项目出现问题时，他激励员工解决这个问题而不是打退堂鼓。

2. 要专注于流程

成功的项目小组应该把注意力放在流程上，而不是过分关注于技术。他们应认识到，技术只是促进因素，其本身并不是解决方案。因此，好的项目小组开展工作后的第一件事就是花费时间去研究现有的营销、销售和服务策略，并找出改进方法。

3. 技术的灵活运用

在那些成功的 CRM 项目中，管理者对技术的选择总是与要改善的特定问题紧密相关。如果销售管理部门想减少新销售员熟悉业务所需的时间，那么，这个企业应该选择“营销百科全书”功能。选择的标准应该是，根据业务流程中存在的问题来选择合适的技术，而不是调整流程来适应技术要求。

4. 组织良好的团队

CRM 的实施小组应该在四个方面有较强的能力。首先是业务流程重组的能力。其次是对系统进行客户化和集成化的能力，特别是对那些打算支持移动用户的企业来说更是如此。再次是对 IT 部门的要求，如网络大小的合理设计、对用户桌面工具的提供和支持、数据同

步化策略等。最后，实施小组具有改变管理方式的技能，并提供桌面帮助。这两点对于帮助用户适应和接受新的业务流程是很重要的。

5. 极大地重视人的因素

很多情况下，企业并不是没有认识到人的重要性，而是对如何做不甚明了。我们可以尝试如下几个简单易行的方法：方法之一是，请企业的未来的CRM用户参观实实在在的客户关系管理系统，了解这个系统到底能为CRM用户带来什么。方法之二是，在CRM项目实施的各个阶段（需求调查、解决方案的选择、目标流程的设计等），都争取最终用户的参与，使得这个项目成为对用户负责的项目。方法之三是，在实施的过程中，千方百计地从用户的角度出发，为用户创造方便。

6. 分步实现

"欲速则不达。"这句话很有道理。通过流程分析，可以识别业务流程重组中的一些可以着手的领域，但要确定实施优先级，每次只解决几个最重要的问题，而不是毕其功于一役。

7. 系统的整合

系统各个部分的集成对于CRM的成功很重要。CRM的效率和有效性的获得有一个过程，依次是：终端用户效率的提高、终端用户有效性的提高、团队有效性的提高、企业有效性的提高、企业间有效性的提高。

☞知识链接

良好客户关系管理是餐饮业必须的选择

据雅座在线[①]对100余家合作餐厅、12万名客户、130余万笔用餐交易实际数据分析及过万人次的市场调研，对于一家经营良好、月营业额120万元左右、桌均消费150元左右的餐厅而言：

·每月完全流失的客户大约有460人，平均每天大约有15人。

·每月因完全流失客户和半流失客户而损失的营业额超过20万元。

·也就是说，每个月有17%的营业额因为客户的自然流失而蒸发。

·超过70%的客户流失的原因是因为缺乏关怀，而不是对餐厅菜品或者服务的不满。

·假设这家餐厅现在的利润率在10%左右。如果将这家餐厅每月的客户流失率减低到10%，将会使餐厅提高超过10万元的营业额，按50%的毛利率计算，实际贡献超过5万元。在基础成本（店租金、员工工资）不变的前提下，相当于将利润提高50%。

客户流失的根源在哪里？

·来自顾客的声音

作为一名顾客，最大的感受就是几乎没有餐厅知道或者想知道我们在想什么：当只想让餐厅能快点上菜的时候餐厅给我打折；当只想吃点好吃的的时候餐厅送我礼品；当连续去了一个餐厅很多次，多到我都认全了他们的服务员的时候，他们还没人记得我不爱吃香菜……我经常在想，这是去吃饭呢，还是去较劲呢？为什么餐厅在搞活动之前不问问我们顾客在想什么，否则，你们活动搞得再花哨又有什么用呢？

---

① 成立于2006年4月，是国内餐饮行业中最大的CRM服务提供商，总部位于北京，已在全国50个城市设立了办事处。

· 来自营销执行人员的声音

我们餐厅的午餐上座率一直不佳，为了提高午餐上座率，我们印制了很多30元的午餐券并发放给顾客。但经过观察我们发现，很多使用午餐券的顾客都是老顾客，中午吃饭时间一到，他们就会来就餐的，原来他们一桌平均需要花费60元，现在只花费30元；我们反倒损失了30元；还有很多人干脆就把30元券用掉，然后一分钱不掏直接走人。为什么我们营销的执行结果总是和预想的大相径庭呢?

· 来自营销管理人员的声音

上一年我们餐厅在营销上花费了200万元。我怎样才能知道这200万元的回报率？通过店内的各种活动，我们一共收集了4700名顾客的联系方式，怎么利用它们才好？我们在公司周边向10000多人发放了餐厅资料，发放效果究竟如何？其中有多少人已经来过我们餐厅了？我们应该把宣传品发放到真正的潜在顾客手中，但我们怎么能知道谁是真正的潜在顾客？我们需要在菜品上推陈出新，但我们怎么知道他们究竟想吃什么?

· 来自经理人员的声音

我们花了两年的时间摸索出了一些推广促销活动的心得，但我们的市场部的负责人最近辞职了，这些活动都是这个负责人一直在负责策划的，而我作为餐厅经理，对活动的具体执行一无所知。新来的市场总监以前工作的餐厅和我们餐厅的市场定位完全不同，他的经验并不能解决我们眼下的问题，难道我们又要从头开始摸索吗？万一没过多久这个市场总监又辞职了呢?

上面的问题可归纳为两个方面的问题。首先，餐饮企业的管理人员、营销人员和客户相互之间没有建立起真正的沟通渠道。餐厅没有真正了解客户的需求，从而无法根据不同客户的需求设计他们所容易接受的营销方式。其次，来自餐厅运营的各个环节的客户信息分散在企业内，这些零散的信息使得企业内的任何人都无法对自己的客户有全面的了解，各部门难以在统一的信息基础上面对客户。

因此，要解决上述问题，需要各部门对面向客户的各项信息和活动进行集成，组建一个以客户为中心的企业，实现对面向客户的活动的全面管理。客户关系管理的实质，是要建立客户资料档案，通过长期地分析和引导客户消费行为，强化企业与客户的情感维系，达成真正的品牌目标，最终实现客户与企业的“双赢”。

资料来源：陈德意．搞好客户关系管理：餐饮业必须的选择，2011年6月12日，http：//www. canyin168. com/glyy/khgl/cykh/201106/32049. html.

☞ 实训指导

本项目实训以教师启发引导、学生参与为主。

步骤一：制作客户关系管理软件运作图

教师可向每位学生发一张白纸，要求学生根据教师对客户关系技术的讲解，画出客户关系管理软件运作图。等学生全部画好后，教师将正确的图展示给学生，让他们自行纠正。然后教师给学生们再发一张白纸，要求每位学生再重新画一次客户关系管理软件图，并可要求他们签名后上交。虽然，学生在第一次画客户关系管理软件运作图时会有难度，但通过本项目实训可以加深学生对客户关系管理运作的理解和印象。

步骤二：讨论并归纳实施客户关系管理时需注意的事项

分组讨论餐饮企业在实施客户关系管理时需注意的事项。即按照学生人数，将学生分为若干个小组，每组6~8个人为宜。给学生5~10分钟的时间，让学生自由讨论。要求学生将讨论的结果进行归纳总结，并用海报的形式写出来。随后每组派一位代表汇报小组讨论结果，并阐述原因。

☞ 实训成果

本项实训结束后，每位学生需提交一份“客户关系管理软件运作图”。

项目二 客户信息收集和数据库建立

餐饮企业客户关系管理依据客户与企业关系的发展可分为以下几个阶段：其中第一阶段和第二阶段是客户信息收集和数据库建立，也就是餐饮企业尽可能全面地收集客户的基本信息，然后将所收集到的客户基本信息输入到数据库中，建立本餐饮企业的客户数据库。项目二将针对这两个阶段，提出实训设计。

一、客户信息收集

餐饮顾客信息收集一般可以采用会员制度和预订呼叫中心来进行。会员制是指餐饮企业向特定的消费群体发放会员卡，并由消费者缴纳会费或不缴纳会费以团体或个人的身份入会，会员在消费时持卡可以享受价格折扣、服务等方面优惠的经营形式。对餐饮企业而言，发放会员卡是希望可以加强顾客的忠诚度。但是随着会员卡制度的普及，如果发放会员卡只是仅仅为消费者提供积分回报，那只是停留在会员制度的简单初级水平。餐饮企业需要进一步利用会员制度初步收集客户资料，为实施有针对性的客户管理提供基本资料。

除了会员卡制度外，也可以使用呼叫中心系统来收集顾客资料。餐饮企业，特别是连锁餐饮企业以及提供外卖服务的餐饮企业可以建立呼叫中心，采用统一电话订位号码，将顾客的电话号码和他的消费行为关联起来。例如，一位顾客通过电话订位，并在店里进行了消费。当下次该顾客用同一电话，打到餐厅进行订位时，通过统一电话订位服务的资料记录，预订员能马上知道该顾客的姓名、消费记录与喜好。因此客人打预订电话时，他听到的回应可能是：××先生（女士）您好，您上次订的是靠窗的座位，这次也需要靠窗的座位吗？这样的回答，可以提高顾客的被尊重感，增加企业与顾客的情感联系。对于连锁餐饮企业而言，通过统一电话定位系统，还能够避免顾客重复拨打各分店电话订位的麻烦，有效地引导顾客前往较有位子的门店去消费。

呼叫系统和会员制度两者可以关联使用。呼叫系统可以设置自动会员登记板块，让顾客通过打电话自助登记会员资料。呼叫系统也可以和网上订餐系统实现数据共享。当顾客在网上订餐时，可以邀请顾客登记个人资料申请会员卡，这些数据可以转换到呼叫系统。当客人使用离线电话呼叫时，也可以马上分辨出客户的过往消费记录和消费行为。

表 5－1　VIP 会员卡申请表

店名：	店号：	No.：
姓名：	性别：	出生日期：　年　月　日
通讯地址：		
联系电话：	手机：	
电子邮件：		
是否愿意接收邮寄广告：是□　否□		
是否愿意接收电子邮件信息：是□　否□		
职业：公务员□　公司职员□　教师□　学生□　其他□		
建卡历史：新建□　续卡□　补卡□（新卡□____________）		
顾客签名：		
日期：		
以下由餐饮企业填写：		
卡号：	建卡时间：	
服务人员：	销售单号：	

客户资料收集包括新增客户资料和客户资料跟踪管理与更新。对于新增客户要尽可能详细地收集餐饮企业想要了解的资料。这些资料包括消费者的人口统计信息，如年龄、职业、受教育程度、收入、婚姻及家庭情况等；餐饮消费行为资料，如消费时的同伴状况、餐饮消费时段、消费菜式品种、消费酒水偏好、消费金额、消费频率、消费理由（商务宴请、家庭聚会、特殊纪念日、朋友聚餐等）以及餐饮信息收集渠道，如广告、互联网、团购、亲友口碑、传单、短信、杂志软文等。餐饮企业甚至可以更广泛地了解消费者的各类爱好，比如喜欢观赏哪些电视节目，喜欢阅读哪些书刊，有哪些业余爱好等。这些看似相关性并不是很大的信息，有时候也可以帮助餐饮企业和客户建立情感联系。比如，餐饮企业可以发起一些特定主题的俱乐部，邀请消费者加入俱乐部，并以餐饮企业为基地，开展各式俱乐部活动。

前期资料收集是为了获得客户的初步资料，更多的关于客户消费习惯的资料需要随着客户消费的继续，进行不断的补充和更新。需要更新的客户资料包括客户消费日期、消费菜式品种、酒水、消费金额、服务人员、特殊要求、服务投诉、付款方式等。通过实时更新客户资料能够较好地掌握客户的动态，挖掘客户价值。企业客户信息收集表见表 5－2。

二、客户数据库建立

随着信息化时代的到来，对于客户管理已经可以借助计算机辅助技术来实现。客户管理系统有界面友好、操作简单、信息存储量庞大、信息处理和分析功能完善的优点。客户管理数据库由于开发软件的开发商不同，功能、界面等都会有所不同。但是有一些基本功能大部分的软件都会涵盖。这些功能包括系统设置、客户资料管理、客户跟踪管理和客户服务管理（陈文捷，2005）。

表 5-2　企业客户信息表

企业客户编号：				
企业名称：		付款方式：		
通讯地址：				
主要负责人：		联系电话：		手机：
电子邮件：				
主要联络人：		联系电话：		手机：
电子邮件：				
企业性质：事业单位□	国家机关□	国有企业□	私营企业□	外资企业□
企业规模：上市企业□	大型企业□	中型企业□	小型企业□	
消费时间：			消费金额：	
累计消费金额：			平均每月消费次数：	
特殊消费要求：（包厢、座位、菜式、酒水、服务员等）				
服务投诉： 投诉是否解决：是□	否□			

（1）系统设置。①人员注册：为公司内使用该系统的每一位人员进行注册。可以登记人员的姓名、所在部门、职务、系统数据库的权限和一些辅助信息。②权限设置：设置必要的权限，以确保系统能够正常运行。③代码设置：根据需要设定一些必要的编码（如客户编码、菜式品种编码）。

（2）客户资料管理。①新增客户资料：包括客户代码、客户名称、分类等客户的基本信息。②客户分类：按分类、地域、行业等来查看客户资料，如 VIP 客户、普通客户、零散客户等。③建立客源档案：包括客户资料、客户分类、消费期、消费菜式品种、酒水、消费金额、包厢号、客户消费记录、客户消费统计、菜式品种消费统计、客户消费额统计。

（3）客户跟踪管理。①新增业务：包括客户名称、消费日期、消费菜式品种、酒水、消费金额、房号等。②预约提示：系统提示对客户提前订餐、订包房设置预约时间、主题和提醒的对象。③客户消费记录：查看客户的所有消费情况。④客户消费统计：查询某客户某段时期内按消费菜式品种数量排序的消费统计。⑤菜式品种消费统计：查询某菜式品种某段时期内按消费客户数量排序的消费统计。⑥客户消费额统计：查询所有客户某段时期内按消费额排序的消费统计等。⑦所有的统计都可以按照时间进行查询，包括今日统计、本周统计、本月统计、所有时间统计和自定义统计等。这些统计信息都可导出保存为 Excel 格式的文件，方便日后查询使用，也可以输出为各类统计图表，便于视觉化观察统计结果。

（4）客户服务管理。①客户投诉：记录客户投诉的情况（包括客户名称、投诉分类、投诉对象等），然后将此投诉转交责任部门/人员处理，有关人员记录受理情况。②客户支持：记录客户的问题以及解答情况，可以从标准题库中寻求答案，也可以增加新的问题和答案。③标准题库：提供一个问题解答库，随时从标准题库中选择所要的答案来回答客户，无须专人的指导。

客户管理系统除了关注客户之外，也可以增加一些其他的内容板块，如业务知识管理和前台管理等。业务知识管理中可以将餐厅的菜品和酒水信息进行统一登记和管理，包括菜式和酒水品种名称、编号、类别等信息。前台管理则可以让餐厅前台将客户的菜单输入电脑，通过网络传递到厨房收单配菜。

案例：订餐小秘书的强大呼叫中心

订餐小秘书是上海最大、最专业的订餐服务中心，免费预订全上海所有餐厅，还提供折扣加积分的双重优惠，是食客贴心、省事的全程餐饮顾问。从 2004 年到 2008 年，在它成立的四年内，订餐小秘书网站涵盖上海 3 万家餐厅，累计为 320 万人提供了订餐服务，超过 25 万名会员享受到订餐小秘书的折扣和积分。

订餐小秘书强大的网站平台，独家提供餐厅 360°全景环视，展示上海美食、餐厅、饭店、酒吧、休闲娱乐场所的实景，犹如身临其境，更有详细的餐厅特色介绍和美食菜肴资讯。用户登录其官方网站即可查询餐厅促销信息，并在线订座。订餐小秘书强大的网站平台，具有六个特色：①提供实惠更多的在线预订；②360°餐厅全景环视；③餐厅点评和攻略；④实时更新的促销折扣；⑤内容翔实实用性强的美食指南；⑥个性化的网上短信请柬。注册用户可以使用方便、快捷的在线订座，享受餐厅的优惠促销。美食指南频道为用户做专业的餐厅指南。消费者在网站分享自己对餐厅的点评，还可以获得积分，兑换奖品。

订餐小秘书，作为全国第一家订餐服务中心，一直领先于后来者，很重要的一个原因是建立了强大的呼叫中心。上海恒融数码科技有限公司为订餐小秘书所开发的客服系统，突出了呼叫中心与互联网服务结合，协助订餐小秘书打造中国领先的餐饮顾问平台。该客服系统包括：1 套呼叫中心平台；10E1 接入（并发 300 路连线）；150 路 IVR；全程录音，并具有省际间话路漫游、溢出及语音转接等功能。目前订餐小秘书网站，有超过 100 人的专业客服团队，呼叫中心每日的呼入量达到 5000～10000 个，订餐小秘书源源不绝地将这些餐厅推荐给会员。

资料来源：定餐小秘书，http：//baike. baidu. com/view/1818058. htm.

☞ 实训指导

本项实训以教师指导、学生参与体验的方式展开。在教师的指导下，学生将独立完成对顾客信息调查表的设计并完成信息收集工作。具体的实训方法按步骤解释如下：

步骤一：顾客信息资料收集

在本环节，每位学生根据自己拟筹建的餐饮企业的类型，比如，快餐企业、中餐企业、西式餐饮企业、休闲餐饮企业等制订客户关系管理系统方案。根据所设定的餐饮企业的类型，利用电脑上的 Word 文档，设计一份顾客信息调查表。要求所收集的顾客信息内容能体现出本餐饮企业的类型特点，能切实有效地被运用到客户类型分析和客户管理方案设计中。在顾客信息调查表完成后，要求学生调查 10 位以上餐饮企业顾客（可以是学生的亲友等，只要有相应的餐饮企业消费经验即可）。调查结果将被运用到下一个环节。

步骤二：客户管理数据库建设

学生在教师的指导下，运用 Excel 文档，创建一个简单的客户管理数据库。该数据库内容要求体现较全面的各类客户管理功能。要有详细的客户资料输入板块、客户消费行为跟踪板块以及客户服务内容记录板块等。其中客户资料输入板块和客户消费行为跟踪板块应该与顾客信息收集表上的内容相吻合。

将上一环节中所采集到的顾客信息资料转录到客户管理数据库中，建立一个小型的客户数据库。对各项顾客资料和顾客消费行为进行统计。统计方法包括：进行频数或百分比统计，比如，各年龄层的顾客分别有多少位、各职业的顾客分别有多少位，每月消费金额在某一额度的顾客占总消费人数的百分比等；进行排序分析，比如，从消费金额由高到低，对顾客进行排序；进行均数分析，比如，某顾客一年内每月平均光顾本餐饮企业的次数以及每月平均在本餐饮企业的消费金额等。将统计结果形成统计报表，并用统计图表进行表示。

☞ 实训成果

本项实训的成果为：

（1）个人成果：一份 Word 文档形式的顾客信息资料调查表、一份 Excel 文档形式的客户管理数据库。

（2）小组集体成果：一份 Word 文档形式的顾客信息资料调查表、一份 Excel 文档形式的客户管理数据库。

项目三 客户筛选及分析

在客户数据库建立以后，可以依据客户数据库对客户进行筛选并分析，建立客户等级。

一、帕累托定律

对餐饮企业而言，并不是所有的顾客都是同等重要的。顾客消费对企业的共享率往往符合二八规律。这一规律是由意大利经济学者帕累托偶然注意到的。他发现大部分的财富流向了少数人手里。而且这种微妙关系一再出现，在数学上呈现出一种稳定的关系。于是，帕累托从大量具体的事实中总结出：社会上 20% 的人占有 80% 的社会财富，即：财富在人口中的分配是不平衡的。后人对于帕累托的这项发现给予了不同的命名，例如，帕累托法则、帕累托定律、80/20 定律、最省力的法则、不平衡原则等。二八法则运用到营销学上，就被解释为大部分的利润是由少数商品的销售产生的；大部分的销售量是由少数销售人员形成的；企业的大部分利润来源于少数的重要客户。因此，在进行客户管理时，要筛选和分析客户，从而进行有针对性的客户维护。

二、ABC 分析法

ABC 分析法是一种有效的鉴别客户的方法。ABC 分析就是要找出“关键的 20%”，并确定与之适应的管理方法，从而实现以一倍的努力取得多倍的效果（杨铭铎，华庆，2004）。餐饮企业通常会用客户的月或年总消费金额作为对顾客进行细分的标准。通过对客户消费情况进行分析，就会发现，有一些客户在本餐饮企业内的累计消费总金额占所有顾客消费金额的55%，按照ABC分析法这类客户就是A类客户；那些累计消费总金额占所有顾客消费金额35%的客户，可以划分为B类客户；余下的累计消费总金额占所有顾客消费金额10%的客户就理所当然地划分为C类客户。

三、客户管理

当客户类别被划定后，就可以进行针对性的管理（见表5－3）。A类客户可能数量少，但其消费金额占企业总营业额的比重却很大，同时，还具有与本企业打交道时间长且业务较稳定等特点。对餐饮企业而言，这一类的客户通常都是企业客户。因此，对于这类客户，餐饮企业的高层领导应充分引起重视，除了进行必要的打折优惠外，还需经常地拜访这些企业中的关键人物，和他们进行感情上的交流，听取他们对于本餐饮企业在服务、菜品质量、环境等方面的意见和建议，并及时进行改正，使这些客户真正成为餐厅的忠实客户。

表5－3　客户等级与关系评估表

客户编号	客户名称	客户等级	得分依据	改进/维持/终止关系	备注

C类客户可能数量大，但其消费金额占企业总营业额的比重却很小，同时，还具有与本企业打交道时间短且业务不稳定等特点。虽然这类客户对于餐饮企业来说也极为重要，餐饮企业也要为他们提供满意的产品和服务，重视他们的意见和要求，但在进行客户管理时还是要和A类客户有所区别。餐饮企业要仔细分析C类客户名单。对于其中真正的小客户，餐饮企业通常不宜采用高成本的手段，如一对一客户服务、人员定期营销等来维持客户关系，可以采用打电话、发短信、发电子邮件等方式增加联系，提高他们的光顾次数。对于C类客户中较有实力的客户，则要仔细分析，增加人员拜访次数，了解为何他们喜欢光顾竞争对手的餐厅，提升此类客户的忠诚度，使他们成为未来的A类客户或B类客户。

B类客户介于A类客户和C类客户之间，即客户数量不多但其消费金额也达到了一定的比重，对于这类客户就需要耐心地进行公关，定时地派遣一些销售人员进行拜访，或邀请他们参加餐饮企业的各类活动。同时，依靠提高服务质量、增加菜式品种等方式来提高他们对于本餐厅的满意度，以此来得到他们对于餐厅的信任，进而使他们成为A类客户。

原则上可每月做一次ABC分析，但在餐饮业的淡季，如夏季则可每两个月做一次ABC分析。在进行ABC分析时，对于客户的名次变化，需要同时关注环比和同期比。环比就是比较本月消费记录和上月或上两个月的消费记录，查看客户的名次有否变化。而同期比则是关注与去年同期相比，客户名次是否一致，从而掌握客户的名次变化动态，进一步核实是否存在规律。比如，有些客户每年春季消费最多，夏、秋季消费较少，消费排名下降，如果形成规律，就无须过于担心某一时段客户的消费排名下滑。如果客户名次上升太快（如由原来的C级客户突然升为A级客户的前几名)，则须特别关注。特别是对于采用挂账结算的客户，要注意是否有恶性倒闭的可能。如果客户名次下降太快（如从A级客户突然降为C级客户或不再消费）则须注意是否被竞争对手侵入，或客户对本餐饮企业有重大不满。

☞实训指导

本项实训以教师指导、学生参与为主。

步骤一：顾客分类

在本项实训环节中，在教师的指导下，学生依据本模块项目二的统计结果，选择合适的客户分类的依据，运用ABC分析法，对数据库内的顾客进行分类，并填写顾客分类表。

步骤二：顾客消费行为分析

在对顾客分类的基础上，从下面几个方面对顾客消费行为进行分析：

怎么了？——顾客消费行为的现状是什么？

有什么？——这个现状会对餐饮企业的经营带来什么样的影响？

为什么？——出现这一现象的原因是什么？

怎么办？——为了控制影响范围或者改善这个情况，应该怎么做，有哪些可行方案？

怎么了？某菜品主要的销售期是1～3月，在这三个月平均每日可售出40份；而到了4～6月，平均每天的销售量是20份。

有什么？由于1～3月销售量大，在后面的月份相关原料备货增加，但是销售又下降了，导致报废多，增加了成本。

为什么？经过分析，发现这个菜品主要适合本地人口味，而每年1～3月是本地人消费旺季，餐厅的主要顾客是本地人，因此卖得多。

怎么办？以后此类菜品的原材料要在节日或者春节期间多备货，平时少备货。

☞实训成果

本项实训的成果要求每位学生上交一份Excel或Word文档形式的顾客资料及消费行为统计结果。

项目四　客户关系维护和管理

餐饮企业客户关系管理最后阶段的任务是利用数据库所提供的客户信息对客户行为进行分析，在此基础上有效地处理客户投诉，维护客户关系，开展有针对性的关系营销。当然，在客户管理的过程中，也需要不断地补充客户资料和客户信息，以达到实时监控的目的。

客户关系的维护和管理可以从以下几个方面去考虑，一是在服务过程中，是否实践了对顾客的承诺，令顾客感到满意；二是服务结束后，是否认真聆听顾客的意见，改进服务和产品质量；三是持续不断地对客户进行关怀，建立良好的情感联系；四是当出现投诉时，及时地进行补救，修补与顾客的关系。

一、实践对顾客的承诺，令顾客满意

与客户保持长期友好合作的基础是要从一开始就真诚地对待他们。在餐厅销售前，为了吸引顾客，餐饮企业通常都会运用各种各样的广告手段来传递产品信息。这可以认为是企业对客户做出了相应的产品或服务的承诺。那么在服务过程中，就要认真履行对客户的承诺。在中国目前的市场环境下，实践或者是适当超值地履行承诺显然是建立商誉和信任的最好办法。

二、聆听顾客意见，改进产品和服务

在服务中，或是在服务结束后，客户关系管理人员应该重视顾客的反馈意见。因此，在适当时间，客户关系管理人员可以拜访客户并了解服务人员是否按照承诺对顾客提供了服务？在这个过程中是否出现了什么问题？是否有不愉快的事情发生？客户对整个服务过程是否满意？如果一切符合顾客的期望，他们对餐厅的产品和服务都表示满意，这就创造了一种非常友好的气氛，便于客户管理人员或销售人员进一步地与顾客维护关系。

但也可能发生客户管理人员或销售人员最不愿意见到的情况。顾客的用餐体验并不尽如人意，顾客感到特别不高兴。客户管理人员或销售人员成了最对口的“撒气筒”。当客户对餐厅的产品或服务进行抱怨时，客户管理人员或销售人员绝不能避重就轻地推诿这些问题以逃避责任，而应当站在对方的角度理解客户的心情并让客户感到客户管理人员或销售人员特别重视他的问题。在允许的范围内，可以对客户采取一些补偿措施，降低客户的不满，把这种危机转变成为一个可以证明自己的机会，向客户证明本企业是可以信赖的，是坦诚的，是关注客户利益的。

三、细心维护客户关系，建立情感联系

客户每次到餐厅用餐都能够取得良好的用餐体验，对餐饮企业已经有了相当程度的信任。此时餐饮企业是否可以松口气了呢？当然不能！客户对餐饮企业的信任是建立在企业能想客户之所想、急客户之所急，及时并持续地满足了客户不断变化的需求的基础上的。如果一个企业原地踏步、停滞不前，那么以前对企业再信任的客户也会离开。因此，要及时听取客户对餐饮企业产品、服务及其他方面的意见、建议，了解他们的需求和期望，从而不断地改进，满足客户不断变化的需求，并及时向客户传递这些改进，让客户知晓企业的用心良苦，使他们的心目中能够建立一个负责任、值得长期信赖的企业形象。

要努力建立与顾客的情感联系，对客户进行关怀。客户管理人员或销售人员可经常与客户通过电话、电子邮件或面谈等方式进行沟通，及时了解顾客的最新情况，以保持良好的关系；将本餐饮企业的新产品或新服务信息提供给客户；及时将促销优惠活动通知给客户；每年召开一次客户服务会议，邀请重要客户参加座谈，并进行聚会活动；在节假日如元旦、春节、清明节、五一节、端午节、中秋节、国庆节，或在客户生日、客户公司的重大节日时问候客户，表达节日的祝福并赠送带有本企业特点的小礼品。

四、及时处理顾客投诉，挽救顾客关系

顾客投诉是因为有问题需要得到解决，此外，顾客还希望得到餐饮企业的关注和重视。

顾客不投诉，往往是因为他不相信问题可以得到解决，或者说，他觉得他投诉的投入和产出会不成比例。与不投诉的客户相比，投诉并且其问题得到满意解决的客户，重复光顾的可能性较高。而对服务不满意却并不投诉的顾客，很可能会将不满意告诉周边的其他人，引起更多人对餐饮企业的不满。因此，餐饮企业并不是要阻止客户投诉，相反地，要重视客户的投诉，有效地处理客户的投诉，把投诉所带来的不良影响降到最低，从而维护企业的形象。在处理顾客投诉时应遵循以下的步骤：

1. 有效地倾听顾客的各种抱怨，了解顾客的真正意图

为了能让顾客心平气和，在倾听时应该注意让顾客先把要说的话说完，把要表达的情绪都充分地发泄出来。这样，可以让顾客在尽情地发泄了不满情绪后有一种较为放松的感觉，心情上也能逐渐地平静下来。投诉接待员可以使用语言或肢体语言适当地对顾客的抱怨进行回应，表示自己正在仔细地倾听，让顾客觉得自己受到了重视。要认真了解事情的每一个细节，包括事件的基本信息，何时、何地、何人、何事，其结果如何等，并将其记录在顾客投诉记录表上，对于表内的各项记载，尤其是姓名、住址、联络电话以及投诉内容复述一次，请对方确认。对电话投诉，可以将投诉内容予以录音存档，尤其是特殊的或涉及纠纷的投诉事件。存档的录音带一方面可以在日后有需要时提供有确认的证明，另一方面可以作为日后教育训练的教材。

投诉接待员一定要诚心诚意地、耐心地和顾客沟通意见，多采取恰当的询问方式，不要怕花时间。通过顾客投诉的内容、强调的重点及语气语调等，争取了解顾客的真正意愿，比如希望获得折扣、赔偿或是退款等（参见表5－4）。

表5－4　顾客投诉处理表

<table>
<tr><td>顾客姓名/企业名称</td><td colspan="2"></td><td>投诉人</td><td></td><td>电话</td><td></td></tr>
<tr><td colspan="7">投诉事件记录：

投诉人要求：

记录人/日期：</td></tr>
<tr><td colspan="7">调查结果：

调查人/日期：</td></tr>
<tr><td colspan="7">处理结果：

处理人/日期：</td></tr>
<tr><td>顾客
反馈</td><td colspan="3">处理结果　满意□　基本满意□　不满意□
处理速度　满意□　基本满意□　不满意□</td><td>顾客
签字</td><td colspan="2"></td></tr>
</table>

注：一般情况下餐厅主管或客户关系维护专员打电话告知客户投诉处理结果并征询反馈意见。如有必要，可将此表传真至客户处，请客户填写反馈意见。

2. 注意语言运用，诚心诚意地道歉

在进行投诉处理时，投诉接待员要注意自身的语言运用，避免引发顾客更多的不满。容易引起顾客不满的话语有：“这个问题我不大清楚”——当顾客提出问题时，投诉接待员的回答若是“不知道”、“不清楚”，那不仅说明投诉接待员不够尽职，而且让顾客认为企业不

够重视，派遣一个不能胜任的人来处理问题。“一分钱，一分货”——这句话会伤害到顾客的自尊心，让顾客感到投诉接待员在讽刺他，认为他购买不起高档品，这样只会更加激怒顾客。“这是本店的规定”——以“这是本店的规定，您在消费前应该了解”之类的话来应付顾客投诉的投诉接待员为数不少。餐饮企业制订店规的目的是为了更好地为顾客服务，明确顾客的权益，但绝不是为了监督顾客的行为和限制顾客的自由。不管顾客是明知故犯还是无意识地违反了店规，投诉接待员都不可以用店规来责怪顾客；这不仅无助于问题的解决，反而让顾客觉得店家是店大欺客，由此将引起顾客更大的不满。“总是会有办法的”和“改天我再和您联系”——这类态度暧昧的话通常会惹出更大的麻烦，对于急于要求解决问题的顾客来说，这样的回答是敷衍了事，是不负责任的。如果顾客提出的问题确实需要花费一些时间才能解决，那么投诉接待员应该给出一个明确的回复期限。

另外，不论责任是否在于餐饮企业，都应该诚心诚意地向顾客道歉，并对顾客提出的问题表示感谢，这样可以让顾客感觉受到重视。如有必要，应亲赴顾客住处去访问、道歉、解决问题。

3. 解决问题，及时给予反馈

解决问题是最关键的一步，只有有效地妥善解决了顾客的问题，才算完成了对这次投诉的处理。问题解决得好，顾客感到满意，下次自然还会光顾；如果敷衍了事，顾客更加不满，事态或会变大，顾客也可能永远不再光顾。所有的投诉处理都要制定结束的期限。掌握机会适时地结束，以免因拖延时间过长，既无法得到解决的方案，又浪费双方的时间。一旦处理完毕，必须以书面的方式通知投诉的顾客，并确定每一个投诉内容均得到解决及答复。由消费者协会移转的投诉事件，在处理结束之后要与消费者协会联系，以便让对方知晓整个事件的处理过程。对于有违法行为的投诉事件，如随身物品失窃等，应与当地的派出所取得联系。标记每一位提出抱怨及投诉的顾客，当顾客再次来店时，通知直接服务人员以热诚的态度主动向对方打招呼。

案例：不吃“哑巴亏”

万科老总王石曾经说过一句话：“在处理客户投诉问题上，面对是一种态度。”在处理投诉问题时，很多餐厅都倾向于采用“都是我的错”、“微笑永远没有错”。这些态度没有错，甚至值得赞赏。

但是，作为餐厅经理，除了要为餐厅留住客户，还必须对餐厅负责，最大程度地节约成本。所以在处理顾客纠纷中，还不得不考虑一个问题——成本。如果碰上“刁难”的顾客却一味退让，那企业增加的成本谁来承担？所以餐饮企业应该具体问题具体分析，必要时餐厅也应该维护自己的权益。

餐饮企业可以专门设置应付顾客投诉的部门，专门请学法律、懂法律的员工处理投诉问题。为了不增加人力成本，企业在招聘办公室人员时，专门招聘一位法律专业员工，平时做办公室工作，遇到投诉问题时，就由他处理。这样，该赔的赔，该拒绝的拒绝，就不用老吃“哑巴亏”了。

例如，某自助餐厅规定：出现菜品质量问题，比如出现异物、不新鲜、不熟、咸等问题，赔；服务员服务质量问题，比如服务态度生硬、与顾客发生争吵，赔；环境卫生问题，比如因餐厅卫生不好，弄脏顾客衣服，赔；客人酒醉、故意闹事，拒绝赔偿并报警；对自助餐无故浪费，罚款。

一次，有一桌客人吃自助火锅，吃完后锅里还剩满满一锅羊肉片和菜，根据餐厅规定，客人吃不完造成浪费的，应相应赔偿浪费菜品的成本，因此餐厅就要求他们另外付款，但他们不同意。餐厅就让专门处理顾客投诉的法律人员出面，从法律角度分析他们的“不合法”性，因入情入理，客人也意识到自己的“无理”，最终他们主动付款。还有一次，一桌客人在包房举行生日宴会，结果把一个三层蛋糕扔得到处都是。经过法律人员和客人的协调，他们主动拿出50元钱用做清理费。

当然，在和客人打交道时，“微笑服务”、“赔礼道歉”永远都放在第一位，但是当一些问题出现，餐厅一方能在法律上站住脚的时候，求助法律的效果比一味地“赔礼道歉”好。法律是公正的，消费者用法律维护权益，餐厅也应该用法律保护自己，于情于理，双方都能接受。

资料来源：案例改编自绿满家餐饮管理咨询公司．怎么处理顾客投诉？http：//www.6eat.com/DataStore/OnlineRead/137448.

☞实训指导

本实训项目以教师指导、学生参与体验为主进行。

步骤一：设计客户关系维护方案

学生在教师的指导下，分组讨论并针对不同的顾客类型，设计出相应的客户关系维护方案。然后在教师的主持下，各组学生分别展示自己的方案，并接受其他小组成员的意见和建议，教师点评，在此基础上各组完善自己的客户关系维护方案。

步骤二：角色扮演，处理投诉

教师指派2位学生为一组，进行角色扮演练习，增进学生处理顾客投诉的能力。具体操作如下：由教师提供或学生自行寻找发生投诉的背景和产生投诉的缘由。一位学生扮演投诉的顾客，另一位学生则扮演餐饮企业的投诉接待员。两位学生模拟投诉的过程，从而锻炼学生处理投诉的能力。如果时间允许，两位学生可以交换角色，使每一位学生都有机会体会不同的角色。

☞实训成果

本项实训的成果为每位学生提交一份Word文档形式的客户关系维护方案设计。

实训内容巩固

一、填空题

1. 餐饮企业客户关系管理的核心是________________________。
2. 餐饮顾客信息收集一般可以采用____________和____________的方法来进行。
3. 客户资料收集包括________________和________________。
4. 帕累托从大量具体的事实中总结出：社会上________的人占有________的社会财富。
5. 如果客户名次下降得太快，可能导致的原因为____________或____________。

二、不定项选择题（每一题的选项可能是1个或多个）

1. 下列选项中属于客户管理数据库的基本功能的是　（　　）。
A. 客户跟踪管理　B. 客户服务管理
C. 前台管理　D. 系统设置
2. 以下选项中，哪些建立客户关系的方式适合对普通C级客户使用　（　　）。
A. 重要节假日和纪念日进行慰问
B. 时时通过打电话与顾客沟通
C. 向顾客提供本餐饮企业的最新信息
D. 时常派客户关系管理员对顾客进行拜访
3. 通常A级客户、B级客户、C级客户的消费金额比是　（　　）。
A. 60%、30%、10%　B. 55%、30%、15%
C. 55%、35%、10%　D. 60%、25%、15%
4. 客户关系维护和管理包括以下哪些方面？　（　　）
A. 服务顾客，令顾客满意　B. 聆听顾客意见，改进服务质量
C. 对顾客进行关怀　D. 及时进行补救，修补与顾客的关系

三、简答题

1. 开展客户关系管理对餐饮企业而言有哪些重要意义？
2. 餐饮企业客户关系管理可分为哪几个阶段？
3. 投诉接待员在处理顾客投诉时应注意哪些事项？

四、案例分析题

一次成功的投诉处理

22点30分，两位客人来到饭店餐厅吃宵夜。客人翻着菜谱，挑选菜肴，他们互相商量着，一位说："来一道白灼虾怎么样？""好的，我最爱吃虾了。"另一位回答道。他们一共点了四道菜，便吩咐服务员上菜。22点40分，四道菜已整整齐齐地摆在客人的餐桌上，客人一边品尝菜肴，一边闲聊着，兴致很高。

"这儿上菜速度真够快的，只要10分钟的工夫，四道菜都上齐了。""来来来，先尝尝

这道白灼虾，如何?”客人笑嘻嘻地吃虾。忽然，客人脸上笑嘻嘻的表情不见了，他们再仔细看看餐桌上的虾，显出很气愤的样子，责问在旁的服务员：“小姐，这虾一点都不热，是不是早就烧好，等我们来吃啊?”另一位也不示弱：“是啊，你看这虾色泽深浅不匀，光泽偏暗，要么是剩虾活虾混在一起，要么是剩菜重烹，这样的虾我们不能接受。”服务员心平气和地说：“先生，我们饭店绝对不会卖死虾的，从厨房端出来的菜也总是根据菜单配制烹调的，不可能有剩菜，请先生放心。”客人就是不相信，固执地说：“我们点四道菜，前后上齐只用了10分钟，这里肯定有问题，这样的虾你怎么解释?”服务员耐心地劝说，客人仍然固执己见。这时，值班经理小顾闻讯走了过来，先安慰客人：“先生，请息怒，能告诉我是怎么回事吗？我会尽快替你们解决的。”在倾听客人投诉的同时，小顾一面叫服务员为客人换上热手巾，斟上热茶，以缓和紧张气氛，一面观察席上的那盘虾。很快，小顾就意识到问题的关键是客人对活虾烹制后的特征并不了解，要消除顾客的疑问，仅仅靠口头解释难以使客人信服，于是，小顾对客人说：“先生，这盘虾是不是活虾烹制的，我先不下结论，请你们随我到餐厅操作台来看看，如何?”征得客人的同意后，小顾带客人朝操作台走去，决定以现场操作来解释。小顾叫服务员取来卡式炉，将鸡汤烧开，然后让厨师拿来一只活虾，在客人面前进行现场烹制，再将此虾与桌面的虾比较，结果，各方面都基本相似。见状，客人的面色开始缓和，已经相信所食的虾并非死虾，但仍有疑惑。善于察言观色的小顾又热情地对客人说道：“观虾秘诀在于颈尾，活虾色泽深浅不匀，原因在于生虾本身纹理之粗细。”一番内行话说得客人直点头：“原来如此。”小顾接着又说：“我们工作中也有疏忽，虾体微温不够热，多谢你们提出宝贵意见，我们一定改正……”听到小顾诚恳的话语，客人也谦恭地说：“我们态度也不够好，你们的现场操作让我们开了眼界。”双方之间一片融合的气氛。值班经理用现场操作的方法解释客人的疑问，取得了较好的效果。

资料来源：餐饮运营网，http：//cy110. com/Article/Class59/Class60/Class62/200806/178889. html.

问题：

1. 结合案例分析，本投诉的焦点在哪里，怎样才能有针对性地找出解决问题的办法？
2. 值班经理处理投诉的做法有哪些可取之处？从中有何启发？

请将解答写在下面。

* *

学生学习小结：

学生疑问：

学生建议（对课堂组织、内容安排、实验方法等）：

成绩评定：________________ 教师（签字）________________

______年______月______日

模块六　餐饮信息化管理

随着我国餐饮业的蓬勃发展，越来越多的餐饮企业使用信息技术来提高自身的管理水平，信息化管理已经成为餐饮企业实现竞争不可或缺的工具。餐饮企业的管理目的是成本控制、运营控制，其最终结果表现为效率和效益。要达到这一目的，管理数据的及时性、准确性、完整性、有效性是至关重要的，这些特性恰恰是信息系统最重要的特点。餐饮信息化管理是指针对餐饮企业的每一个环节采用信息手段进行整合，从预订、接待、点菜、菜品上传到厨房分单打印、条码划菜、收银、经理查询、管理层掌控、信息分析、财务状况等实现全方位计算机管理信息系统化。餐饮企业借助信息化科技手段可以实现管理模式的创新，管理者行为的量化将使餐饮经营中以往依赖人的经营模式得以改变，优秀管理者的经验沉淀将成为可能。企业人才复制、人才培训时间和周期将大幅降低，管理效益提高，运营成本降低，客户满意度和忠诚度提高，这是餐饮信息化管理的最终目标。

餐饮企业信息化内容包括餐饮信息系统的运用和餐饮电子商务的开展，因此本模块包含三个实验项目：一是餐饮管理信息系统功能模块解读，二是餐饮信息系统的操作，三是餐饮电子商务的开展。

☞ 实训目的

餐饮企业运用管理信息系统可以提升企业竞争力，尤其对连锁餐饮企业来说，信息化管理是其制胜的法宝。通过本实验项目，学生将认识到信息化管理对餐饮企业的重要性，了解餐饮管理信息系统的基本功能模块，掌握餐饮企业如何开展电子商务的流程和不同的餐饮企业开展电子商务的方式，能对基本的餐饮信息系统软件功能熟练运用。

☞ 实训器材准备

（1）电脑。安装 Windows 2000 及以上的操作系统，能支持 Office 2000 及以上的办公软件；安装有“食为天”餐饮管理软件。

（2）白板和白板笔。教师在指导学生实验时使用（板书注意事项、实验步骤等）。

☞ 实训场地要求

本实验为室内实验。主要实验项目在开通了互联网的计算机房（旅游电子商务实验室）完成，该实验室配备不低于30台电脑（台式或笔记本电脑），可容纳一个教学班级（30人左右）同时上课。

☞ 实训方法

实训方法为分组讨论法、团队作业法。

项目一　餐饮管理信息系统功能模块解读

利用计算机帮助餐厅高效率完成餐饮管理的日常事务，是适应现代企业制度要求，也是推动餐饮管理走向科学化、规范化的必要条件。对于不同的餐饮业态，餐饮信息系统的功能模块会有很大的差别。

一、单体店面餐饮信息系统

单体店面的餐饮企业，管理比较单一，不具备中心厨房，不需要集中采购和数据实时监控，因此对信息系统的模块功能要求相对简单。一个良好的餐饮管理系统应包括以下基本功能模块：

前台管理：点菜收银、接待预订、补打账单、吧厨出品、交接班、财务上缴等。

基础数据：酒菜设置、特价促销、酒菜折扣、酒菜组成、房台设置、消费方式、员工资料等。

辅助管理：会员资料、会员消费、挂账管理、挂账交款、账务处理、冲账等。

库存管理：单据管理、往来单位、库存账务、库存盘点、库存期初数据录入、当前库存、供应商供货明细、商品进货统计等。

查询分析：账单查询、点单查询、交接班记录、财务上缴记录、点单分析、销售分析、员工业绩等。

报表：营业明细表、月营业报表、年营业报表、酒菜销售明细表、酒菜销售汇总表、酒菜预订统计表、酒菜月（年）销售统计表、酒菜销售统计表等。

系统管理：系统设置、数据初始化、数据备份、数据恢复、操作员管理、更改密码、权限管理等。

二、连锁餐饮企业信息系统

连锁餐饮企业信息系统一般要求总部集中管理和集中决策分析，并指导各门店的运营工作，同时有连锁店配送功能、集团客户信息管理、集团会员信息管理、集团短信平台管理、集团券销售回收管理等功能模块。餐饮连锁企业非常重视实时数据的交换，因此餐饮连锁信息系统必须以实时数据交换平台为核心，能实现断网续传功能，数据交换安全准确，无论在总部、各门店都可以时时查看到当前数据传输情况。以下以某餐饮集团信息系统为例说明连锁餐饮信息系统的一般功能模块。

1. 分店数据及时上传

分店通过数据上传系统将每天的营业数据及时传到总部服务器，这样总部管理人员可以很方便地在办公室查询到各个分店的营业额、桌台的销售额、菜品滞销、退菜、折扣等数据。

上传方式可以通过自动或手动方式上传，有效避免了以手工制作纸质报表的方式送到总部办公室的诸多弊病。手工制作纸质报表的过程中可能出现人工失误或者主观作弊的情况，如果分店不能将真实的数据反映到总部，那么有可能使总部在对各个分店进行经营决策时造成失误，更有可能由于工作人员作弊导致企业的损失。

2. 远程查询

远程查询可以让总部的管理层实时查看各个分店的运营情况，比如当时的客流量、桌台的上座率、营业额等，就如同亲自到各个分店巡视一样，如果出现什么异常情况，可以及时对分店的管理进行调整，避免事后处理，造成更大的损失。

3. 一卡通管理

选择一卡通管理，帮助集团实现了在一个分店制卡、充值，可以在任意一家店面进行消费、积分。如果卡丢了，可以在任意一家店进行挂失，不必到制卡店去挂失。集团总部可以实时查看各个分店制卡、充值、消费的情况，实现了卡的集中管理。

4. 集团总部数据分析

当数据上传到总部服务器后，通过集团数据分析系统，可以将各个分店的数据合并起来，生成分店数据的横向对比分析，所有分店的数据集成在一张报表上，便于管理层对比各个分店的营业情况。比如，某个菜在哪家分店畅销，星期几哪家分店销售额大，这些信息将给管理层提供决策上的数据依据。

☞ 实训指导

步骤一：查找并阅读有关餐饮信息系统管理方面的资料

在教师的指导下，学生利用百度、谷歌等搜索引擎，输入关键词如“餐饮”、“餐饮企业”、“信息化”、“连锁餐饮企业信息化”等，查询餐饮企业信息化资料和案例并阅读有关餐饮信息系统管理方面的资料。同时，下载各类餐饮业态的信息系统的试用版，分析不同的餐饮信息系统一般具有的功能模块，并完成表 6 – 1。

表 6 – 1　不同餐饮业态信息系统的功能模块比较表

餐饮业态	相同的功能模块	不同的功能模块
连锁餐饮企业		
单体店面餐饮企业		
……		

步骤二：归类并总结不同餐饮业态的信息系统

通过分析不同餐饮业态的信息系统管理内容及方式，归类并总结不同餐饮业态已成功实施管理信息系统带来的变化，并完成表 6 – 2。在这一步骤，教师可事先在白板上写出几家实施信息化管理较好的餐饮集团（或公司），以方便学生查询。

表 6 – 2　不同餐饮业态的企业实施信息系统的变化表

餐饮业态	组织结构	人力资源	食材控制	管理规范	客户满意度	……
连锁餐饮企业						
单体店面餐饮企业						
……						

☞ 实训成果

该项目的实训成果为每人完成一份实验报告，报告主要内容是记录整个实验操作过程，报告中包含表6-1和表6-2。

项目二　餐饮管理信息系统操作

餐饮信息化管理是指针对餐饮企业的每一个环节采用信息手段进行整合，从预订、接待、点菜、菜品上传到厨房分单打印、条码划菜、收银、经理查询、管理层掌控、信息分析、财务状况等实现全方位计算机管理信息系统化。不同餐饮企业的餐饮管理信息系统软件模块功能设计有差别，但大同小异，一般包括以下几个模块，即预订管理模块、接待管理模块、点菜系统、数据上传/打印系统、厨房分单打印系统、条码划菜（出菜）系统、临时加菜（酒水）系统、收银结账系统、会员管理系统、厨房备餐系统、库存管理系统等。

本项目以“食为天”餐饮管理软件①为例，主要让学生掌握前台系统、前台营业、营业管理、营业分析功能等模块。对学生来说，要求能熟练掌握前台主要管理流程，包括前台系统、前台营业、顾客服务、营业管理和营业情况及营业分析六个模块，其操作流程见实训指导。

☞ 实训指导

本实训项目由教师巡视指导，学生上机操作完成。

步骤一：前台系统操作

（一）登录系统

在前台登录界面（见图6-1）中输入登录号，输入密码，点击“登录”按钮，进入前台系统。

图6-1　前台登录界面

---

① “食为天”餐饮管理软件是广州黑马软件公司的主打产品之一，软件包括前台及后台管理，主要的功能模块有：前台系统、前台营业、营业管理、打印查询、顾客服务、基本资料、营业情况、营业分析、系统服务。

(二) 楼面管理

前台主界面显示楼面状况见图 6 - 2。

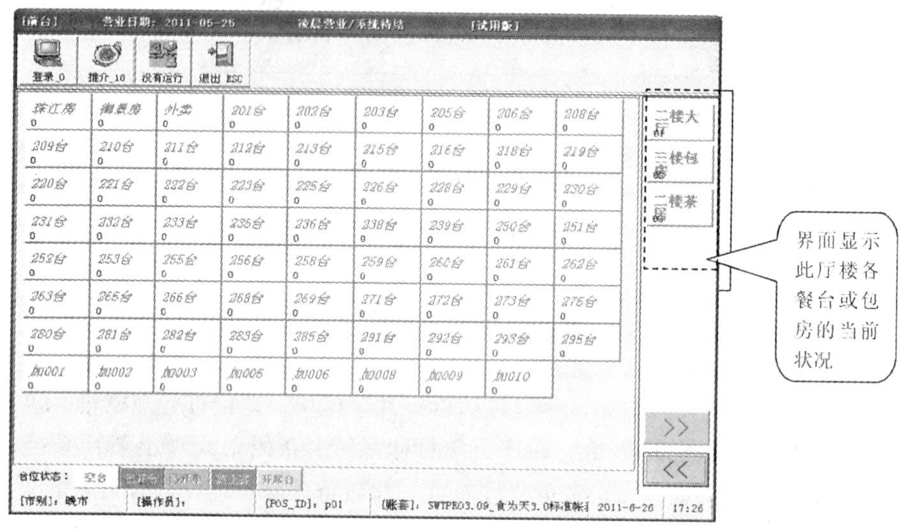

图 6 - 2　前台主界面楼面状况图

在此界面下，可查看餐厅的空台、已开台、菜上齐和开席台等状态。

(三) 开台

开台分“开席”和“开台”，开台指一张卡对应一张台；开席指一张卡对应多张台。

1. 开台

选择客人落座的台房，点击“开台”按钮，进入“开台”界面（见图 6 - 3）。

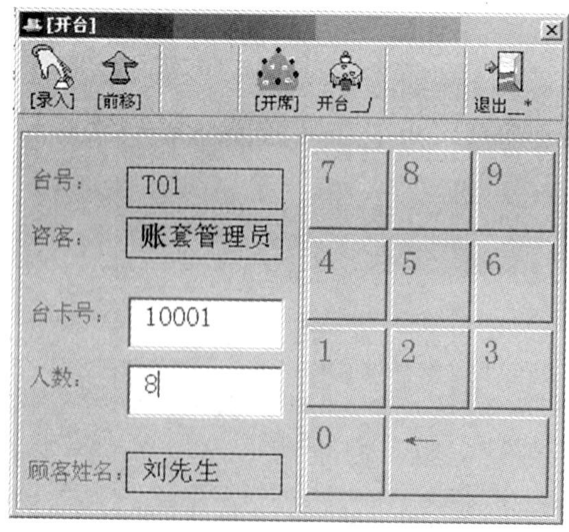

图 6 - 3　开台界面

2. 开席

选择主席，点击“开席”按钮，进入“开席”界面。

（四）开单

选择需要加菜的台位，如有搭台情况，选择加菜的消费单，点击“开单”按钮，进入“加单”界面（见图6－4）。

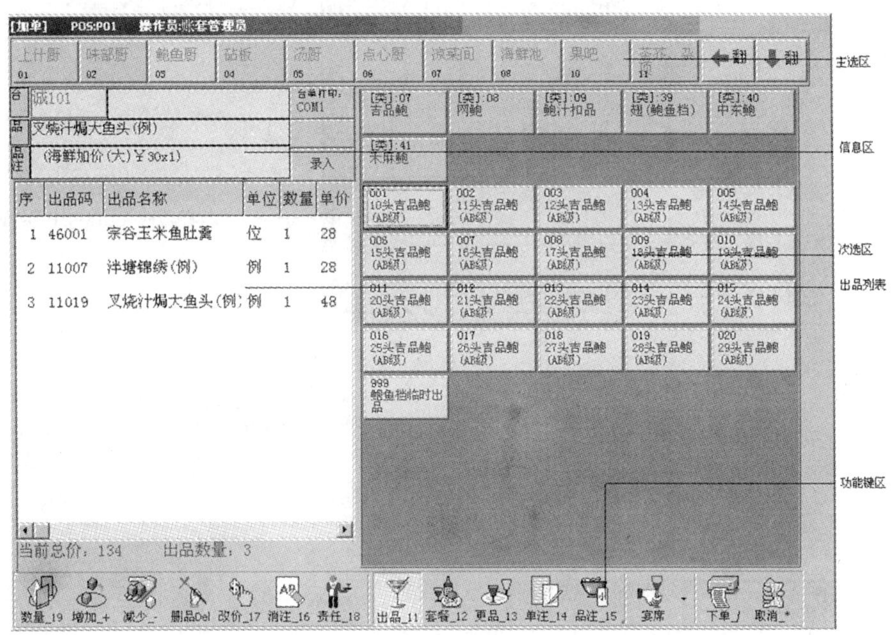

图6－4　加单界面

“加单”界面分为五个区域：主选区、次选区、信息区、出品列表区、功能键区。其中，主选区显示各选择界面的首选项，次选区显示主选区的选择结果项，信息区列出当前出品单所在台房号、出品单单注、当前出品名称、当前出品价格、当前出品数量、当前出品品注，出品列表区列出已选定的出品信息，功能键区列出“加单”界面的所有功能。

1. 出品录入

出品录入是加单功能中使用频率最高的功能，为适应于用户的不同需求，该功能提供：数字录入选择方式、标准选择方式、出品代码录入方式。以标准选择方式操作为例：

（1）点击“出品11”或键入“11”进入出品选择界面（“加单”默认），主选区显示可选厨点。

（2）将数字键盘设置为“数字”状态。

（3）使用数字键盘操作，键盘功能如图6－5。不需要在“数字”、“方向”状态转换，系统可自动识别键入是数字键或是功能键，并识别快捷键。

（4）使用键盘或点击厨点按钮选择厨点，次选区显示此厨点制作出品类别。

（5）使用键盘或点击小类按钮选择类别，次选区显示此类别所包含的出品。

（6）使用键盘或点击出品按钮选择出品。

2. 套餐录入

点击“套餐”按钮（见图6－6），主选区显示套餐品种。在主选区选择套餐，次选区显示套餐组成。

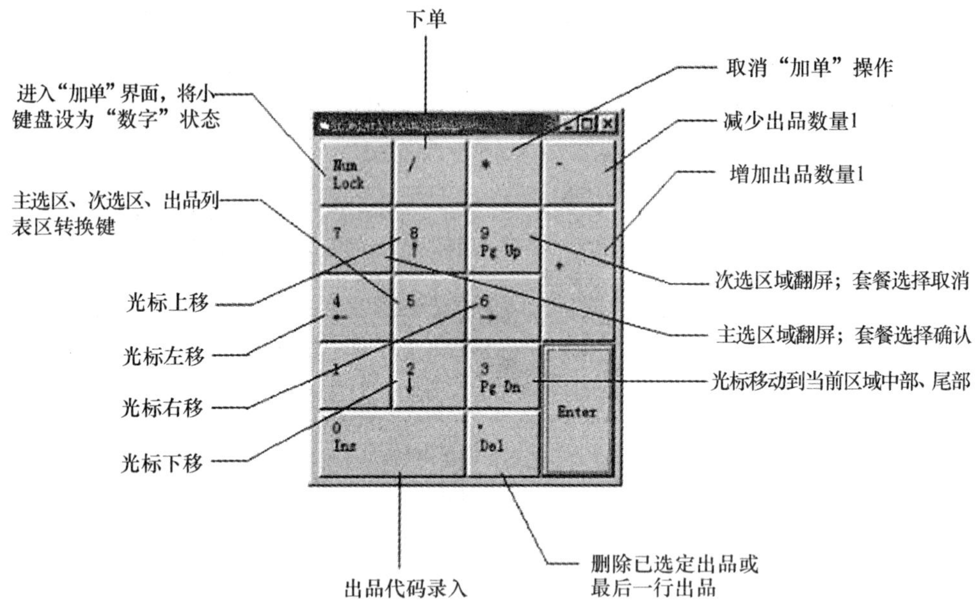

图 6－5　键盘使用说明

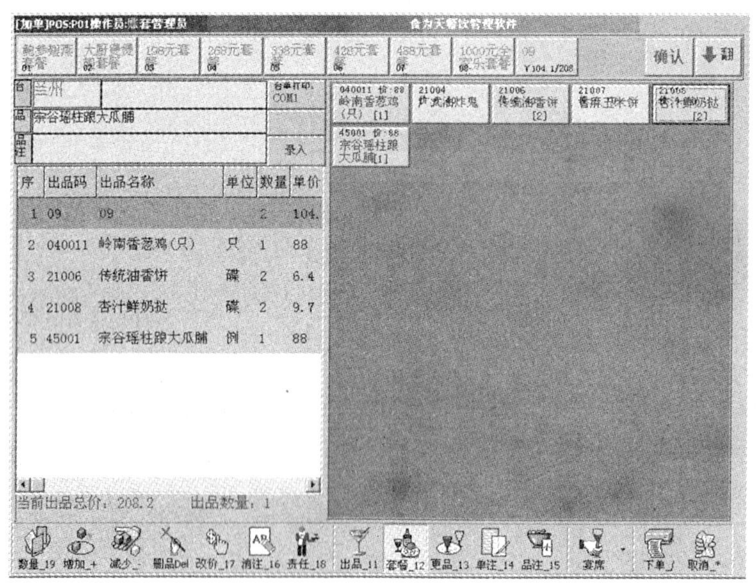

图 6－6　套餐录入界面

在此界面下，可进行数量录入、删除出品、修改出品单价、注明加单的服务员或责任人、套餐出品更换、取消品注、加单单注（见图 6－7）、宴席（见图 6－8）等操作。

（五）订单修改

在“前台系统”主界面中选择已预订台，点击“台位预订”，在“修改订单信息”（见图 6－9）中更改订单项目。

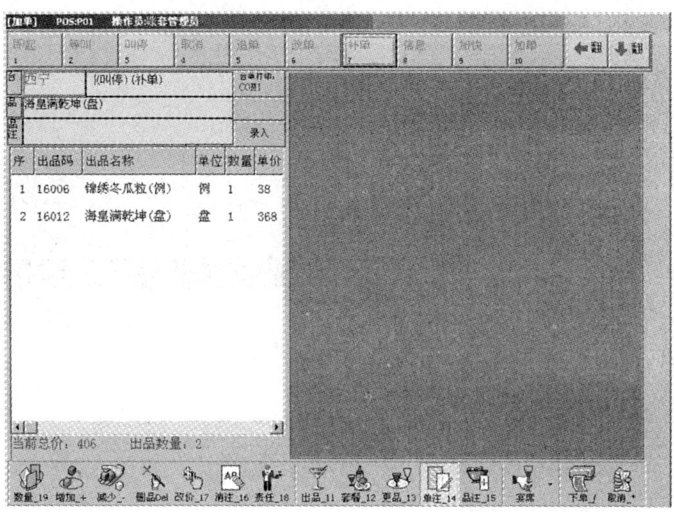

图 6－7　加单单注界面

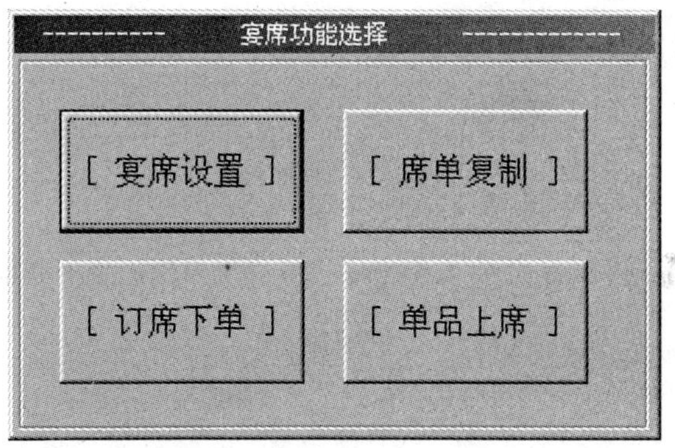

图 6－8　宴席功能选择界面

图 6－9　修改订单信息界面

（六）跟单

点击“跟单”按钮，进入“跟单”界面（见图6-10）。

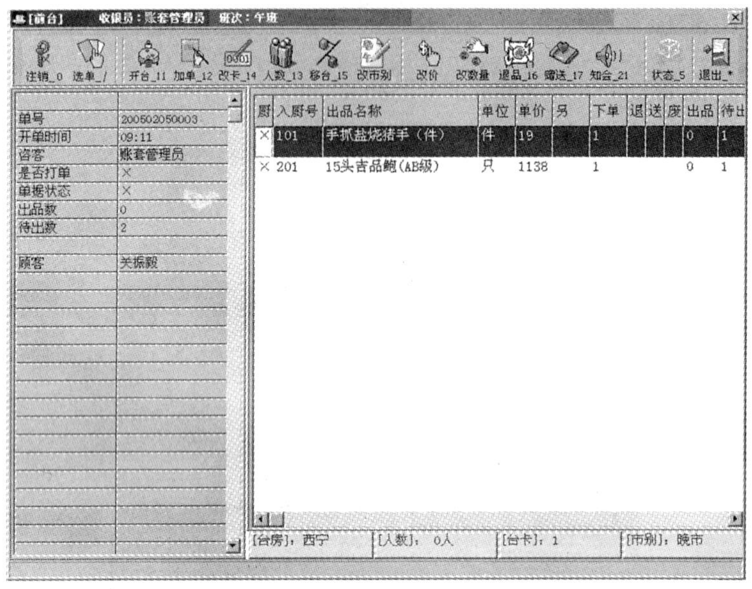

图6-10　跟单界面

在此界面下，可以进行开台、加单、改卡、人数、移台、改市别、改价、退品、赠送、作废等项目管理。

（七）知会

点击“知会厨部”按钮，进入“知会厨部”界面（见图6-11）。

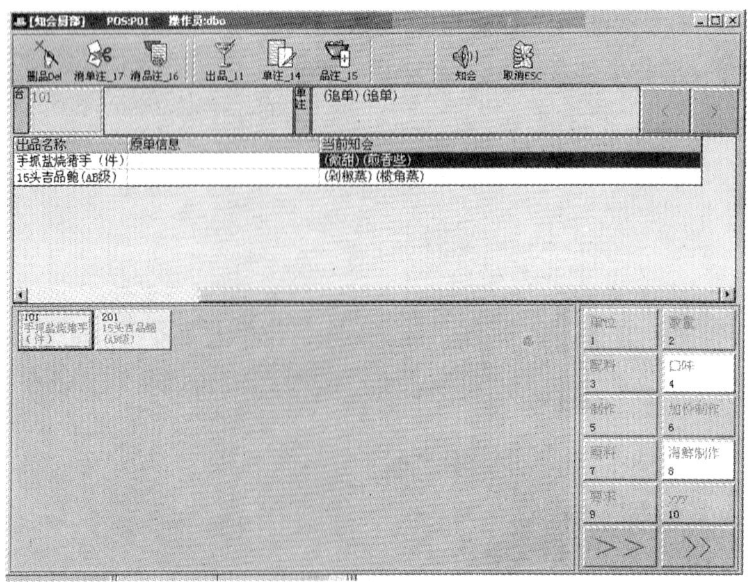

图6-11　知会厨部界面

在此界面下，可以进行增加品注、增加单注、知会确认等项目操作管理。

（八）结账

点击“结账”按钮，进入结账操作界面（见图6－12）。

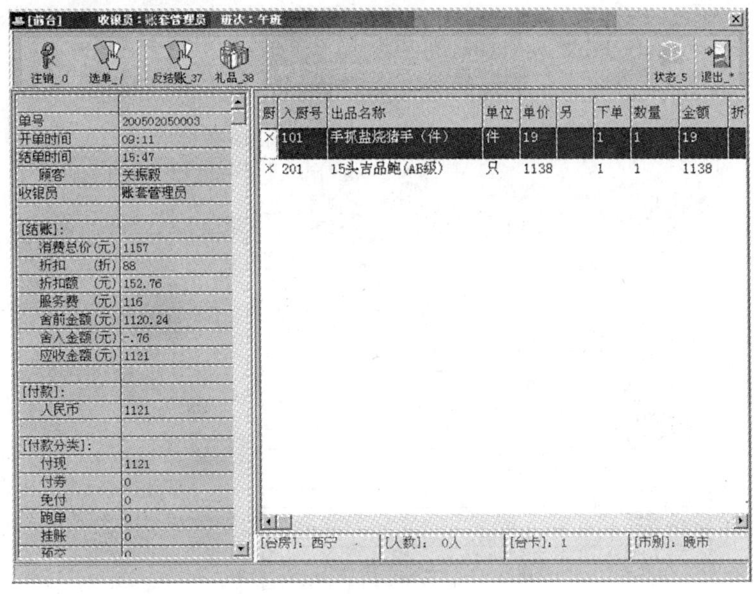

图6－12　结账操作界面

1. 锁单

结账前，先点击“锁单”按钮，将单据上锁，才可进行结账操作（见图6－13）。其他POS机不能再进行加单、跟单操作。锁单时，系统根据进餐人数及当前市别、厅楼的茶位商品定义，自动增加茶、巾等记录。

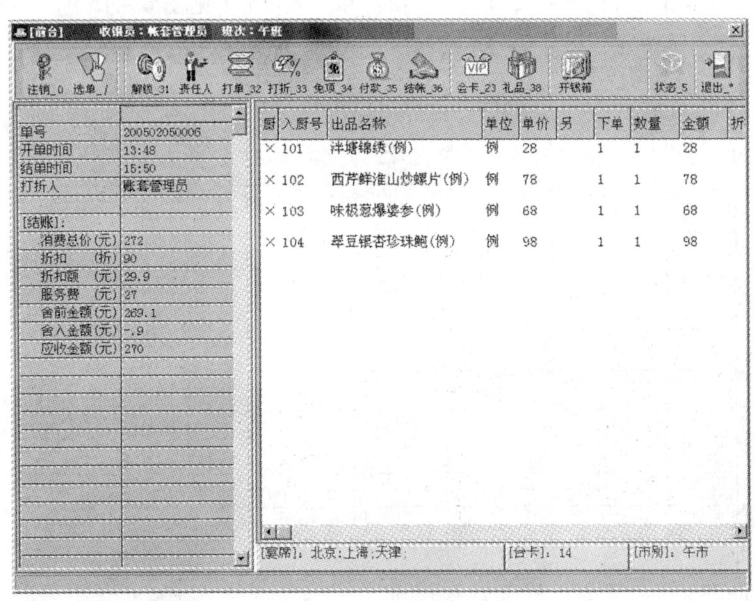

图6－13　结账界面

2. 结账操作

在“结账”界面，还可进行折扣、免项、会员刷卡、打单、收款、解锁、结账等操作。

步骤二：前台营业系统操作

（一）收银交班

收银员登录“食为天 V3.0”系统，点击“前台营业＼收银交班”，在“收银交班”界面（见图 6－14），点击“收银上班”按钮，选择班次，录入备用金。

日结．交班　[当前营业日期]：2005-02-05

收银上班　收银交班　解除交班　个人交班表　班次交班表　汇总表　打印交班表　[退出]

交班	班次码	班次	POS	POS名称	收银码	收银员	备用金	上班时间	下班时间	收银分组
×	1	午班	p01	四楼营业台	dbo	账套管理员	.00	09:12	09:12	一楼

[交班项]	[交班值]
[日　期]	2005-02-05
[班　次]	午班
[收 银 员]	账套管理员
[上班时间]	9 :12
[下班时间]	9 :12
[备 用 金]	0.00
[结账情况]:	
总单数	单数:5
消费总价	金额：4718
折扣金额	金额：516.74　单数:3
服务费	金额：472　单数:4
应收金额	金额：4673.26
舍入金额	金额：-1.74
结单金额	金额：4675
实收金额	金额：4675
虚收金额	

图 6－14　收银交班界面

在此界面，还可进行收银下班、解除交班、交班报表等操作。

（二）预订管理

点击“前台营业＼预订管理”，进入“预订单”界面（见图 6－15）。

[预订管理]

增加(A)　修改(E)　删除(D)　[预订管理]

日期限制：今天　明天　后天　昨天　周一　周二　周三　周四　周五　周六　周日　下周　以后

过滤条件　状态　=　完成　>　>>　<　X　排序　[取全部订单]　[清除订单]

订单号	状态	单型	订单日期/时间	市别	人数	预订台号	顾客名称	顾客	顾客地址	预订	席价	总价
20020407018	完成	订台	2002.04.21　10:50	午市	0	113;115	程冶			0	.00	.00
20020407019	取消	订台	2002.04.22　12:00	午市	0	108	周聪			0	.00	.00
20020422001	完成	订席	2002.04.22　18:30	晚市	0	106;107;110	周斌			3	.600.00	4800.00
20020407025	完成	订席	2002.04.23　12:30	午市	2	107;109;110	苏生			3	431.00	1293.00
20020407002	完成	订席	2002.04.23　18:00	晚市	5	201;202;204	陈明			3	318.00	954.00
20020407001	完成	订席	2002.04.24　11:30	午市	18	101;102	周小姐			2	749.00	1498.00
20020407006	落订	订台	2002.04.24　18:00	晚市	16	307;308	黄生			0	.00	.00
20020407007	落订	订席	2002.04.24　18:00	晚市	70	201;202;203;2	梁生			10	.273.00	12730.00
20020407003	落订	订席	2002.04.24　18:30	晚市	0	301;302;304;3	陈鑫			4	!070.00	8280.00
20020407021	落订	订台	2002.04.24　23:30	夜茶	0	102	陈団			0	.00	.00
20020407022	落订	订席	2002.04.25　00:15	夜茶	0	103;104	纽生			2	252.00	504.00
20020407008	落订	订台	2002.04.25　12:00	午市	0	111;112;113	周平			0	.00	.00
20020407009	落订	订席	2002.04.26　18:30	晚市	0	116;117	陆羽			2	.312.00	2624.00
20020407010	落订	订台	2002.04.27　12:55	午市	2	103	张池			0	.00	.00
20020407011	落订	订台	2002.04.28　23:00	夜茶	4	108				0	.00	.00
20020407012	落订	订席	2002.04.29　22:30	夜茶	19	203;206	聂静			2	777.00	1554.00
20020407013	落订	订台	2002.04.30　12:00	午市	0	308;310	降生			0	.00	.00
20020407014	落订	订台	2002.06.01　10:30	午市	12	112;115	黄小姐			0	.00	.00
20020407015	落订	订台	2002.10.01　11:30	午市	30	115;116;117	华姐			0	.00	.00
20020407016	落订	订席	2002.10.01　22:30	夜茶	0	112;113;115	陈元			3	.020.00	3060.00

[预订单]　[预　订]　预订时段表　五笔型码

图 6－15　预订单界面

此界面中列出所有预订记录，包括已“完成”和“取消”的记录。

在此界面下，可以进行增加订单、修改订单、删除订单等操作。

（三）当日结数

点击“前台营业\当日结数”，进入“当日结数”操作界面（见图6－16）。

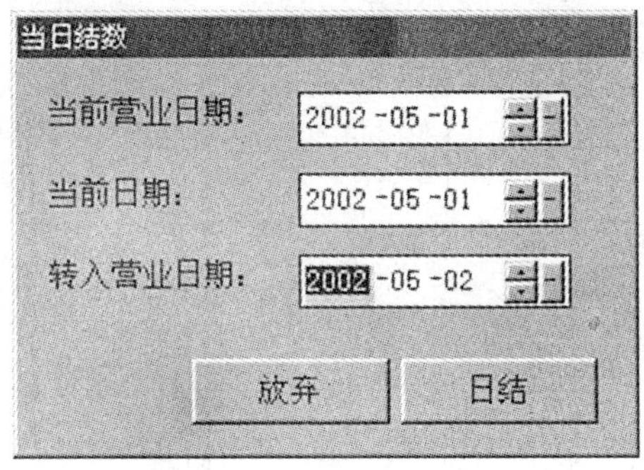

图6－16　当日结数操作界面

（四）出品沽清

点击“前台营业\出品沽清”或在“前台系统”主界面中点击“出品沽清”按钮（见图6－17）。

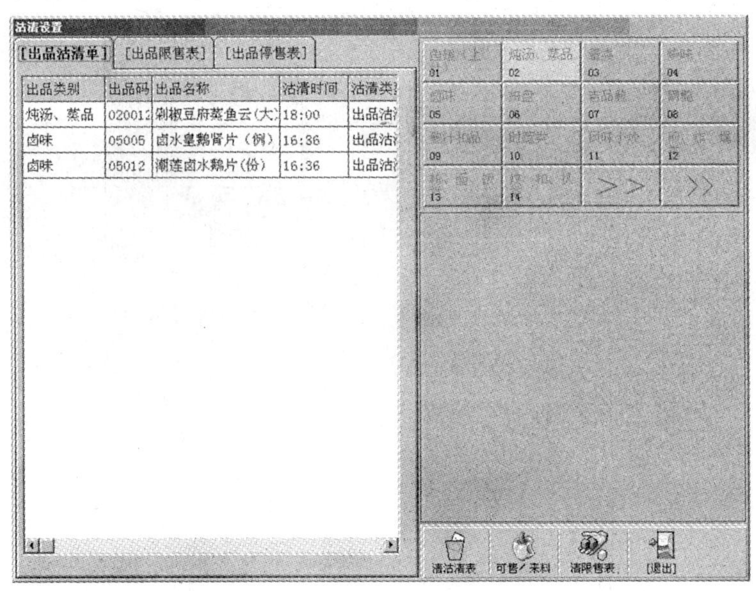

图6－17　出品沽清界面

步骤三：营业管理系统操作

用户定义同前台营业相关的资料信息，包括：收银班次、地喱[①]、厨点、厅楼市别的消费设定、出品价表、茶位商品（自动上茶）等。

① 地喱在粤语中是“传菜”的意思。

（一）班次设定

点击“营业管理\班次设定”，在“班次设定”界面中可完成增加班次、修改班次、删除班次的操作（见图6－18）。

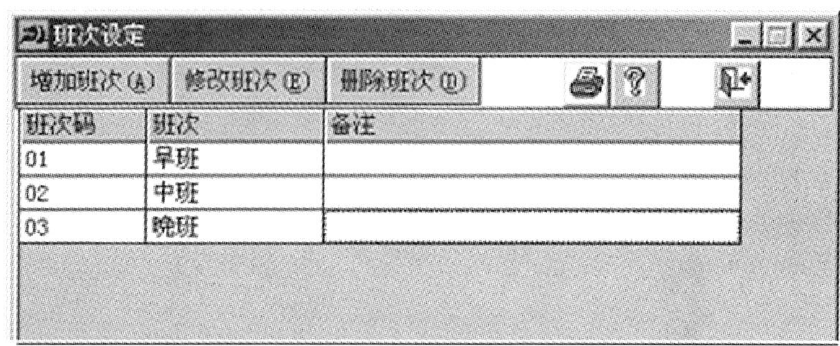

图6－18　班次设定界面

（二）地喱设置

点击“营业管理\地喱设置”，进入“地喱设置”操作界面（见图6－19）。

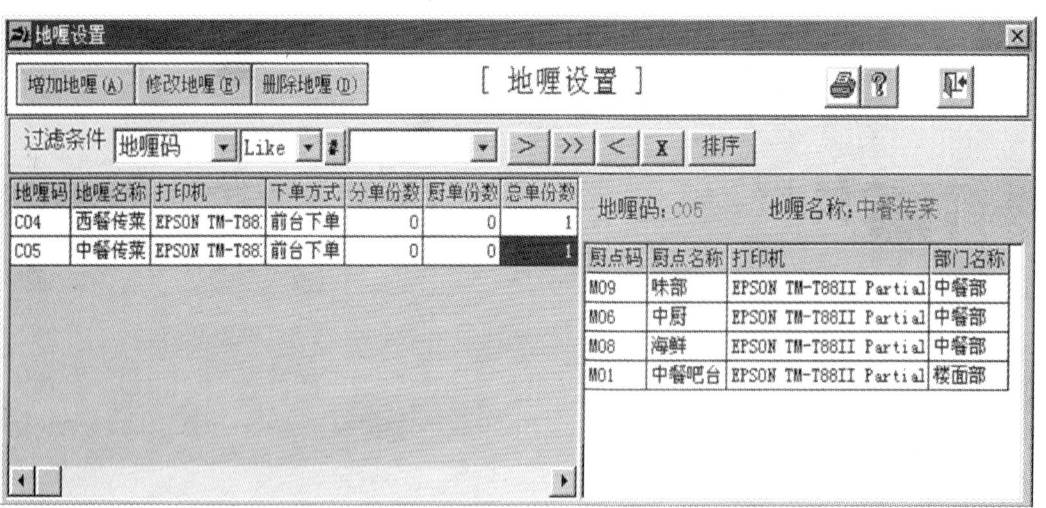

图6－19　地喱设置操作界面

（三）厨点设置

点击“营业管理\厨点设置”，进入“厨点设置”操作界面（见图6－20）。

在此界面下，可进行增加厨点、修改厨点、删除厨点等操作。

（四）消费设定

消费设定指最低消费及服务费设定。

点击“营业管理\消费设定”，在“消费设定”界面中查询及定义服务费及最低消费（见图6－21）。

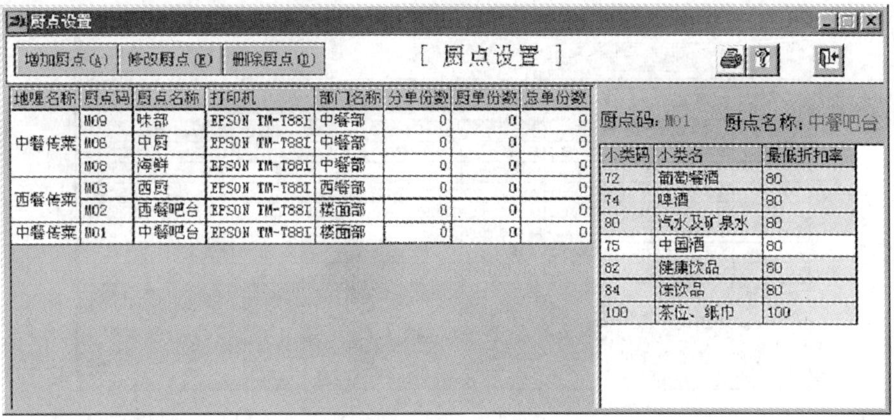

厨点设置

增加厨点(A)　修改厨点(E)　删除厨点(D)　[厨点设置]

地哩名称	厨点码	厨点名称	打印机	部门名称	分单份数	厨单份数	总单份数
中餐传菜	M09	味部	EPSON TM-T88I	中餐部	0	0	0
	M06	中厨	EPSON TM-T88I	中餐部	0	0	0
	M08	海鲜	EPSON TM-T88I	中餐部	0	0	0
西餐传菜	M03	西厨	EPSON TM-T88I	西餐部	0	0	0
	M02	西餐吧台	EPSON TM-T88I	楼面部	0	0	0
中餐传菜	M01	中餐吧台	EPSON TM-T88I	楼面部	0	0	0

厨点码：M01　厨点名称：中餐吧台

小类码	小类名	最低折扣率
72	葡萄餐酒	80
74	啤酒	80
80	汽水及矿泉水	80
75	中国酒	80
82	健康饮品	80
84	冻饮品	80
100	茶位、纸巾	100

图 6－20　厨点设置操作界面

消费设定

定义最低消费　定义服务费　[消费设定]

过滤条件　最低消费类　=　免　>　>>　<　X　排序

市别码	市别名称	台房号	台房名称	最低消费类型	最低消费	服务费类型	服务费	单位时段
1	午市	131	31台	免	.00	免	.00	.00
1	午市	132	32台	免	.00	免	.00	.00
1	午市	133	33台	免	.00	免	.00	.00
1	午市	135	35台	免	.00	免	.00	.00
1	午市	136	36台	免	.00	免	.00	.00
1	午市	301	VIP1	按单设定	168.00	按单收费	35.00	.00
1	午市	302	VIP2	按单设定	168.00	按单收费	35.00	.00
1	午市	303	VIP3	按单设定	168.00	按单收费	35.00	.00
1	午市	305	VIP5	按单设定	168.00	按单收费	35.00	.00
1	午市	306	VIP6	按单设定	168.00	按单收费	35.00	.00
1	午市	501	湛泽	按单设定	288.00	按比例收费	10.00	.00
1	午市	502	浔纳	按单设定	288.00	按比例收费	10.00	.00
1	午市	503	娅绀	按单设定	288.00	按比例收费	10.00	.00
1	午市	2101	101台	按人数设定	20.00	按时间收费	20.00	30.00
1	午市	2102	102台	按人数设定	20.00	按时间收费	20.00	30.00
1	午市	2103	103台	按人数设定	20.00	按时间收费	20.00	30.00
1	午市	2105	105台	按人数设定	20.00	按时间收费	20.00	30.00
1	午市	2201	201台	按人数设定	20.00	按时间收费	20.00	30.00
1	午市	2202	202台	按人数设定	20.00	按时间收费	20.00	30.00

提示：使用鼠标在网格中拉动，选择多条记录，则服务费/最低消费可一次设定完成 ！

图 6－21　消费设定界面

步骤四：顾客服务系统操作

顾客服务功能是完成同会员有关事务的管理操作，包括顾客资料，定义会员卡卡型、给会员发卡、会员付款、挂账、会员消费账目统计、查询等。

（一）顾客档案

点击“顾客服务\顾客档案”，在此界面下，可进行增加顾客记录、修改顾客记录、删除顾客记录和发卡等信息管理（见图 6－22）。

（二）定义卡型

点击“顾客服务\定义卡型”，在“定义卡型”界面中可进行增加、修改、删除卡型的操作。在本界面中列出已定义的卡型记录，见图 6－23。

（三）会员管理

点击“顾客服务\会员管理”，进入“会员管理”界面（见图 6－24）。此界面有增加会员、修改信息、删除会员功能。

顾客档案

增加(A) 修改(E) 删除(D) 入会(M) [顾客档案]

过滤条件 顾客编码 Like

顾客编码	顾客名称	性别	身份证	出生年月	电话/CALL机	EMail	邮政编码	职业	住址
0001	廖晓丹	女	3406611976	1976-03-05	(020)8744336			管理人员	天河南二路建
0002	张波	男	1508141944	1944-07-20				管理人员	
0003	沈鑫元	男	4410215511	1955-11-27				会计	
0005	陈川志强	男	4408086101	1961-01-01	13925067558	sss@sin	521034	经理	天河东圃天河
0006	偃冰	男		2000-01-01					
0007	李平	女	1022091979	1979-01-18				管理人员	
0008	吴宇梵	男		1980-03-20					

图 6 - 22　顾客档案操作界面

定义卡型

增加卡型(A) 修改卡型(E) 删除卡型(D)

卡型码	卡型	最低折扣率	挂账限额	起用标志
0000	内部卡一	80	5000	√
0008	内部卡二	75	5000	√
01	普通VIP卡	88	500	√
02	VIP金卡	80	2000	√

图 6 - 23　定义卡型界面

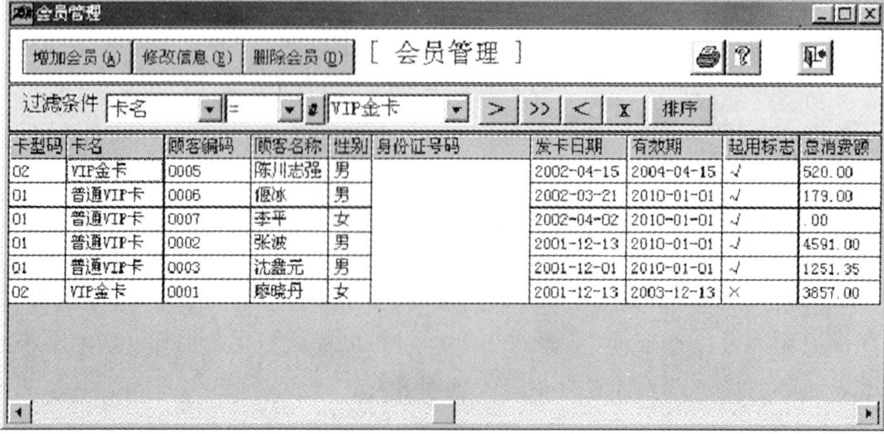

会员管理

增加会员(A) 修改信息(E) 删除会员(D) [会员管理]

过滤条件 卡名 = VIP金卡

卡型码	卡名	顾客编码	顾客名称	性别	身份证号码	发卡日期	有效期	起用标志	总消费额
02	VIP金卡	0005	陈川志强	男		2002-04-15	2004-04-15	√	520.00
01	普通VIP卡	0006	偃冰	男		2002-03-21	2010-01-01	√	179.00
01	普通VIP卡	0007	李平	女		2002-04-02	2010-01-01	√	.00
01	普通VIP卡	0002	张波	男		2001-12-13	2010-01-01	√	4591.00
01	普通VIP卡	0003	沈鑫元	男		2001-12-01	2010-01-01	√	1251.35
02	VIP金卡	0001	廖晓丹	女		2001-12-13	2003-12-13	×	3857.00

图 6 - 24　会员管理界面

（四）顾客付款

点击“顾客服务\顾客付款”，在图 6－25 界面中列出本期的付款记录。此界面有增加付款记录、修改付款记录、删除付款记录功能。

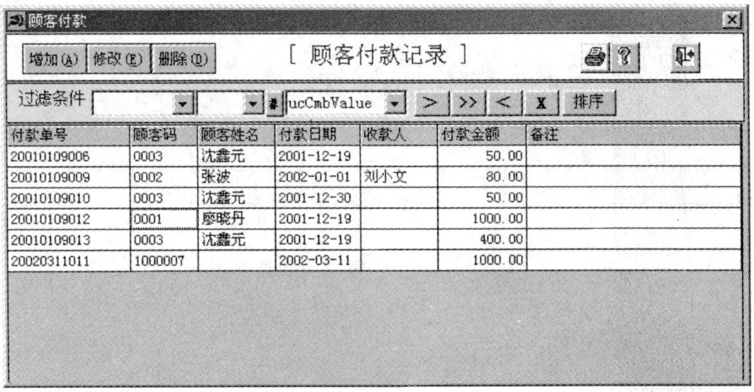

顾客付款

增加(A)　修改(E)　删除(D)　[顾客付款记录]

过滤条件　ucCmbValue　>　>>　<　X　排序

付款单号	顾客码	顾客姓名	付款日期	收款人	付款金额	备注
20010109006	0003	沈鑫元	2001-12-19		50.00	
20010109009	0002	张波	2002-01-01	刘小文	80.00	
20010109010	0003	沈鑫元	2001-12-30		50.00	
20010109012	0001	廖晓丹	2001-12-19		1000.00	
20010109013	0003	沈鑫元	2001-12-19		400.00	
20020311011	1000007		2002-03-11		1000.00	

图 6－25　顾客付款界面

（五）顾客账目

点击“顾客服务\顾客账目”，进入顾客账目界面（见图 6－26）。此界面有顾客挂账及预付款统计查询、本期付款记录查询、预付及挂账为付款方式的本期付款记录查询功能。

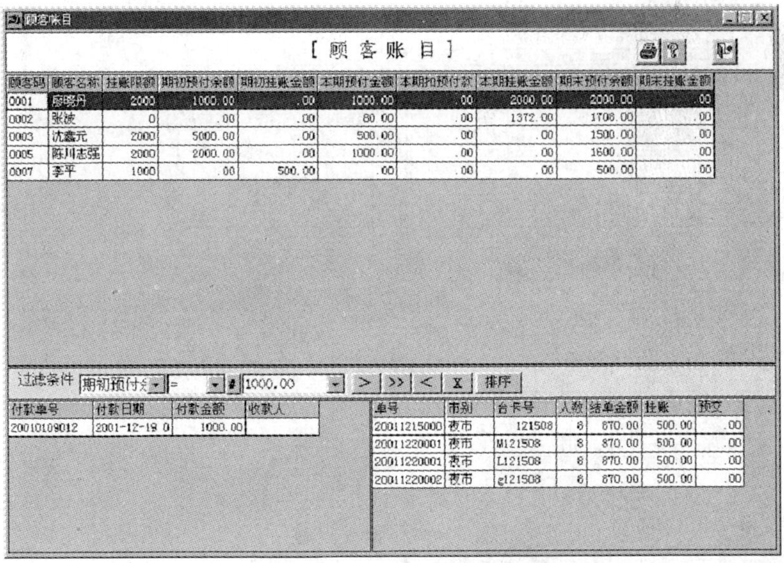

顾客账目

[顾 客 账 目]

顾客码	顾客名称	挂账限额	期初预付余额	期初挂账金额	本期预付金额	本期扣预付款	本期挂账金额	期末预付余额	期末挂账金额
0001	廖晓丹	2000	1000.00	.00	1000.00	.00	2000.00	2000.00	.00
0002	张波	0	.00	.00	80.00	.00	1372.00	1708.00	.00
0003	沈鑫元	2000	5000.00	.00	500.00	.00	.00	1500.00	.00
0005	陈川志强	2000	2000.00	.00	1000.00	.00	.00	1600.00	.00
0007	李平	1000	.00	500.00	.00	.00	.00	500.00	.00

过滤条件　期初预付金　=　1000.00　>　>>　<　X　排序

付款单号	付款日期	付款金额	收款人
20010109012	2001-12-19 0	1000.00	

单号	市别	台卡号	人数	结单金额	挂账	预交
20011215000	夜市	121508	8	870.00	500.00	.00
20011220001	夜市	M121508	8	870.00	500.00	.00
20011220001	夜市	L121508	8	870.00	500.00	.00
20011220002	夜市	g121508	8	870.00	500.00	.00

图 6－26　顾客账目界面

（六）顾客消费分析

点击“顾客服务\顾客消费分析”，在顾客消费分析界面（见图 6－27）中录入日期或时段，查询某日或某时段的顾客消费情况。

此外，还有礼品定义、礼品领用、礼品账目等界面，可对顾客礼品进行管理。

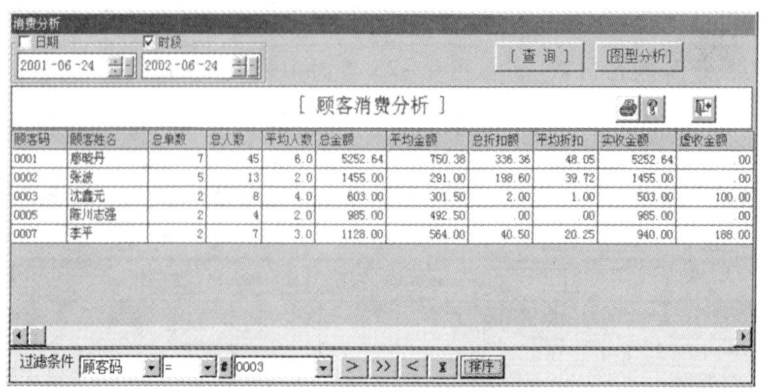

消费分析

日期 2001-06-24　时段 2002-06-24　[查询]　[图型分析]

[顾客消费分析]

顾客码	顾客姓名	总单数	总人数	平均人数	总金额	平均金额	总折扣额	平均折扣	实收金额	虚收金额
0001	廖晓丹	7	45	6.0	5252.64	750.38	336.36	48.05	5252.64	.00
0002	张波	5	13	2.0	1455.00	291.00	198.60	39.72	1455.00	.00
0003	沈鑫元	2	8	4.0	603.00	301.50	2.00	1.00	503.00	100.00
0005	陈川志强	2	4	2.0	985.00	492.50	.00	.00	985.00	.00
0007	李平	2	7	3.0	1128.00	564.00	40.50	20.25	940.00	188.00

过滤条件 顾客码 = 0003　> >> < x 排序

图 6－27　顾客消费分析界面

步骤五：营业情况系统操作

（一）当日单据核查

包括单据基本情况、折扣应收情况、结账付款情况三张报表。

1. 报表界面

报表界面（见图 6－28）上部是报表选择及条件选项。

当日单据核查

报表分类：单据基本情况　可选条件：市别　结账方式

[查询]　[当日单据核查] 2002-05-01

是否结单	单号	台卡号	市别	开单时间	台房	人数	咨客	收银员	免项人	打折人	签单人	顾客	顾客卡号
√	200205010001	050101	午市	10:27:00	01台	2	段迟	镜思琪					
√	200205010002	050102	午市	11:05:00	VIP2	2	镜思琪	丁倩					
√	200205010003	050107	夜市	18:21:00	02台	2	镜思琪	江超	镜思琪	镜思琪		陈川	0009
√	200205010004	050103	午市	12:13:00	32台	3	丁倩	丁倩					
√	200205010005	050104	午市	13:16:00	03台	3	镜思琪	镜思琪		镜思琪			
√	200205010006	050105	午市	13:27:00	VIP1	28	丁倩	丁倩	镜思琪	镜思琪	孙函		
√	200205010007	050106	午市	13:44:00	渭納	8	镜思琪	镜思琪		孙函			
√	200205010008	050108	午市	14:01:00	湛澤	4	江超	镜思琪	陈祺轩	镜思琪		李平	0007
√	200205010009	050109	夜市	18:03:00	35台	5	段迟	徐晓凡					
√	200205010010	050110	夜市	19:30:00	01台	4	古旎	江超		江超			
√	200205010011	050111	夜市	19:47:00	VIP3	8	何妤	徐晓凡		徐晓凡			
√	200205010012	050112	夜市	20:45:00	緬绀	26	郑蓉	徐晓凡	徐晓凡			陈川	0009
√	200205010013	050113	夜市	19:13:00	35台	2	郑蓉	徐晓凡			陈祺轩		

过滤条件 是否结单 Like　> >> < x 排序

期	出品名称	单位	单价	加价	开单	退	送	结数	总价	下单	出品	操作
	茶位(包)	位	5.00	.00	8.00	.00	.00	28.00	140.00	√	√	丁倩
	湿巾	包	2.00	.00	8.00	.00	.00	28.00	56.00	√	√	丁倩
	餐前小食（中餐	单	20.00	.00	1.00	.00	.00	1.00	20.00	√	√	丁倩
	喜力啤（瓶）	瓶	18.00	.00	0.00	2.00	.00	38.00	684.00	×	×	丁倩
	雪蛤蟹肉羹（例	例	48.00	.00	8.00	.00	.00	28.00	1344.00	×	×	丁倩
	蚝皇18头吉品鲍	例	500.00	.00	2.00	.00	.00	2.00	1000.00	×	×	丁倩
	五柳酥炸鱼手指	份	30.00	.00	3.00	.00	.00	3.00	90.00	×	×	丁倩
	明炉烧鹅(只)	只	160.00	.00	3.00	.00	.00	3.00	480.00	×	×	丁倩

出品名称	退/送	数量	原因	经手人
喜力啤（瓶）	退品	2.00	正常退酒	丁倩
白饭	作废	1.00	出品异物	丁倩
各款雪糕梳打	赠送	10.00	一般赠送	丁倩

付款方式	单位	付款数	金额
人民币	元	4100.00	4100.00
优惠券	元	100.00	100.00
宴请	元	43.00	43.00

图 6－28　报表界面

2. 单据基本情况报表

提供当前营业日各点菜单的单号、台卡号、开单时间、所属市别、台房、进餐人数、咨客、收银员、免项人、打折人、签单人、顾客名称、会员卡号等信息。

3. 折扣应收情况报表

提供当前营业日各点菜单的单号、台卡号、收银班次、收银员、是否免服务费、是否免最低消费、出品消费总价、折扣金额、舍入金额、最低消费额、服务费、应收金额、结单金额、结单时间、是否打单等数据。

4. 结账付款情况报表

提供当前营业日各点菜单的单号、台卡号、班次、收银员、签单人、改单人、改单次数、市别、人数、消费总价、折扣金额、舍入金额、结单金额、付现、付券、免付、跑单、挂账、扣预付、实收金额、虚收金额、小费等数据。

(二) 当日销售情况

包括出品销售排行类别、出品销售排行、类别销售排行、部门销售排行、厨点销售排行五张报表(见图6-29)。

当日销售情况查询

[刷新] [当日销售情况查询] 2002-05-01

[出品销售排行]

出品码	出品名称	开单数	退	送	废	销售数	数量比
100011	茶位(包)	76.00	.00	.00	.00	76.00	.15
100030	湿巾	76.00	.00	.00	.00	76.00	.15
74050	喜力啤(瓶)	40.00	2.00	.00	.00	38.00	.07
82010	柠檬什饮	28.00	.00	.00	.00	28.00	.05
06090	雪蛤蟹肉羹(例)	28.00	.00	.00	.00	28.00	.05
06120	西湖牛肉羹(例)	26.00	.00	.00	.00	26.00	.05
04170	白饭	24.00	1.00	.00	1.00	22.00	.04
100010	茶位	11.00	.00	.00	.00	11.00	.02
72030	皇朝红或白葡萄酒	12.00	.00	1.00	.00	11.00	.02
100012	茶位(厅)	10.00	.00	.00	.00	10.00	.02
02020	咖啡	10.00	.00	.00	.00	10.00	.02

[类别销售排行]

类别码	类别名称	开单数	退	送	废	销售数	数量比
100	茶位、纸巾	173.00	.00	.00	.00	173.00	.34
06	鱼翅汤羹	65.20	.00	.00	.00	65.20	.13
74	啤酒	60.00	4.00	2.00	.00	54.00	.10
82	健康饮品	36.00	.00	.00	.00	36.00	.07
04	粉面饭	38.00	3.00	.00	1.00	34.00	.07
01	早餐类	30.00	.00	1.00	.00	29.00	.06
02	饮品	19.00	.00	1.00	.00	18.00	.03
24	环球美食	13.00	1.00	.00	.00	12.00	.02
03	潮式美食	11.00	.00	.00	.00	11.00	.02
72	葡萄餐酒	12.00	.00	1.00	.00	11.00	.02
11	珍馐百味	13.00	.00	4.00	.00	9.00	.02
21	汤	8.00	.00	.00	.00	8.00	.02

[类别,出品销售排行]

出品类别	出品名称	开单数	退	送	废	销售数	数量比
煲仔类	沙爹粉丝中虾煲	1.00	.00	.00	.00	1.00	.00
餐前开胃酒	马天尼	5.00	.00	.00	.00	5.00	.01
餐前开胃酒	金巴利	3.00	.00	.00	.00	3.00	.01
茶位、纸巾	湿巾	76.00	.00	.00	.00	76.00	.15
茶位、纸巾	茶位(包)	76.00	.00	.00	.00	76.00	.15
茶位、纸巾	茶位	11.00	.00	.00	.00	11.00	.02
茶位、纸巾	茶位(厅)	10.00	.00	.00	.00	10.00	.02
潮式美食	五柳酥炸鱼手指	9.00	.00	.00	.00	9.00	.02
潮式美食	潮州冻红蟹	2.00	.00	.00	.00	2.00	.00
冻饮品	各款雪糕梳打	10.00	.00	10.0	.00	.00	.00
粉面饭	白饭	24.00	1.00	.00	1.00	22.00	.04
粉面饭	豉椒味菜火鸭丝炒	4.00	.00	.00	.00	4.00	.01
粉面饭	笼仔饭	6.00	2.00	.00	.00	4.00	.01

[部门销售排行]

部门码	部门名称	开单数	退	送	废	销售数	数量比
01	楼面部	303.00	4.00	13.00	.00	286.00	.55
03	中餐部	151.20	3.00	4.00	1.00	143.20	.28
02	西餐部	91.00	2.00	2.50	.00	86.50	.17

[厨点销售排行]

厨点码	厨点名称	开单数	退	送	废	销售数	数量比
M01	中餐吧台	201.00	4.00	12.00	.00	185.00	.36
M02	西餐吧台	102.00	.00	1.00	.00	101.00	.20
M03	西厨	91.00	2.00	2.50	.00	86.50	.17
M08	海鲜	72.20	.00	.00	.00	72.20	.14
M06	中厨	56.00	3.00	4.00	1.00	48.00	.09

图6-29 当日销售情况查询界面

(三) 当日营业情况

包括按市别、班次、部门、部门/市别、厨点、厨点/市别统计的营业情况报表(见图6-30),报表包括各部门厨点加工费的核算情况。

(四) 当日时段客流量分析

查询当日各时段的经营情况,分析酒店一天中客流量、结单量的分布情况(见图6-31)。

(五) 当日营业日报

当日营业情况综合汇总报表,包括单据的结账情况、结账汇总、付款明细、部门收入等部分汇总数据(见图6-32)。

(六) 当日收银记账

当日结账单的结账、各种结算方式付款的明细情况列表。用于核对结账单以及作为入账的凭据(见图6-33)。

(七) 当日销售统计

当日销售统计报表分析当天出品的销售情况(见图6-34)。

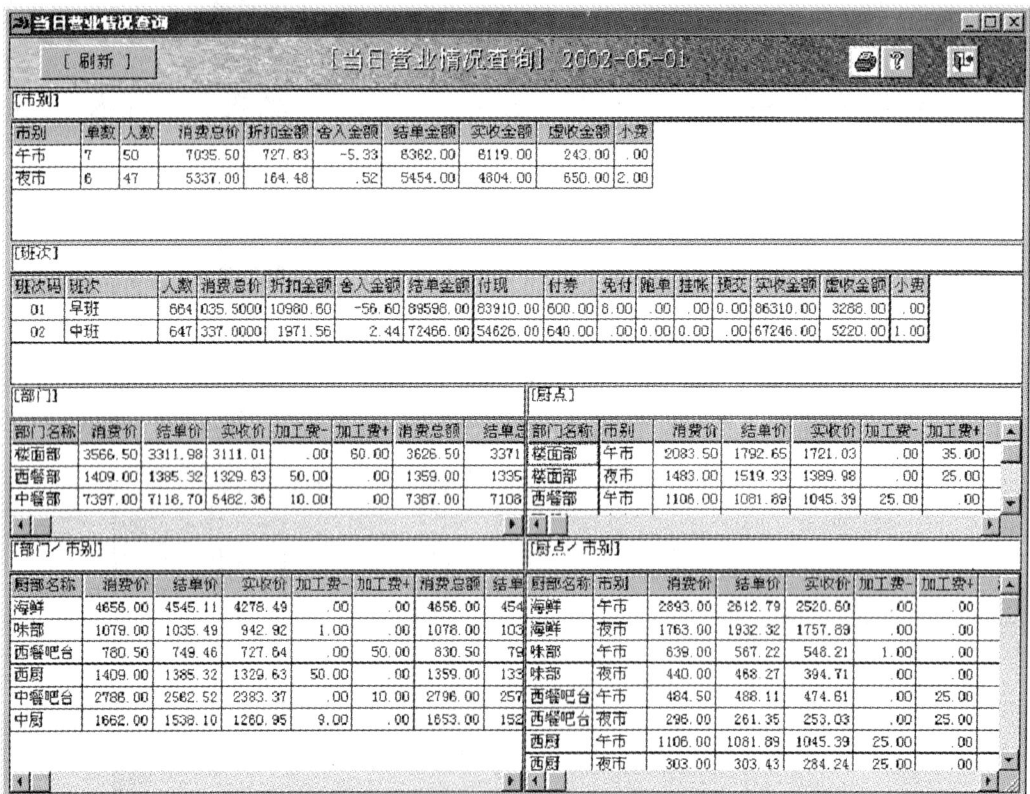

当日营业情况查询

[刷新]　[当日营业情况查询] 2002-05-01

[市别]

市别	单数	人数	消费总价	折扣金额	舍入金额	结单金额	实收金额	虚收金额	小费
午市	7	50	7035.50	727.83	-5.33	6362.00	6119.00	243.00	.00
夜市	6	47	5337.00	164.48	.52	5454.00	4804.00	650.00	2.00

[班次]

班次码	班次	人数	消费总价	折扣金额	舍入金额	结单金额	付现	付券	免付	跑单	挂帐	预交	实收金额	虚收金额	小费
01	早班	664	035.5000	10980.60	-56.60	89598.00	83910.00	600.00	8.00	.00	.00	0.00	86310.00	3288.00	.00
02	中班	647	337.0000	1971.56	2.44	72466.00	54626.00	640.00	.00	0.00	0.00	.00	67246.00	5220.00	1.00

[部门]

部门名称	消费价	结单价	实收价	加工费-	加工费+	消费总额	结单总
楼面部	3566.50	3311.98	3111.01	.00	60.00	3626.50	3371
西餐部	1409.00	1385.32	1329.63	50.00	.00	1359.00	1335
中餐部	7397.00	7116.70	6482.36	10.00	.00	7387.00	7108

[厨点]

部门名称	市别	消费价	结单价	实收价	加工费-	加工费+
楼面部	午市	2083.50	1792.65	1721.03	.00	35.00
楼面部	夜市	1483.00	1519.33	1389.98	.00	25.00
西餐部	午市	1106.00	1081.89	1045.39	25.00	.00

[部门/市别]

厨部名称	消费价	结单价	实收价	加工费-	加工费+	消费总额	结单
海鲜	4656.00	4545.11	4278.49	.00	.00	4656.00	454
味部	1079.00	1035.49	942.92	1.00	.00	1078.00	103
西餐吧台	780.50	749.46	727.64	.00	50.00	830.50	79
西厨	1409.00	1385.32	1329.63	50.00	.00	1359.00	133
中餐吧台	2786.00	2562.52	2383.37	.00	10.00	2796.00	257
中厨	1662.00	1538.10	1260.95	9.00	.00	1653.00	152

[厨点/市别]

厨部名称	市别	消费价	结单价	实收价	加工费-	加工费+
海鲜	午市	2893.00	2612.79	2520.60	.00	.00
海鲜	夜市	1763.00	1932.32	1757.89	.00	.00
味部	午市	639.00	567.22	548.21	1.00	.00
味部	夜市	440.00	468.27	394.71	.00	.00
西餐吧台	午市	484.50	488.11	474.61	.00	25.00
西餐吧台	夜市	296.00	261.35	253.03	.00	25.00
西厨	午市	1106.00	1081.89	1045.39	25.00	.00
西厨	夜市	303.00	303.43	284.24	25.00	.00

图 6－30　当日营业情况查询界面

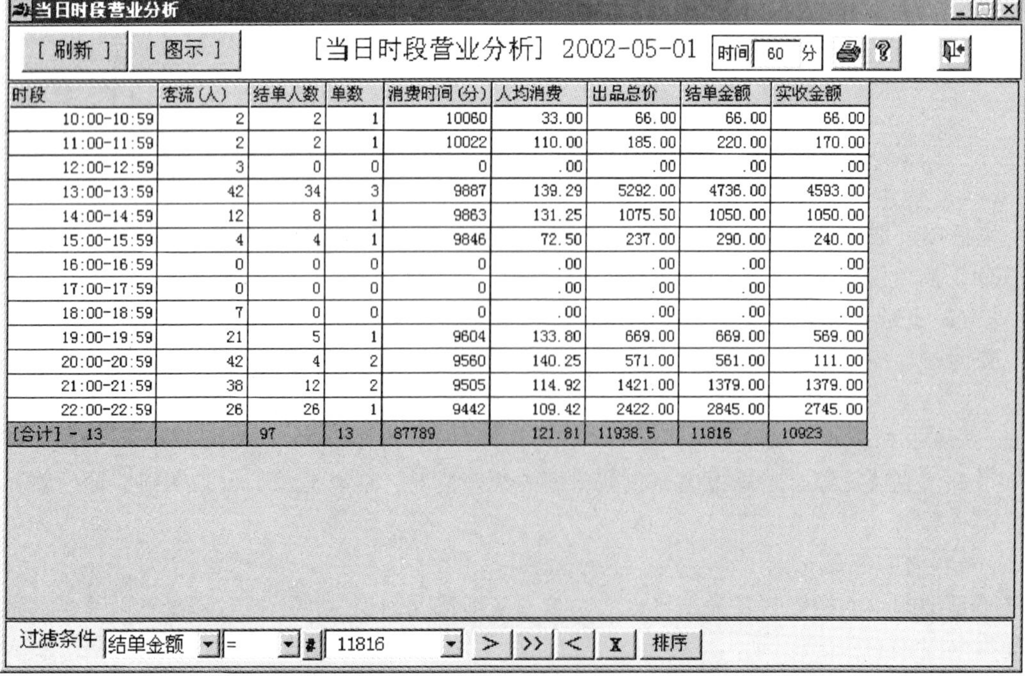

当日时段营业分析

[刷新]　[图示]　[当日时段营业分析] 2002-05-01　时间 60 分

时段	客流(人)	结单人数	单数	消费时间(分)	人均消费	出品总价	结单金额	实收金额
10:00-10:59	2	2	1	10060	33.00	66.00	66.00	66.00
11:00-11:59	2	2	1	10022	110.00	185.00	220.00	170.00
12:00-12:59	3	0	0	0	.00	.00	.00	.00
13:00-13:59	42	34	3	9887	139.29	5292.00	4736.00	4593.00
14:00-14:59	12	8	1	9863	131.25	1075.50	1050.00	1050.00
15:00-15:59	4	4	1	9846	72.50	237.00	290.00	240.00
16:00-16:59	0	0	0	0	.00	.00	.00	.00
17:00-17:59	0	0	0	0	.00	.00	.00	.00
18:00-18:59	7	0	0	0	.00	.00	.00	.00
19:00-19:59	21	5	1	9604	133.80	669.00	669.00	569.00
20:00-20:59	42	4	2	9560	140.25	571.00	561.00	111.00
21:00-21:59	38	12	2	9505	114.92	1421.00	1379.00	1379.00
22:00-22:59	26	26	1	9442	109.42	2422.00	2845.00	2745.00
[合计] - 13		97	13	87789	121.81	11938.5	11816	10923

过滤条件 结单金额 = # 11816 > >> < X 排序

图 6－31　当日时段营业分析界面

当日.营业日报

[查 询]　　[当日日报]

项	值	
[日　期]	2002-05-01	
[结账情况]:		
总单数		单数:13
消费总价	金额：11938.5	
折扣金额	金额：892.31	单数:6
服务费	金额：448	单数:5
应收金额	金额：11811.19	
舍入金额	金额：-4.81	
结单金额	金额：11816	
[结账汇总]:		
付券	金额：420	单数:7
付现	金额：9838	单数:11
挂账	金额：845	单数:2
免付	金额：43	单数:1
跑单	金额：430	单数:1
预交	金额：240	单数:1
[付款明细]:		
人民币(元)	金额：9618	单数:10
优惠券(元)	金额：170	单数:3
生日券(元)	金额：150	单数:2
餐券(张)	金额：100	单数:2
宴请(元)	金额：43	单数:1
跑单(元)	金额：430	单数:1
挂账(元)	金额：845	单数:2
预交(元)	金额：240	单数:1
港币(元)	金额：220	单数:1
[部门收入]:		
味部	金额：941.92	
中厨	金额：1251.95	
海鲜	金额：4278.49	
西厨	金额：1279.63	
西餐吧台	金额：777.64	
中餐吧台	金额：2393.37	

图 6-32　当日营业日报界面

当日.收银记账

[查 询]　　[当日收银记账表]

台卡号	付款方式	付款金额	单号	出品总价	折扣	应收金额	开单时间	结单时间	改单次数	改单人	签单人	收银员
050101	人民币	66.00	200205010001	66.00	.00	66.00	10:27:00	10:52:00	0			镜思琪
050102	人民币	170.00	200205010002	185.00	.00	220.00	11:05:00	11:54:00	0			丁倚
050102	优惠券	50.00	200205010002	185.00	.00	220.00	11:05:00	11:54:00	0			丁倚
050107	人民币	11.00	200205010003	141.00	9.72	131.00	18:21:00	20:02:00	0			江超
050107	优惠券	20.00	200205010003	141.00	9.72	131.00	18:21:00	20:02:00	0			江超
050107	挂账	100.00	200205010003	141.00	9.72	131.00	18:21:00	20:02:00	0			江超
050103	人民币	329.00	200205010004	329.00	.00	329.00	12:13:00	13:39:00	0			丁倚
050104	人民币	164.00	200205010005	183.00	19.08	164.00	13:16:00	13:39:00	0			镜思琪
050105	人民币	4100.00	200205010006	4780.00	571.20	4243.00	13:27:00	13:57:00	0		孙函	丁倚
050105	优惠券	100.00	200205010006	4780.00	571.20	4243.00	13:27:00	13:57:00	0		孙函	丁倚
050105	宴请	43.00	200205010006	4780.00	571.20	4243.00	13:27:00	13:57:00	0		孙函	丁倚
050106	人民币	1050.00	200205010007	1075.50	137.55	1050.00	13:44:00	14:00:00	0			镜思琪
050108	餐券	50.00	200205010008	237.00	.00	290.00	14:01:00	15:44:00	0			镜思琪
050108	预交	240.00	200205010008	237.00	.00	290.00	14:01:00	15:44:00	0			镜思琪
050109	人民币	569.00	200205010009	669.00	.00	669.00	18:03:00	19:30:00	4	江超		徐晓凡
050109	生日券	50.00	200205010009	669.00	.00	669.00	18:03:00	19:30:00	4	江超		徐晓凡
050109	餐券	50.00	200205010009	669.00	.00	669.00	18:03:00	19:30:00	4	江超		徐晓凡
050110	港币	220.00	200205010010	208.00	11.60	220.00	19:30:00	21:14:00	1	江超		江超
050111	人民币	1159.00	200205010011	1213.00	143.16	1159.00	19:47:00	21:16:00	1	丁倚		徐晓凡
050112	人民币	2000.00	200205010012	2422.00	.00	2845.00	20:45:00	22:09:00	3	江超		徐晓凡
050112	生日券	100.00	200205010012	2422.00	.00	2845.00	20:45:00	22:09:00	3	江超		徐晓凡
050112	挂账	745.00	200205010012	2422.00	.00	2845.00	20:45:00	22:09:00	3	江超		徐晓凡
050113	跑单	430.00	200205010013	430.00	.00	430.00	19:13:00	20:32:00	0		陈祺轩	徐晓凡

图 6-33　当日收银记账界面

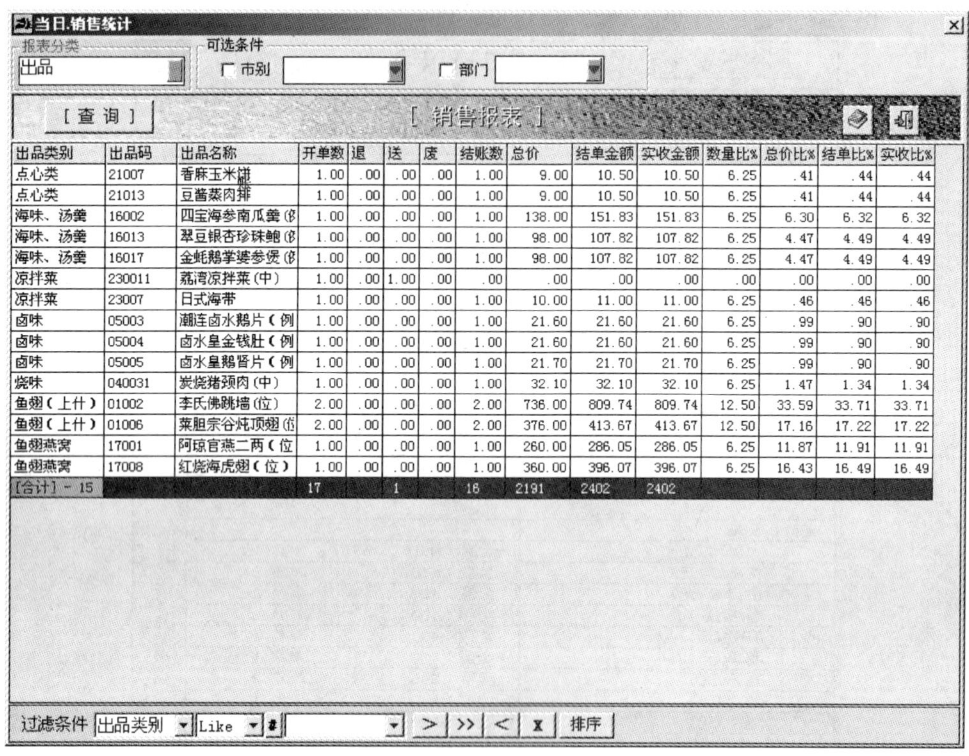

出品类别	出品码	出品名称	开单数	退	送	废	结账数	总价	结单金额	实收金额	数量比%	总价比%	结单比%	实收比%
点心类	21007	香麻玉米饼	1.00	.00	.00	.00	1.00	9.00	10.50	10.50	6.25	.41	.44	.44
点心类	21013	豆酱蒸肉排	1.00	.00	.00	.00	1.00	9.00	10.50	10.50	6.25	.41	.44	.44
海味、汤羹	16002	四宝海参南瓜羹(β	1.00	.00	.00	.00	1.00	138.00	151.83	151.83	6.25	6.30	6.32	6.32
海味、汤羹	16013	翠豆银杏珍珠鲍(β	1.00	.00	.00	.00	1.00	98.00	107.82	107.82	6.25	4.47	4.49	4.49
海味、汤羹	16017	金蚝鹅掌婆参煲(β	1.00	.00	.00	.00	1.00	98.00	107.82	107.82	6.25	4.47	4.49	4.49
凉拌菜	230011	荔湾凉拌菜(中)	1.00	.00	1.00	.00	.00	.00	.00	.00	.00	.00	.00	.00
凉拌菜	23007	日式海带	1.00	.00	.00	.00	1.00	10.00	11.00	11.00	6.25	.46	.46	.46
卤味	05003	潮连卤水鹅片(例	1.00	.00	.00	.00	1.00	21.60	21.60	21.60	6.25	.99	.90	.90
卤味	05004	卤水皇金钱肚(例	1.00	.00	.00	.00	1.00	21.60	21.60	21.60	6.25	.99	.90	.90
卤味	05005	卤水皇鹅肾片(例	1.00	.00	.00	.00	1.00	21.70	21.70	21.70	6.25	.99	.90	.90
烧味	040031	炭烧猪颈肉(中)	1.00	.00	.00	.00	1.00	32.10	32.10	32.10	6.25	1.47	1.34	1.34
鱼翅(上什)	01002	李氏佛跳墙(位)	2.00	.00	.00	.00	2.00	736.00	809.74	809.74	12.50	33.59	33.71	33.71
鱼翅(上什)	01006	菜胆宗谷炖顶翅(位	2.00	.00	.00	.00	2.00	376.00	413.67	413.67	12.50	17.16	17.22	17.22
鱼翅燕窝	17001	阿琼官燕二两(位	1.00	.00	.00	.00	1.00	260.00	286.05	286.05	6.25	11.87	11.91	11.91
鱼翅燕窝	17008	红烧海虎翅(位)	1.00	.00	.00	.00	1.00	360.00	396.07	396.07	6.25	16.43	16.49	16.49
[合计] - 15			17		1		16	2191	2402	2402				

图 6－34　当日销售统计操作界面

步骤六：营业分析系统操作

（一）营业汇总报表

查询时间段的收入汇总情况，包括日报汇总；市别、部门、部门/市别的收入核算（见图 6－35）。

（二）经理查询分析

在此界面下，经理人员可查询本月同上月的客流、营业额、人均消费的比较（见图 6－36）。

（三）销售统计报表

查询任一时段的销售情况（见图 6－37），包括开单数、退、送、废、结账数、总价、结单金额、实收金额、数量比、总价比、结单比、实收比。

销售统计报表可按以下八种方式统计：出品、出品小类、出品大类、市别、部门、厨点、台房、班次。

（四）营业分析报表

查询任一时段的营业收款情况，包括进餐人数、消费总价、折扣金额、舍入金额、结单金额、各付款方式收款额、收款方式收款额、小费金额（见图 6－38）。

（五）出品利润分析

根据各出品的预估成本定义，分析利润额、利润比等数据项。报表包括出品、部门、出品小类、出品大类、日报、月报六类利润分析表（见图 6－39）。

（六）收银记账报表

当日结账单的结账、各种结算方式付款的明细情况列表（见图 6－40）。

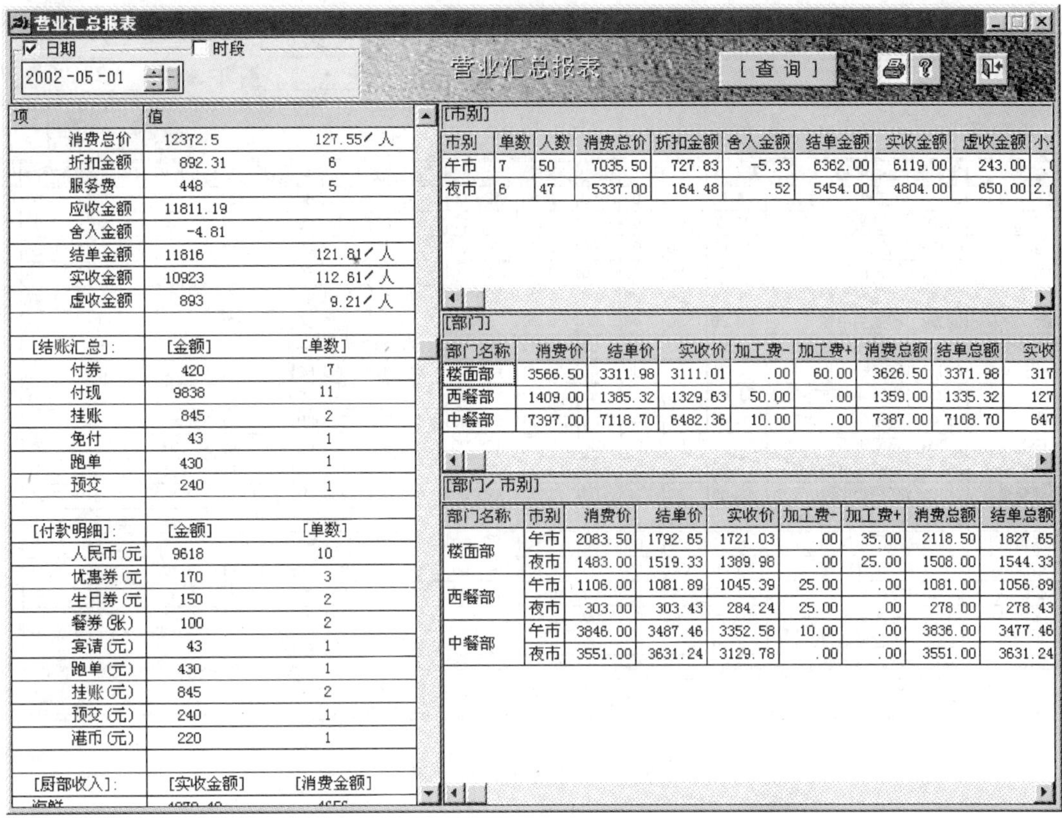

图 6－35　营业汇总报表界面

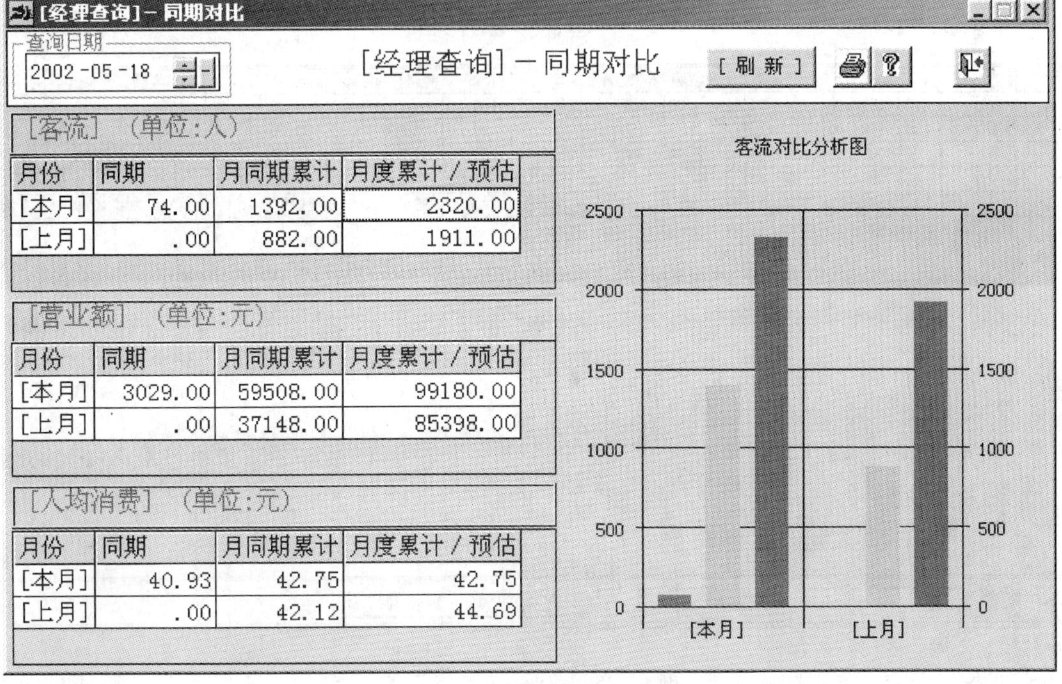

图 6－36　经理查询界面

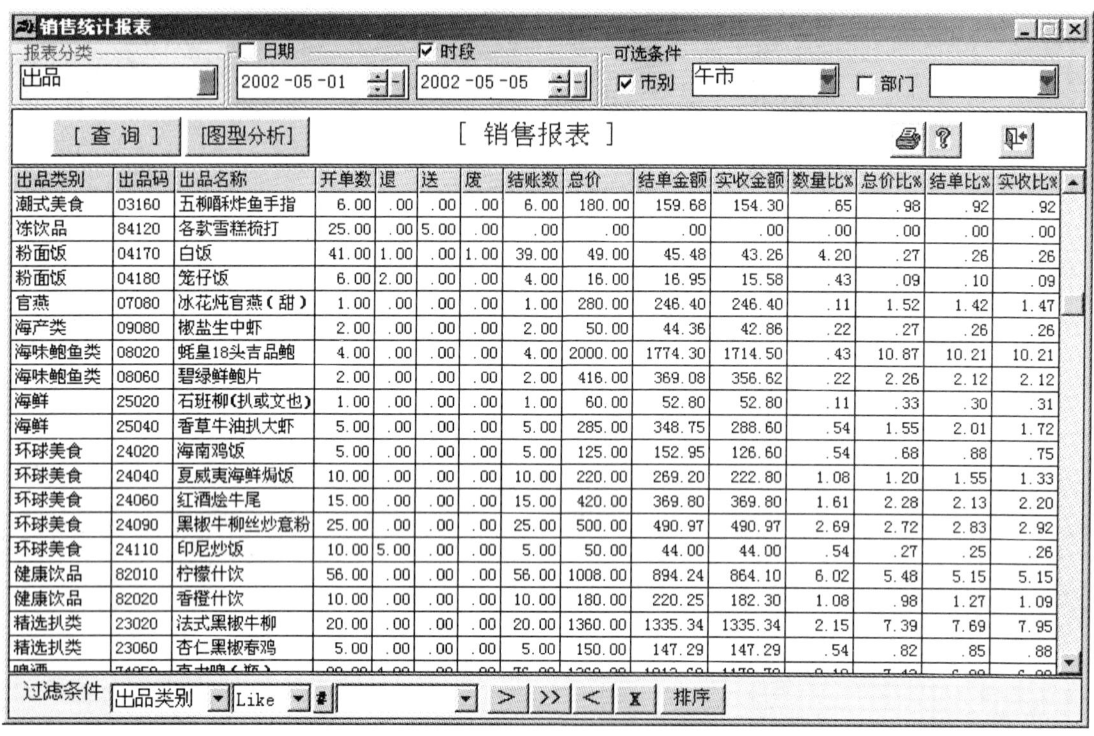

出品类别	出品码	出品名称	开单数	退	送	废	结账数	总价	结单金额	实收金额	数量比%	总价比%	结单比%	实收比%
潮式美食	03160	五柳酥炸鱼手指	6.00	.00	.00	.00	6.00	180.00	159.68	154.30	.65	.98	.92	.92
冻饮品	84120	各款雪糕梳打	25.00	.00	5.00	.00	.00	.00	.00	.00	.00	.00	.00	.00
粉面饭	04170	白饭	41.00	1.00	.00	1.00	39.00	49.00	45.48	43.26	4.20	.27	.26	.26
粉面饭	04180	笼仔饭	6.00	2.00	.00	.00	4.00	16.00	16.95	15.58	.43	.09	.10	.09
官燕	07080	冰花炖官燕（甜）	1.00	.00	.00	.00	1.00	280.00	246.40	246.40	.11	1.52	1.42	1.47
海产类	09080	椒盐生中虾	2.00	.00	.00	.00	2.00	50.00	44.36	42.86	.22	.27	.26	.26
海味鲍鱼类	08020	蚝皇18头吉品鲍	4.00	.00	.00	.00	4.00	2000.00	1774.30	1714.50	.43	10.87	10.21	10.21
海味鲍鱼类	08060	碧绿鲜鲍片	2.00	.00	.00	.00	2.00	416.00	369.08	356.62	.22	2.26	2.12	2.12
海鲜	25020	石班柳(扒或文也)	1.00	.00	.00	.00	1.00	60.00	52.80	52.80	.11	.33	.30	.31
海鲜	25040	香草牛油扒大虾	5.00	.00	.00	.00	5.00	285.00	348.75	288.60	.54	1.55	2.01	1.72
环球美食	24020	海南鸡饭	5.00	.00	.00	.00	5.00	125.00	152.95	126.60	.54	.68	.88	.75
环球美食	24040	夏威夷海鲜焗饭	10.00	.00	.00	.00	10.00	220.00	269.20	222.80	1.08	1.20	1.55	1.33
环球美食	24060	红酒烩牛尾	15.00	.00	.00	.00	15.00	420.00	369.80	369.80	1.61	2.28	2.13	2.20
环球美食	24090	黑椒牛柳丝炒意粉	25.00	.00	.00	.00	25.00	500.00	490.97	490.97	2.69	2.72	2.83	2.92
环球美食	24110	印尼炒饭	10.00	5.00	.00	.00	5.00	50.00	44.00	44.00	.54	.27	.25	.26
健康饮品	82010	柠檬什饮	56.00	.00	.00	.00	56.00	1008.00	894.24	864.10	6.02	5.48	5.15	5.15
健康饮品	82020	香橙什饮	10.00	.00	.00	.00	10.00	180.00	220.25	182.30	1.08	.98	1.27	1.09
精选扒类	23020	法式黑椒牛柳	20.00	.00	.00	.00	20.00	1360.00	1335.34	1335.34	2.15	7.39	7.69	7.95
精选扒类	23060	杏仁黑椒春鸡	5.00	.00	.00	.00	5.00	150.00	147.29	147.29	.54	.82	.85	.88

图 6－37　销售统计报表界面

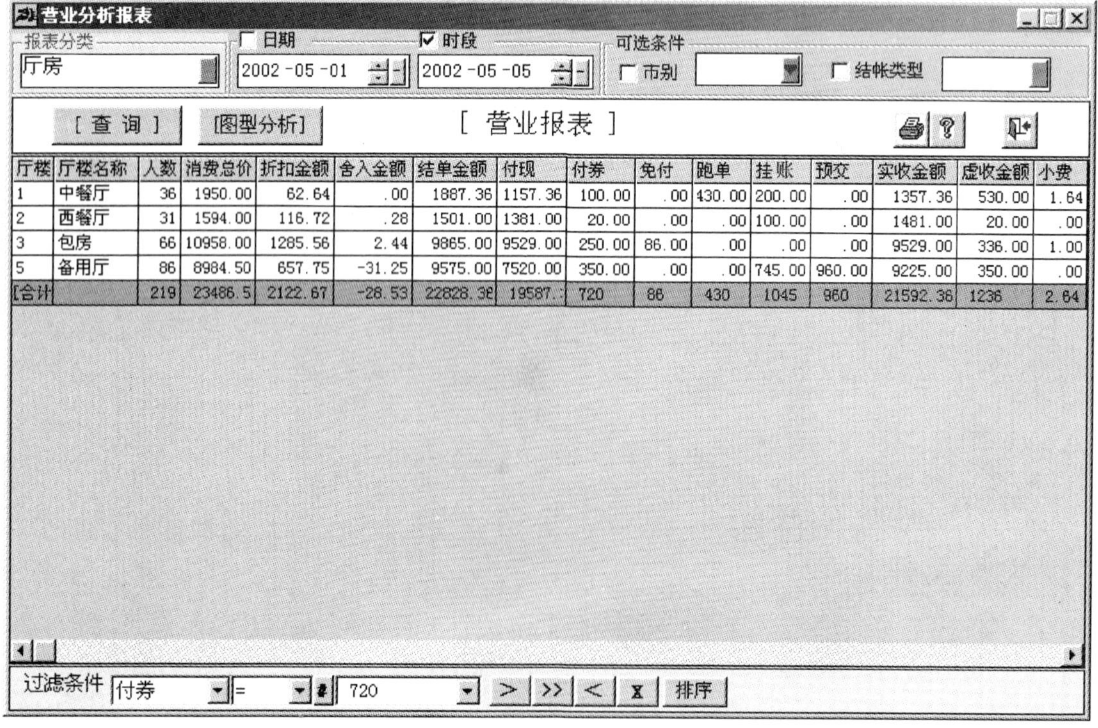

厅楼	厅楼名称	人数	消费总价	折扣金额	舍入金额	结单金额	付现	付券	免付	跑单	挂账	预交	实收金额	虚收金额	小费
1	中餐厅	36	1950.00	62.64	.00	1887.36	1157.36	100.00	.00	430.00	200.00	.00	1357.36	530.00	1.64
2	西餐厅	31	1594.00	116.72	.28	1501.00	1381.00	20.00	.00	.00	100.00	.00	1481.00	20.00	.00
3	包房	66	10958.00	1285.56	2.44	9865.00	9529.00	250.00	86.00	.00	.00	.00	9529.00	336.00	1.00
5	备用厅	86	8984.50	657.75	-31.25	9575.00	7520.00	350.00	.00	.00	745.00	960.00	9225.00	350.00	.00
[合计		219	23486.5	2122.67	-28.53	22828.36	19587.:	720	86	430	1045	960	21592.36	1236	2.64

图 6－38　营业分析报表界面

出品利润分析

[报表分类] 出品 分析时段 2002-05-01 2002-05-05 [统计] [图型分析]

[单据审核]

出品类别	出品码	出品名称	出品数	实收金额	成本金额	利润额	利润比 %	实收比 %
粉面饭	04030	太极鸳鸯炒饭	2.00	68.04	22.80	45.24	.32	.32
	04150	韭黄肉丝炒面	2.00	47.67	15.00	32.67	.23	.22
	04170	白饭	40.00	43.26	23.40	19.86	.14	.20
	04180	笼仔饭	4.00	15.58	.00	15.58	.11	.07
	04060	豉椒味菜火鸭丝炒面	4.00	41.95	26.40	15.55	.11	.19
官燕	07080	冰花炖官燕（甜）	1.00	246.40	84.00	162.40	1.13	1.14
	07070	鲜奶炖官燕（甜）	3.00	381.34	252.00	129.34	.90	1.77
海产类	09040	腰果炒虾仁	1.00	55.29	17.40	37.89	.26	.26
	09030	四川爆虾仁	1.00	49.33	17.40	31.93	.22	.23
	09080	椒盐生中虾	2.00	42.86	16.80	26.06	.18	.20
海味鲍鱼类	08020	蚝皇18头吉品鲍	4.00	1714.50	600.00	1114.50	7.78	7.94
	08060	碧绿鲜鲍片	2.00	356.62	124.80	231.82	1.62	1.65
	08110	海参扣鹅掌	1.00	.00	26.40	-26.40	-.18	.00
海鲜	25040	香草牛油扒大虾	5.00	288.60	82.50	206.10	1.44	1.34
	25020	石斑柳（扒或文也）	1.00	52.80	18.00	34.80	.24	.24
环球美食	24090	黑椒牛柳丝炒意粉	25.00	490.97	150.00	340.97	2.38	2.27
	24060	红酒烩牛尾	15.00	369.80	126.00	243.80	1.70	1.71
	24040	夏威夷海鲜焗饭	10.00	222.80	66.00	156.80	1.09	1.03
	24020	海南鸡饭	5.00	126.60	37.50	89.10	.62	.59
	24110	印尼炒饭	5.00	44.00	30.00	14.00	.10	.20

过滤条件 出品类别 Like > >> < X 排序

图 6－39 出品利润分析界面

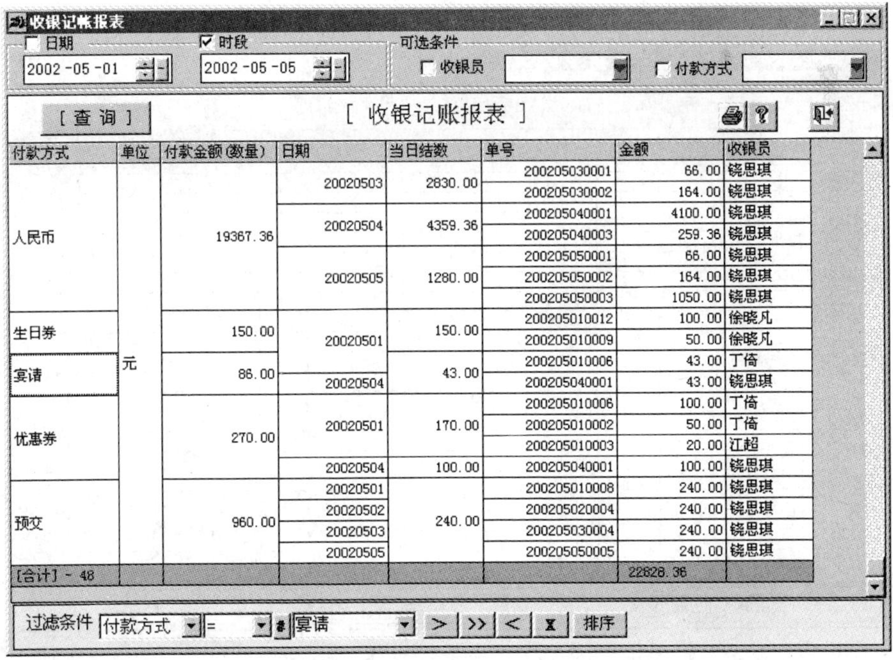

收银记帐报表

日期 2002-05-01 时段 2002-05-05 可选条件 收银员 付款方式

[查 询] [收银记账报表]

付款方式	单位	付款金额(数量)	日期	当日结数	单号	金额	收银员
人民币	元	19367.36	20020503	2830.00	200205030001	66.00	镜思琪
					200205030002	164.00	镜思琪
			20020504	4359.36	200205040001	4100.00	镜思琪
					200205040003	259.36	镜思琪
			20020505	1280.00	200205050001	66.00	镜思琪
					200205050002	164.00	镜思琪
					200205050003	1050.00	镜思琪
生日券		150.00	20020501	150.00	200205010012	100.00	徐晓凡
					200205010009	50.00	徐晓凡
宴请		86.00		43.00	200205010006	43.00	丁倚
			20020504		200205040001	43.00	镜思琪
优惠券		270.00	20020501	170.00	200205010006	100.00	丁倚
					200205010002	50.00	丁倚
					200205010003	20.00	江超
			20020504	100.00	200205040001	100.00	镜思琪
预交		960.00	20020501	240.00	200205010008	240.00	镜思琪
			20020502		200205020004	240.00	镜思琪
			20020503		200205030004	240.00	镜思琪
			20020505		200205050005	240.00	镜思琪
[合计] - 48						22828.36	

过滤条件 付款方式 = 宴请 > >> < X 排序

图 6－40 收银记账报表界面

（七）营业情况日报

统计某一日期的营业情况（见图 6－41）。

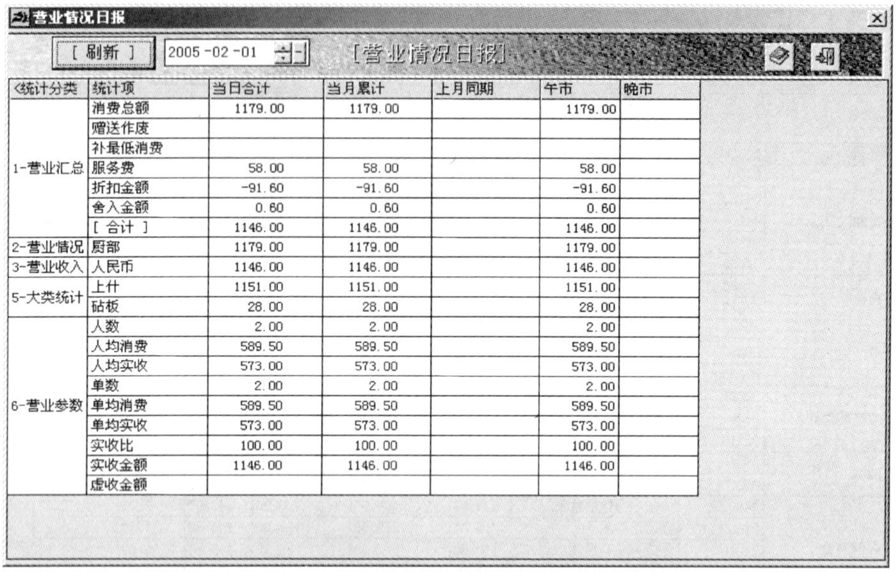

营业情况日报

[刷新]　2005-02-01　[营业情况日报]

∢统计分类	统计项	当日合计	当月累计	上月同期	午市	晚市
1-营业汇总	消费总额	1179.00	1179.00		1179.00	
	赠送作废					
	补最低消费					
	服务费	58.00	58.00		58.00	
	折扣金额	-91.60	-91.60		-91.60	
	舍入金额	0.60	0.60		0.60	
	[合计]	1146.00	1146.00		1146.00	
2-营业情况	厨部	1179.00	1179.00		1179.00	
3-营业收入	人民币	1146.00	1146.00		1146.00	
5-大类统计	上什	1151.00	1151.00		1151.00	
	砧板	28.00	28.00		28.00	
6-营业参数	人数	2.00	2.00		2.00	
	人均消费	589.50	589.50		589.50	
	人均实收	573.00	573.00		573.00	
	单数	2.00	2.00		2.00	
	单均消费	589.50	589.50		589.50	
	单均实收	573.00	573.00		573.00	
	实收比	100.00	100.00		100.00	
	实收金额	1146.00	1146.00		1146.00	
	虚收金额					

图 6－41　营业情况日报界面

（八）出品月统计报表

每月出品销售统计（见图 6－42）。该报表包括数据统计和图形分析。

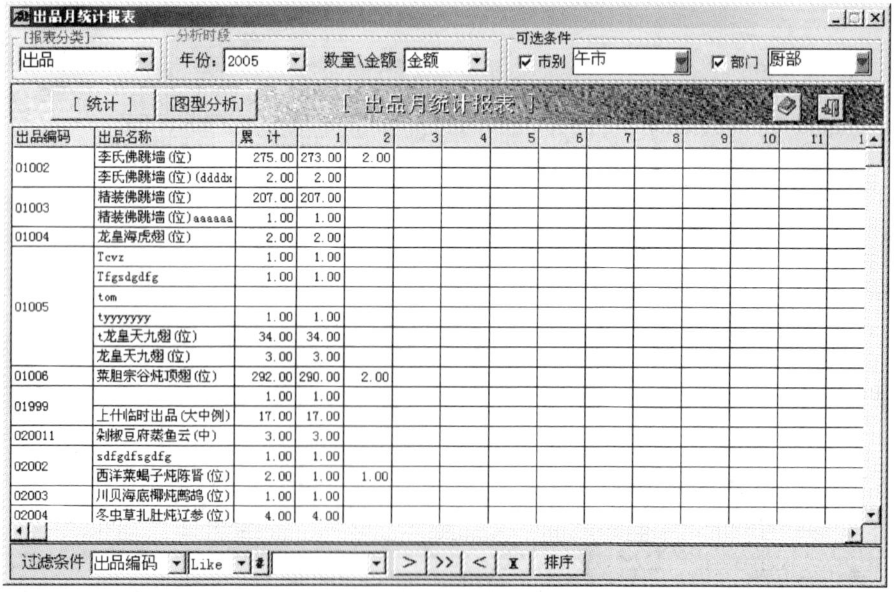

出品月统计报表

[报表分类] 出品　分析时段 年份：2005　数量\金额 金额　可选条件 ☑市别 午市　☑部门 厨部

[统计]　[图型分析]　[出品月统计报表]

出品编码	出品名称	累 计	1	2	3	4	5	6	7	8	9	10	11	1
01002	李氏佛跳墙(位)	275.00	273.00	2.00										
	李氏佛跳墙(位)(ddddx	2.00	2.00											
01003	精装佛跳墙(位)	207.00	207.00											
	精装佛跳墙(位)aaaaaa	1.00	1.00											
01004	龙皇海虎翅(位)	2.00	2.00											
01005	Tcvz	1.00	1.00											
	Tfgsdgdfg	1.00	1.00											
	tom													
	tyyyyyyy	1.00	1.00											
	t龙皇天九翅(位)	34.00	34.00											
	龙皇天九翅(位)	3.00	3.00											
01006	菜胆宗谷炖顶翅(位)	292.00	290.00	2.00										
01999		1.00	1.00											
	上什临时出品(大中例)	17.00	17.00											
020011	剁椒豆府蒸鱼云(中)	3.00	3.00											
02002	sdfgdfsgdfg	1.00	1.00											
	西洋菜蝎子炖陈肾(位)	2.00	1.00	1.00										
02003	川贝海底椰炖鹧鸪(位)	1.00	1.00											
02004	冬虫草扎肚炖辽参(位)	4.00	4.00											

过滤条件　出品编码　Like　>　>>　<　X　排序

图 6－42　出品月统计报表界面

（九）出品销售评估

设置日期或者某个时间段，对出品销售状况作各种数据评估和图形评估（见图 6－43）。

营业分析模块还包含时段营业分析、退送原因分析、价格变动分析等界面，这里就不一一列举了。

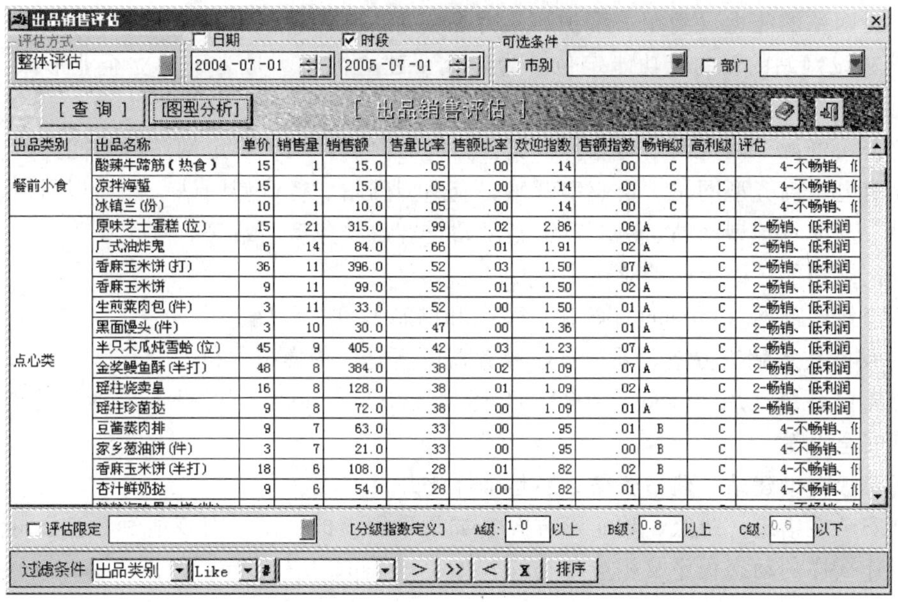

出品类别	出品名称	单价	销售量	销售额	售量比率	售额比率	欢迎指数	售额指数	畅销级	高利级	评估
餐前小食	酸辣牛蹄筋(热食)	15	1	15.0	.05	.00	.14	.00	C	C	4-不畅销、
	凉拌海蜇	15	1	15.0	.05	.00	.14	.00	C	C	4-不畅销、
	冰镇兰(份)	10	1	10.0	.05	.00	.14	.00	C	C	4-不畅销、
点心类	原味芝士蛋糕(位)	15	21	315.0	.99	.02	2.86	.06	A	C	2-畅销、低利润
	广式油炸鬼	6	14	84.0	.66	.01	1.91	.02	A	C	2-畅销、低利润
	香麻玉米饼(打)	36	11	396.0	.52	.03	1.50	.07	A	C	2-畅销、低利润
	香麻玉米饼	9	11	99.0	.52	.01	1.50	.02	A	C	2-畅销、低利润
	生煎菜肉包(件)	3	11	33.0	.52	.00	1.50	.01	A	C	2-畅销、低利润
	黑面馒头(件)	3	10	30.0	.47	.00	1.36	.01	A	C	2-畅销、低利润
	半只木瓜炖雪蛤(位)	45	9	405.0	.42	.03	1.23	.07	A	C	2-畅销、低利润
	金奖鳗鱼酥(半打)	48	8	384.0	.38	.02	1.09	.07	A	C	2-畅销、低利润
	瑶柱烧卖皇	16	8	128.0	.38	.01	1.09	.02	A	C	2-畅销、低利润
	瑶柱珍菌挞	9	8	72.0	.38	.00	1.09	.01	A	C	2-畅销、低利润
	豆酱蒸肉排	9	7	63.0	.33	.00	.95	.01	B	C	4-不畅销、
	家乡葱油饼(件)	3	7	21.0	.33	.00	.95	.00	B	C	4-不畅销、
	香麻玉米饼(半打)	18	6	108.0	.28	.01	.82	.02	B	C	4-不畅销、
	杏汁鲜奶挞	9	6	54.0	.28	.00	.82	.01	B	C	4-不畅销、

图 6－43　出品销售评估界面

☞ 实训成果

学生能熟练操作“食为天”餐饮管理软件进行餐饮信息系统的管理工作。

项目三　餐饮企业电子商务营运

餐饮业信息化的应用很重要的内容就是开展电子商务。餐饮企业开展电子商务可以分两种情况进行：一是企业自建网站；二是依托互联网平台网站或互联网其他资源开展电子商务。第一种情况适合于大型的餐饮企业，第二种情况适合于中小型餐饮企业。

一、餐饮企业电子商务网站的建立

大型餐饮企业可通过建立网站开展电子商务活动。

1. 网站策划阶段

网站策划是指在网站建设前对市场进行分析、确定网站的目的和功能，并根据需要对网站建设中的技术、内容、费用、测试、维护等做出策划。网站策划对网站建设起到计划和指导的作用，对网站的内容和维护起到定位作用。

（1）建设网站前的市场分析。餐饮行业的市场是怎样的？有什么样的特点？餐饮企业目前哪些业务能够在互联网上开展？

市场主要竞争对手的分析，竞争对手上网情况及其网站策划、功能设计。

本企业自身条件的分析，公司资料、产品的特色、企业优势，可以利用网站提升哪些竞争力，建设网站的能力（费用、维护、人力等）。

(2) 建设网站的目的及功能定位。为什么要建立网站，是为了树立企业形象、宣传产品、进行电子商务，还是建立行业性网站？

整合公司资源，确定网站功能。根据公司的需要和计划，确定网站的功能类型。网站的功能类型有电子商务型网站、企业型网站、应用型网站、行业型网站、互动型网站、企业形象型网站、产品宣传型网站、网上营销型网站、客户服务型网站等。

根据网站功能，确定网站应达到的目的。

分析企业内部网（Intranet）的建设情况和网站的可扩展性。

(3) 网站技术解决方案。采用自建服务器，还是租用虚拟主机？

选择操作系统，用 Windows 2000/NT 还是 Unix，Linux？分析投入成本、功能、开发、稳定性和安全性等。

采用模板自助建站、建站套餐，还是个性化开发？

网站安全性措施，防黑、防病毒方案（如果采用虚拟主机，则该项由专业公司代劳）。

选择什么样的动态程序及相应数据库？如程序 asp、jsp、php；数据库 sql、access、oracle 等。

(4) 网站内容及实现方式。

第一，根据建设网站的目的确定网站的结构导航。

一般企业型网站内容应包括：公司简介、企业动态、企业文化、产品介绍、客户服务、联系方式等基本内容。更多内容如：常见问题、营销网络、招贤纳士、在线论坛、英文版，等等。餐饮企业的网站不能只是简单地提供企业简介、订座电话或几张炒菜图片，应考虑开通在线注册、在线预订、网络配送、投诉处理、意见反馈等电子商务功能。

第二，根据建设网站的目的及网站内容确定网站整合功能。

第三，确定网站的结构导航中的每个频道的子栏目。

第四，确定网站内容的实现方式。如产品中心使用动态程序数据库还是静态页面；营销网络是采用列表方式还是地图展示。

(5) 网页设计。要注意网页设计的美术设计要求，网页美术设计一般要与企业整体形象一致，要符合企业 CI 规范。要注意网页色彩、图片的应用及版面策划，保持网页的整体一致性。餐饮企业电子商务网站在色彩上尤其要注意，在菜单的设计和菜品的图片上充分考虑食客的需求。在新技术的采用上要考虑主要目标访问群体的分布地域、年龄阶层、网络速度、阅读习惯等。适时制定网页改版计划，如半年到一年时间进行较大规模改版等。

(6) 费用预算。企业建网站费用的初步预算一般根据企业的规模、建网站的目的、上级的批准而定。专业建站公司提供详细的功能描述及报价，企业进行性价比研究。建设网站的价格从几千元到十几万元不等。如果排除模板式自助建站（通常认为，企业的网站无论大小，必须有排他性，如果千篇一律，则对企业形象的影响极大）和牟取暴利的因素，网站建设的费用一般与功能要求是成正比的。

2. 网站建设阶段

网站建设阶段主要是网站编程、网站测试和网站内容填充。

(1) 网站编程。网站编程是网站安全的基础，一个好的程序可以使网站受到攻击后产生的不良影响大大减少，网站编程需要专业的编程技术，可以根据第一阶段的工作，选定编程语言和相应的数据库。

网站建设中确定编程语言是一个选择，要用所选的语言编具有什么功能的程序才是网站建设的核心。通常情况下，网站都具有这些基本系统：新闻发布系统（信息发布系统）、产品发布系统、会员管理系统、广告管理系统、流量统计分析系统，等等。每个系统的具体作用我们将在后面一一描述。

（2）网站测试和上传。网站的设计和编程全部做完之后，网站开始测试和上传。首先将网站上传到网站空间，然后对网站进行测试，同时也是对网站空间进行测试。一般来说，网站测试需要进行的就是网站页面的完整程度，网站编程代码的繁简程度和完整性，网站空间的链接速度和网站空间的加压测试承受度。

（3）网站内容填充。网站测试完后对网站进行数据库填充。用自己原创的文章，或者从网上和书上摘录的文章把数据库填充一下，至少要让浏览者感觉你的网站不是今天才刚刚上线才行。同时，你的数据库填充的内容越多，在搜索引擎上被收录的页面也就越多，对下一步的推广也是大有好处的。

3. 网站发布与推广阶段

网站的推广可以说是网站建设中尤为重要的一部分，可以说，推广做好了，网站建设就成功了一大半。推广在网站策划建设阶段就应进行，这个工作很容易被忽视，在这个阶段就应考虑网站的优化设计措施能够贯彻实施。在网站发布后常用的网站推广方法见表6－3。

表6－3　常用网站推广方法及相关推广工具和资源

网站推广方法	相关推广工具和资源
搜索引擎推广方法	搜索引擎和分类目录
电子邮件推广方法	潜在用户的E－mail地址
资源合作推广方法	合作伙伴的访问量、内容、用户资源等
信息发布推广方法	行业信息网站、B to B电子商务平台、论坛、博客网站、微博、社区等
病毒性营销方法	电子书、电子邮箱、免费软件、免费贺卡、免费游戏、聊天工具等
快捷网址推广方法	网络实名、通用网址，以及其他具有类似功能的快捷寻址服务
网络广告推广方法	分类广告、在线黄页、网络广告媒体、无线通信工具等
综合网站推广方法	网上、网下各种有效方法的综合应用

二、餐饮企业电子商务的开展

1. 中小餐饮企业依托第三方订餐网站建立B to C电子商务平台

中小餐饮企业可通过和第三方订餐网站合作，实现自己的B to C电子商务平台。如“大众点评网”和“饭统网”就是这类网站。与那些只做单向的信息发布网站不同，第三方专业订餐网站是餐厅与食客的双向互动平台，无论是商家还是客户都倚重这样的渠道——商家通过其获取客户，客户要通过其进行预约预订。第三方订餐网站的盈利模式不能仅仅依靠“返佣”的收入，应考虑的是将广告和会员年费纳入到其赢利设想当中，特别是会员年费这块。广告收费、会员年费，要依赖强大的内容支持和品牌效应。

以饭统网为例（见图6－44），饭统网运作的前提是必须让餐厅先加入进来。只有餐厅加入进来，消费者才能做出选择。而只有消费者通过饭统网做出了越来越多的选择，才能够吸引更多的餐厅加入到饭统网当中来。消费者和餐厅之间有很强的互动作用，一旦这两个“轮子”

中有一个“轮子”不运转了，另一个“轮子”也很难运转。因此，在饭统网刚刚成立的时候，几乎所有的时间和精力都投入到了与各种大小餐厅的联系与沟通上。终于，在 2003 年底正式上线前，饭统网已经拥有了 200 多家加盟餐厅并迅速扩张到 700 多家。直到 2004 年 9 月，加盟店累积达到了 2300 多家。截至目前，饭统网的会员餐厅已经超过了 6000 家。除了餐饮网上预订服务之外，排位优先权和价格折扣也是吸引住食客“使用粘性”的另一个“武器”。通过这两个主要途径，第三方专业订餐网站在餐厅和用户之间架起了一座美丽的桥梁。

图 6－44　饭统网首页

2. 中小餐饮企业依托餐饮业门户网站建立 B to B 电子商务平台

广大的中小餐饮企业，不像大型餐饮企业那样有实力去建立完善的电子商务网站，但它们可以通过餐饮业门户网站开展 B to B 的业务。如中国餐饮网（见图 6－45）就是这类网站。

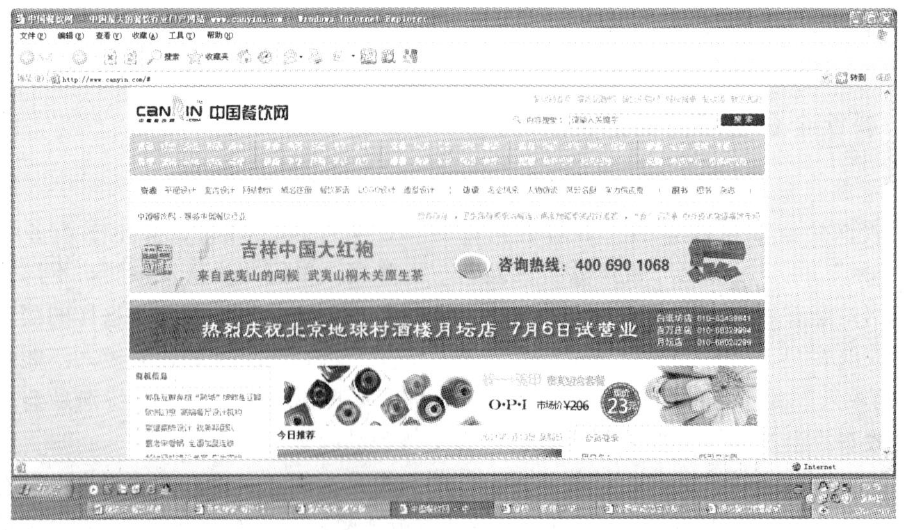

图 6－45　中国餐饮网首页

餐饮门户网站提供通用的模板，中小餐饮企业可以通过托管或自助的方式建立自己的企业网站，虽然功能不可能做到专有企业门户网站那样专业化和个性化，但是可以解决中小餐饮企业的基本应用和需求。如原材料的采购，利用这个交易平台，类会员企业都可通过这个平台发布供应信息和采购信息。只有将广阔的网络商机和传统信息系统中的企业资源信息有效地结合起来，企业、客户、供应商、交易商和企业员工才能以前所未有的方式通过网站结合在一起。

3. 充分利用多种网络营销工具开展电子商务

对于很多中小型餐饮企业而言，没有建立企业网站，可以利用多种网络营销工具开展电子商务。

（1）网络社区。网络社区是指包括 BBS/论坛、讨论组、聊天室、博客、微博、SNS 以及其他社会性网络等在内的网上交流空间，同一主题的网络社区集中了具有兴趣的访问者。餐饮业进行社区营销可以充分利用本地区的社区网站，如成都的第四城社区网站（见图 6－46）。餐饮业的特点决定了客户大部分是本地的客源，可以充分利用本地的社区网站资源与相关的论坛频道合作推广餐饮企业，增强客户的认同感。还有博客、微博都可以充分利用起来，以开展电子商务。

图 6－46 第四城社区主页网页

（2）参与团购。随着用户对团购接受程度的提升，团购将成为电子商务企业营销推广的重要渠道之一，拥有商户或消费者资源的网站相继推出团购服务。市场竞争日益加剧，目前，团购网业务量比较大的是餐饮，通过团购，消费者可享受团餐饮优惠券、餐饮打折、免费餐饮等。

餐饮企业在开展电子商务时，可结合自己所处地区的市场特征、消费者结构和偏好等因素，设计或创新一种适合自己的最佳的电子商务模式。但是，不存在最佳的电子商务模式，处于同一行业、同样规模或同样企业文化的公司也很难找到相同的成功的电子商务模式。原因显然有多个方面，比如，在企业人力资源结构、产品特征、地理位置、企业性质等方面各个企业之间存在差异。

餐饮企业在具体设计、规划其电子商务平台时应结合企业的规模和经营管理的实际需求设计或创新一种适合自己的切实可行的电子商务应用操作方案。说到底电子商务模式只能视为一种工具，餐饮企业不管选择什么样的电子商务模式，都有一个核心，那就是电子商务模式必须和企业现实中的商务模式相适应，无论采用何种电子商务模式都是为了企业更多地创造利润和更好地为客户创造价值。

☞ 实训指导

本项目实训以教师引导、学生参与为主。根据实训内容采取小组团队合作练习完成。

步骤一：餐饮电子商务项目规划

这个阶段很重要，不论是大型餐饮企业还是中小型餐饮企业，开展电子商务时首先要做的就是电子商务项目规划。大型餐饮企业开展电子商务时，这个阶段主要是网站策划，包括建设网站前的市场分析、建设网站的目的及功能定位、网站技术解决方案、网站内容及实现方式、网页设计、费用预算。中小型餐饮企业开展电子商务时，根据餐饮企业的实际情况选择合适的电子商务模式，然后设计详细的电子商务方案。

在教师的引导下，各小组根据自己将要拟建的餐饮企业，在组长的带领下，讨论并确定方案。在讨论过程中，组长可指定一名学生做好记录。

步骤二：餐饮电子商务项目方案的撰写

根据第一步的餐饮电子商务项目规划的讨论结果，撰写一份电子商务项目方案。方案内容包括：

1. 大型餐饮企业

（1）网站策划书。

（2）网站建设。

（3）网站发布与推广。

2. 中小型餐饮企业

（1）电子商务项目规划书。

（2）电子商务详细执行计划书。

☞ 实训成果

本项目实训成果为餐饮电子商务项目方案。

实训内容巩固

一、填空

1. 单体店面餐饮信息系统的前台管理模块包括点菜收银、____________、____________、____________、____________财务上缴等。

2. 连锁餐饮企业信息系统基本模块有____________________、____________________、____________________和____________________等。

3. 没有建立企业网站的餐饮企业可以利用多种网络营销工具开展电子商务，如____________________和____________________。

二、设计题

酸奶是以新鲜的牛奶为原料，经过巴氏杀菌后再向牛奶中添加有益菌，经发酵后，再冷却灌装的一种牛奶制品。酸奶不但保留了牛奶的所有优点，而且某些方面经加工过程还扬长避短，成为更加适合于人类的营养保健品，因此，酸奶也受到年轻人的热捧。某大学高年级的同学王晓就在学校附近新开张了一家小型的精品酸奶饮品店，主要是制作各种口味新鲜的酸奶；由于这家店地理位置不是很好，比较偏僻，刚开张，因而生意不是很好。刚开始时，王晓同学主要是通过发传单的方式让大家知晓该店，但效果不明显，因此想通过电子商务来彻底改变现状。请你为王晓同学做一个开展电子商务的方案。

* *

学生学习小结：

学生疑问：

学生建议（对课堂组织、内容安排、实验方法等）：

成绩评定：________________________教师（签字）______________________

______年______月______日

模块七　主题餐饮活动策划与实施

主题餐饮活动的策划与实施涉及到餐饮管理理论和实践知识的诸多内容和环节，是检验学生餐饮管理课程学习效果的有效途径。该模块实验属于综合实验，是对学生组织能力、沟通协调能力、策划能力、创新能力等的全方位检验，是餐饮管理实验课中非常重要的环节。

该模块内容包括主题餐饮活动的创意与策划、主题餐饮活动文案的撰写和主题餐饮活动的实施三个项目。主题餐饮活动的创意与策划主要是活动前期筹备过程中对于主题活动的主题及过程的策划和设计，是该活动中心思想的体现。主题餐饮活动文案的撰写是将策划者对于活动的策划、设计等构思用文字的方式表现出来，文本编写内容必须准确、完整、规范，文案撰写（主题餐饮活动策划书）是活动执行的纲领，对于活动的圆满实施具有举足轻重的作用。主题餐饮活动实施则是学生运用知识检验能力的具体体现。

☞ 实训目的

本项目的实训练习，目的是通过主题餐饮活动的筹划与运作，让学生了解并体验餐厅日常管理的全过程。通过组建团队和分工合作，让学生参与活动策划（活动主题、活动过程、宣传海报、活动费用等）、菜单设计、采购原材料、吧台（酒水调配、水果拼盘制作等）工作、现场服务与管理、后勤管理（卫生、安全、餐具保障等）工作，达到人尽其责、全员参与。通过主题餐饮活动的开展，让学生认识到部门沟通与配合的重要性。

☞ 实训器材准备

本项实训需准备的器材有：

（1）电脑。安装 Windows 2000 及以上的操作系统，能支持 Office 2000 及以上的办公软件。每 1～2 位学生配备一台电脑。电脑将用于主题餐饮活动的资料搜集和分析、设计制作活动主题、活动创意可行性调查问卷等。

（2）若干张白纸和书写笔。每位学生都需配备若干张白纸和若干支书写笔。白纸和书写笔将用于方案的讨论与记录、人员的安排与调配、活动所需物品及材料的准备、经费预算等。

☞ 实训场地要求

本实验为室内实验为主，室外实验为辅。室内实验（主题餐饮活动）可在能容纳60人左右的多功能教室（或综合实验室）进行，室外实验为市场调查。当然，主题餐饮活动也可根据活动主题及创意，安排在室外进行。

☞ 实训方法

实训方法为分组讨论法、团队作业法、角色扮演法、现场体验法等。

教师根据学生总人数将学生分成若干组，每组建议人数为6～8人。每组策划一个主题餐饮活动（教师可引导各组学生开设不同主题的餐饮活动），每位学生承担不同阶段的不同任务。所有学生全程参与讨论与计划工作，以锻炼学生的沟通能力、协调能力及团队合作能力。

项目一　主题餐饮活动的创意与策划

企业的成功，离不开精心的策划，餐饮活动也是如此。一个独具创意又符合实际的活动主题和精心细致的活动策划，是成功的主题餐饮活动的必要条件。餐饮企业会通过不失时机地开展主题餐饮活动来刺激营业额的增加，同时提升餐饮企业在顾客心目中的形象。

一、主题餐饮活动策划的原则

餐饮企业在进行各种餐饮活动的策划时，要仔细分析与餐饮活动有关的各种因素，比如客源市场的需求、消费导向、时令季节、当地的人文风貌等，再将这些因素经过筛选和综合，选定一个或多个主题作为餐饮活动的中心内容，以此作为餐饮企业吸引顾客的标志，引起公众的关注，调动公众的兴趣，从而让公众产生饮食欲望。只有不断创新主题特色，增加餐饮主题活动的吸引力，才能在餐饮经营中树立属于自己的品牌特色，获得最佳的经济效益。

主题餐饮活动策划应遵循以下原则：

1. 主题的文化性

每一个主题餐饮活动，都是由文化铸就的。如地方特色餐饮就有地方文化的渲染。不同地区有不同的地域文化和民俗特色，可以巧妙利用。如以某一类原料为主题的餐饮活动，应有某一类原料的个性特点，从原料的使用、知识的介绍，到食品的装饰、菜品烹制特点等都体现出原料的个性，这是一种“原料”文化的展示。

2. 主题的单一性

主题餐饮活动的明显特点就是主题的单一性，一个主题餐饮活动只有一个主题，只突出一种文化特色。如果主题众多，不仅显得杂乱，而且会削弱主题。

3. 主题的求异性

推出某一个主题餐饮活动时，要求主题个性鲜明，与众不同，形成自己独特的风格。其差异性越大，就越有优势。餐饮活动主题的差异可以从以下多个方面考虑：产品、服务、环境、服饰、设施、宣传、营销等。

4. 主题的配套性

主题餐饮活动是一个系列活动，包括菜单、菜名、装饰、技术、宣传等多种要素，在策划过程中，应考虑到配套整个活动的多方面因素。

5. 主题的动态性

活动是一个动态过程，应考虑到策划时与实施时可能出现的差异，如突发事件，以及在实施过程中会遇到的各种情况，如天气变化等。

二、主题餐饮活动的设计分析

1. 主题选择的广阔性

美食主题是餐饮所有活动所要表达的中心思想，它决定了餐饮活动对市场的吸引力。在确定主题时，应进行扎实的需求调研。一般来说，可供选择的餐饮主题非常广泛，大体上可以分为以下几类：

（1）地域、民族类主题。如地方风味主题：运河宴、长白宴、岭南宴、巴蜀宴、藏族宴等；外域美食主题：泰国风味、日本料理、阿拉伯风味、意大利风味等（见书后彩图7－1、彩图7－2）。

（2）人文、史料类主题。如乾隆宴、大千宴、东坡宴、梅兰宴、红楼宴、金瓶宴、三国宴、水浒宴、随园宴、仿明宴、宫廷宴、射雕宴等（见书后彩图7－3、彩图7－4）。

（3）原料、食品类主题。如镇江江鲜宴、安吉百笋宴、云南百虫宴、西安饺子宴、海南椰子宴、东莞荔枝宴、漳州柚子宴等（见书后彩图7－5、彩图7－6）。

（4）娱乐、休闲类主题。如歌舞晚宴、魔术晚宴、时装晚宴、影视美食、运动美食等（见书后彩图7－7、彩图7－8）。

（5）营养、养生类主题。如健康美食、美容食品、药膳食品、长寿美食、绿色食品，等等（见书后彩图7－9、彩图7－10）。

2. 强调主题的单一性与个性化

主题餐饮活动的主题设计，其明显特点就是主题的单一性，一个活动只能有一个主题，只突出一种文化特色。推出某一个主题餐饮活动时，要做到主题个性鲜明，与众不同，一定要有自己独特的风格，通过差异性来显示自己的优势。

3. 切忌空洞、名不副实的应景之作

近几年来，主题餐饮活动的种类和形式越来越多，有原料宴、季节宴、古典宴、风景宴等。但许多主题设计存在的问题也不少，特别是那些古典人文宴和风景名胜宴，不少的菜品给人牵强附会之感。把几千年的菜品挖掘出来，这确实是件好事，但有些菜品实在是让人不敢恭维，重形式而轻市场，华而不实，中看不中“吃”；那些风景名胜宴，在盘中摆出山山水水、花花草草，还有亭台楼阁、人和动物，许多菜让消费者难以食用，也不敢食用，违背了烹饪的基本规律。另外，在主题宴菜品的开发上，许多餐饮企业对菜品本身的开发不重视，而是一味地注重菜名的修饰、装扮、奇巧，有些甚至是在玩文字游戏；许多菜品的名称很艰涩，让人看不懂、搞不明白，削弱和背离了菜肴应有的价值。在主题餐饮活动的设计中，要遵循烹饪的基本规律，要实事求是，杜绝空洞、名不副实的应景之作。

三、主题菜单的设计思路

1. 菜单的核心内容，即菜式品种的特色、品质必须反映文化主题的饮食内涵和特征

策划者要围绕主题挖掘文化内涵、寻找主题特色、设计文化方案，制作文化产品和服务，这是最重要、最具体、最花精力的重要一环。有独特的主题，运用独特的文化选点，主题宴会自然就会获得圆满的成功。菜单的核心内容，即菜式品种的特色、品质必须反映文化主题的饮食内涵和特征，这是主题菜单的根本，否则菜单就没有鲜明的主题特色。如苏州的“菊花蟹宴”（见书后彩图7－11），这是以原料为主题的，必须围绕“螃蟹”这个主题。宴席中汇集清蒸大蟹、透味醉蟹、子姜蟹钳、蛋衣蟹肉、鸳鸯蟹玉、菊花蟹汁、口蘑蟹圆、蟹黄鱼翅、四喜蟹饺、蟹黄小笼包、南松蟹酥、蟹肉方糕等菜点，可谓“食蟹大全”。

浙江湖州的“百鱼宴”，围绕“鱼”来做文章，糅合四面八方、中西内外各派的风味。“普天同庆宴”是以欢庆为主题，整个菜单围绕欢聚、同乐、吉祥、兴旺，渲染喜庆之气氛。

2. 菜单、菜名及技术要求应围绕文化主题中心展开

可根据不同的主题确定不同风格的菜单，应考虑整个菜名的文化性、主题性，使每一道

菜都围绕主题，这样可使整个餐饮主题活动气氛和谐、热烈，令人产生美好的联想。例如，某酒店婚宴菜单，其菜名就非常应景，突出了婚宴的美好喜庆（见书后彩图 7－12）。

设计主题菜单时应考虑主题文化强烈的差异性，主题菜单应突出个性，而不是泛泛之作。主题菜单只考虑一个独特的主题，菜单的制定必须具备特有的风格。菜单越是独特，就越是吸引人，越是能产生意想不到的效果。

☞ 知识链接

养生主题美食——黑色宴

现在人们生活水平提高了，消费者到餐厅消费除了讲究美味可口以外，还对菜品的营养保健功能提出了要求。上海虹桥宾馆餐饮部顺应这一新的美食消费潮流，适时推出了“黑色宴”。他们花时间，查资料，请教专家、学者及餐饮界的老前辈，首先选取了市场上能买得到的所有黑色食品原料，像黑木耳、黑芝麻、黑蚂蚁、蝎子、乌鸡、黑鱼、乌参、泥鳅、花菇、发菜等，然后反复斟酌，精心调配，列出了一系列黑色宴会菜谱。其菜品主要有：蚂蚁拌芦笋、椒盐泥鳅、芝麻虾、金蝎凤尾虾、葱烤海参、虾子大乌参、蟹粉黑豆腐、灵芝炖甲鱼、黑枣扒猪手、黑豆凤爪汤、黑枣汤、酒酿圆子、黑米蛋炒饭等。

☞ 实训指导

本项目实训以教师指导，学生参与、体验为主。

步骤一：确定各组活动主题

教师先将学生以 5～6 人分为一组，确定或推举出一名组长。然后在组长的主持下，发挥每个成员的能动性和想象力，运用头脑风暴、焦点访谈等多种方法最终优选出本小组的最佳主题。

步骤二：优选活动主题

在教师的主持下，各组派一名学生阐述本组的活动主题（最好采用 PPT 形式汇报），并采用一对一的 PK 淘汰制，最终从可行性、费用、场地等各方面做综合考虑，选出一个最佳主题。

（备注：教师可将步骤一作为作业提前布置下去。便于学生提前通过各种途径查询相关信息，做到心中有数。）

☞ 实训成果

本项目实训成果是各小组提交一份主题餐饮活动的策划草案，字数 500 字左右。

每位学生将自己的主题餐饮活动的设计说明写在下面，字数200字左右。

____

____

____

____

____

____

____

____

项目二 主题餐饮活动文案的撰写

餐饮活动主题确定后，策划人员就可以开始以书面文件的形式准备主题餐饮活动文案的撰写了。如何撰写主题餐饮活动文案呢？

主题餐饮活动的开展涉及的部门及人员众多，为了保证活动的顺利开展，取得预期的效果，活动的计划与实施过程必须以一份书面的文本确定下来，以方便各部门的沟通协调，指导各环节、各岗位的工作。一份完整的活动方案通常由以下12个部分组成：

一、活动目的

对市场现状及活动目的进行阐述。市场现状如何？开展这次活动的目的是什么？只有目的明确，才能使活动有的放矢。

二、活动对象

活动针对的是目标市场的每一个人还是某一特定群体？活动控制在多大范围内？

三、活动主题

在这一部分，主要是解决两个问题：确定活动主题和包装活动主题。

1. 确定活动主题

选择什么样的活动主题，要考虑到活动的目标、商业条件和环境及活动的费用预算和分配。

2. 包装活动主题

在确定了主题之后要尽可能艺术化地对主题进行包装。这一部分应该力求创新，使活动具有震撼力和排他性。

四、活动方式

这一部分主要阐述活动开展的具体方式。有两个问题要重点考虑：

1. 确定活动主体

是企业单独行动，还是和经销商联手？或是与其他企业联合活动？和媒体合作，有助于借势和造势；和其他企业联合可整合资源，降低费用及风险。

2. 确定刺激程度

要使活动取得成功，必须要使活动具有刺激力，能刺激目标对象参与。刺激程度越高，反应越大。但这种刺激也存在边际效应。因此，必须根据活动实践进行分析和总结，并结合客观市场环境确定适当的刺激程度和相应的费用投入。

五、活动时间和地点

活动的时间和地点选择得当会事半功倍，选择不当则会费力不讨好。在时间上尽量让消费者有空闲参与，在地点上也要让消费者感到方便，而且要事前与相关部门沟通好。

六、广告配合方式

一个成功的主题活动，需要全方位的广告配合。选择什么样的广告创意及表现手法？选择什么样的媒介宣传？这些都意味着不同的受众抵达率和费用投入。

七、前期准备

前期准备主要从人员和物资两方面考虑。

1. 人员安排

在人员安排方面要“人人有事做，事事有人管”，无空白点，也无交叉点。谁负责与媒体的沟通？谁负责文案写作？谁负责现场管理？谁负责礼品发放？谁负责顾客投诉？要把各个环节都考虑清楚，否则就会临阵出麻烦，顾此失彼。

2. 物资准备

在物资准备方面，要事无巨细，大到车辆，小到螺丝钉，都要罗列出来，然后按单清点，确保万无一失，否则必然导致现场的忙乱。

八、中期操作

中期操作主要是活动纪律和现场控制。

纪律是战斗力的保证，是方案得到完美执行的先决条件，在方案中应对参与活动人员各方面的纪律作出详细的规定。

现场控制主要是把各个环节安排清楚，要做到忙而不乱，有条有理。

同时，在实施方案过程中，应及时对活动范围、强度、额度和重点进行调整，保持对活动方案的控制。

九、后期延续

后期延续主要是媒体宣传的问题，对这次活动将采取何种方式在哪些媒体进行后续宣传？一些具有公益性的活动，如以慈善募捐、低碳环保等为主题的媒体宣传不仅可增加餐厅的美誉度，还能起到引导公众实施良好行为的效果。

十、费用预算

没有利益，活动就没有存在的意义。对活动的费用投入和产出应作出预算。

十一、意外防范

每次活动都有可能出现一些意外。比如突然断电、顾客突然发病甚至天气突变导致户外的活动无法继续进行等。必须对各个可能出现的意外事件做必要的人力、物力、财力方面的准备。

十二、效果预估

预测这次活动会达到什么样的效果，以利于活动结束后与实际情况进行比较，从活动效果、活动时机、活动媒介等各方面总结成功点和失败点。

以上 12 个部分是活动方案的一个框架，在实际操作中，应大胆想象，小心求证，进行分析比较和优化组合，以实现最大效益。

☞ 实训指导

本项目实训以教师指导、学生参与为主。

步骤一：筛选最优策划文本

在教师的引导和组长的主持下，各组围绕已经选定的活动主题，讨论并分工合作撰写主题餐饮活动策划案。经过一个星期（时间由授课教师根据课程进度掌握）后，在教师的主持下，筛选最优方案。

步骤二：完善策划案

在教师的引导下，通过毛遂自荐、他人推荐、教师指定等多种方式相结合，从全体学生中优选出 5 ~6 人组成最佳策划阵容。对已选出的策划文本进行修订完善，对文案中涉及的各种细节都要进行精心周密的考虑。如人员岗位及职责、宣传及海报、菜单设计、费用计划、现场服务、吧台操作，等等。

☞ 实训成果

本项目实训成果为：各小组提交一份主题餐饮活动策划案。

项目三　主题餐饮活动的实施

主题餐饮活动的策划和实施是对学生《餐饮管理》这门课程学习结果的最好的检验。主题餐饮活动其实是餐饮企业运行中的一项重要内容，集中反映了餐饮企业管理与服务的特色和品质。主题餐饮活动要想取得圆满成效，涉及到企业的方方面面，它是企业人力、财力、物力高度协调配合的结果。

主题餐饮活动的实施是在前两个项目基础上进行的。确定好活动主题并撰写活动策划方案，是主题餐饮活动实施的前提，而接下来的具体实施工作则需要更加周密的考虑和布置了。主题餐饮活动的实施可采用总经理负责制结合岗位责任制，充分发挥全体学生的热情和动力。做到事有人管、人尽其责。主题餐饮活动的良好运作和成功举办是对全体成员沟通、协调、配合的能力的最佳检验方式之一，也是锻炼学生创新思维和创造力及管理能力的很好的方式。

通过总结，我们发现本模块“主题餐饮活动策划与实施”的工作流程如下（见图7－1）：

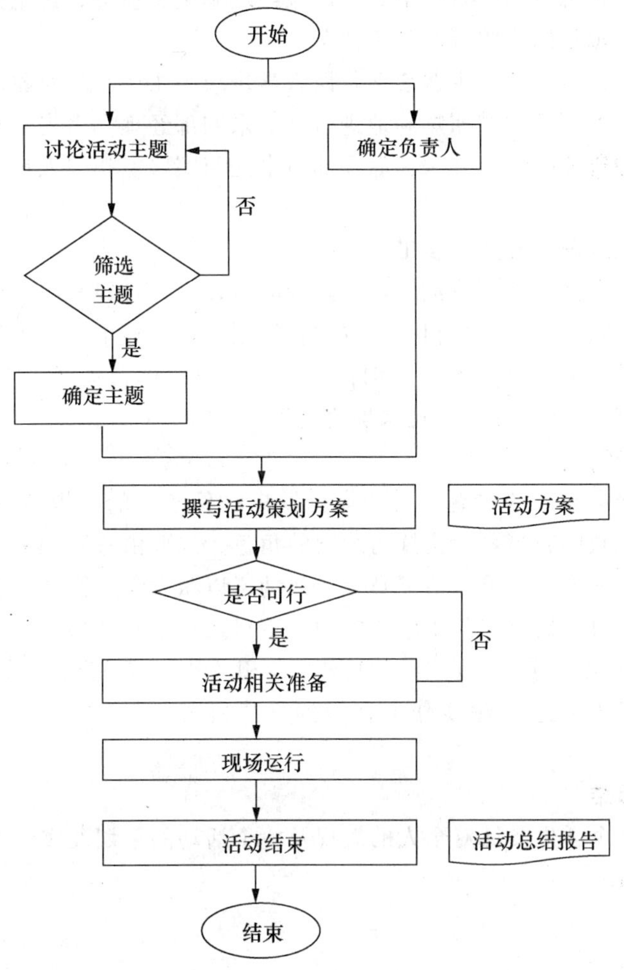

图7－1　主题餐饮活动策划与实施流程

书后4张图片为成都理工大学06级旅游管理专业学生在《餐饮管理》实验课——纪念汶川地震一周年主题冷餐会上的部分图片（见书后彩图7－13、彩图7－14、彩图7－15、彩图7－16）。

☞实训指导

步骤一：竞选活动负责人

在教师的主持和引导下，在学生中竞选1～2位活动负责人（总经理）。对总经理的要求是：有较强的组织与沟通协调能力，在班级里有好的威信和号召力，有踏实认真的态度。活动实行总经理负责制。

步骤二：确定活动各岗位负责人

在教师的指导下，由总经理主持竞选出各岗位负责人并明确各岗位负责人岗位职责。这些岗位可能包括前厅经理、采购经理、后勤经理、财务经理、营销经理、吧台主管等。

步骤三：确定各岗位人员及职责

在教师的指导和在总经理的召集下，各岗位经理和主管参加，讨论并确定各岗位人员的人数和具体成员，并拟定岗位职责及分工情况。

尤其要注意的是，由于本次主题活动是以教学班级为主要活动对象的，需事先做好与实验室的沟通工作，以保证活动如期顺利地进行。如采购部经理需事先与实验室管理员接洽有关经费的管理及各种票证的开具办法；后勤部需事先与实验室相关人员了解餐酒具、桌椅的数量及配给情况。

步骤四：各岗位经理主持并开展工作

根据活动时间的安排，各岗位经理在总经理的带领下，各司其职，负责本岗位工作的开展。如营销部策划并制作海报，与相关岗位配合策划并制作菜单；采购部到市场采购活动所需物品；前厅部需进行接待及服务的培训；后勤部与营销部负责活动现场的布置（采购需先购买相关物品）；吧台部设计饮品及水果拼盘等。

步骤五：现场控制

本活动是一次全员参与的主题活动，充分发挥每位学生的积极性、创造性及各自的优势。在整个活动中，教师充当幕后指挥与顾问的角色，采取由总经理全程负责，各岗位经理配合，其余学生参与的形式。可邀请嘉宾参与活动，以激发学生们展示自我的积极性。

在活动进行中，可穿插一些与主题相关的小节目或小游戏助兴。

现场的节奏、安全、卫生、食台、服务等各相关岗位需密切注意，有些岗位，如吧台、服务、餐具洗涤等可进行轮换作业，做到秩序井然、气氛融洽，以保障活动的良好效果。

步骤六：活动总结

活动结束后，每个学生要针对个人的表现及整个活动的策划及实施进行总结，吸取经验教训，以便改进提高。

☞ 实训成果

每位学生提交一份主题餐饮活动总结报告，报告主要内容为，对整个活动策划与实施的经验得失和自己在活动中所在的岗位表现情况的总结。

实训内容巩固

一、判断题（正确的打√；错误的打×）

1. 为了吸引顾客，餐饮活动的主题越离奇越好。（ ）

2. 为了让餐饮活动丰富多彩，一个主题活动可同时确定多个主题。（ ）

3. 主题活动应以主题文化展开，一般可分为节日型、历史文化型、名人型、社会责任型、民族风情型、艺术文化型、自然风情型、地域风情型等类型。（ ）

二、案例分析题

尚海派主题餐厅圣诞节促销活动策划方案

（一）活动策划思路和目的

（1）尚海派主题餐厅节日特色的装饰，营造圣诞节喜庆的节日气氛，为消费者提供一个节庆消费的环境。

（2）主打“低价格、高品质”的促销模式，再加以节日礼品赠送，更好地吸引消费者的目光，并积极利用有效的促销活动宣传，引起广大消费者对尚海派主题餐厅的关注，以达到提升直营店销售业绩，巩固顾客忠诚度，开拓新客源等目的。

（3）安排小提琴演奏等表演服务，烘托温馨浪漫气氛，提升消费档次，加深消费者的体验印象。

（4）活动目的：通过圣诞节的策划活动，扩大尚海派主题餐厅的知名度，加强与商务客户的感情联系，引导周边地区居民的餐饮消费，从而取得一定的经济效益和社会效益。

（二）活动地点

尚海派主题餐厅延安路店

地址：上海市长宁区延安西路1066号（瑞峰酒店二楼）

电话：021－62250338

（三）活动时间

2010年12月24日（星期五）18:30－20:30

（四）活动主题

品尝爱情的味道，聆听浪漫的声音。

（五）活动内容

尚海派圣诞浪漫大餐588元，2人用菜单：

北海道金枪鱼芒果色拉

金必多南瓜鱼翅盅

照烧澳洲和牛

法式焗小青龙配番茄柠檬

法式焗小青龙配番茄柠檬汁

拉提米苏

精美水果拼盘

赠送皇轩精装干红一瓶

注：本活动不可与其他优惠同时享用，活动最终解释权归本店所有。

18：30－20：30 提供小提琴演奏

（六）广告宣传

（1）通过店面装饰，营造喜庆的圣诞节日气氛，利用圣诞树、圣诞帽等外在装饰物吸引消费者来店消费。

（2）制作圣诞节促销宣传海报、设展架在店面做促销宣传（12 月 15 日前贴出去，提前宣传）。

（3）制作宣传单张，12 月 15 日前开始在店面周围进行派单宣传（公司提供统一的促销宣传单张和海报等）。

（4）横幅宣传，在 12 月 10 日前制作好促销横幅，挂在店面进行宣传。

横幅内容参考：

品尝爱情的味道，聆听浪漫的声音。

整个活动氛围分为以下三个部分：

1. 外场

（1）酒店门前的绿化区域及小树上均以“满天星”点缀装饰，在门前喷水池两侧布置两个圣诞小鹿的泡沫雕塑。安排一位工作人员装扮成圣诞老人迎宾。

（2）酒店门前摆放一个大跨度的彩虹门并以“满天星”装饰边缘

（3）酒店门前的雨帘下方悬挂彩色巨幅横幅。

（4）可透视出的橱窗均用圣诞泡沫图案装饰。

2. 二楼大厅

（1）进门处铺圣诞标识地毯以及摆放随时都能播放圣诞歌曲的圣诞老人。

（2）身着圣诞装的礼仪迎宾员。

（3）二楼进门处旁边布置出一处圣诞主题景点（3 米高左右的圣诞树、拉着圣诞小车的小鹿和泡沫雕塑、篱笆等）。

（4）在大堂顶部悬挂若干关于圣诞主题的小饰品或小吊旗。

3. 电梯

（1）电梯间门口的门头及两侧的门柱均以圣诞主题装饰。

（2）悬挂若干人工雪花装点节日效果。

4. 人员服装

（1）2～3 楼所有服务人员以及前厅外场人员（经理除外）一律戴圣诞帽穿雪花小围裙。

（2）需要四位身着圣诞礼服的女生作为活动期间的主要迎宾接待。

（3）需要两名表现力极佳的男生扮演圣诞老人。

（七）礼品、纪念品

（1）海量的糖果、巧克力、小礼盒、圣诞玩偶等。

（2）嘉宾参与环节的奖品（或是大于 10 元的纪念品）。

（3）纪念品（印有尚海派主题标志的高档水晶杯）。

（4）每对情侣一朵玫瑰花。

（八）活动现场设施组织

主持人、演员等。

游戏道具等。

圣诞树点亮设施（模拟道具）。

（九）内部宣传

（1）将餐厅节日宣传策划活动以及圣诞节的由来花絮以板报的形式向员工进行宣传。

（2）对属下员工进行节日期间的语言规范、礼仪礼貌方面的培训。

（3）挑选服务员扮演圣诞老人，并进行适当的培训。

（4）播放节日期间的背景音乐CD碟，以烘托整个酒店的节日气氛。

问题：

请简要评述“尚海派主题餐厅圣诞节促销活动策划方案”，如有问题或疏漏，请指出并提出改进的措施，并将解答写在下面的横线上。

* *

学生学习小结：

学生疑问：

学生建议（对课堂组织、内容安排、实验方法等）：

成绩评定：______________________教师（签字）______________________

______年______月______日

附　　录

附录一　餐饮实用英语

第一部分　食品与调味品

Part 1　Useful Words and Expressions of Food and Condiment

Fresh Fruits（鲜果类）

Apple, delicious	苹果、蛇果	Apple, green	绿苹果
Apple, red	红苹果	Apricot	杏
Avocado	鳄梨	Banana Leave	香蕉叶
Banana, long	长香蕉	Banana, small	小香蕉
Cherry	樱桃	Chestnut	栗子
Coconut, old	老椰子	Coconut, young	嫩椰子
Date	枣	Fig	无花果
Grapes, green	青葡萄	Grape, red	玫瑰红葡萄
Grapefruit	柚子	Kiwi	猕猴桃
Lemon	柠檬	Lime	青檬
Lychee	荔枝	Mandarin	橘子
Mandarin orange	橙子	Mango	芒果
Mangosteen	山竹	Melon, cantaloupe	香瓜
Melon, hami	哈密瓜	Melon, honeydew	伊丽莎白瓜
Melon, water	西瓜	Melon, yellow	黄金瓜
Papaya	木瓜	Passionfruit	热情果
Pear, yellow	黄梨	Persimmon	柿子
Pineapple, large	大菠萝	Pineapple, small	小菠萝
Plum	西梅	Pomegranate	石榴
Pomelo	沙田柚	Starfruit	洋梨
Strawberry	草莓		

Fresh Vegetables（蔬菜类）

Asparagu, green	青芦笋	Bamboo shoot	竹笋
Bean, green	青豆	Bean, string	净豆
Beansprout	豆苗	Beetroot	甜菜根
Bok choy, small	小白菜	Broccoli	芥兰花
Cabbage, Chinese	中国大白菜	Cabbage, green	卷心菜
Cabbage, red	紫卷心菜	Cabbage, white	白卷心菜
Carrot	胡萝卜	Cauliflower	菜花
Celery, local	芹菜	Celery, stalk	西芹
Chilli, green	青辣椒	Chilli, red	红辣椒
Chive	小细葱	Choysum	菜心
Corn, baby	玉米笋	Corn, kernel	玉米粒
Corn, whole	整玉米	Cucumber	黄瓜
Eggplant	茄子	Eggplant, white	白茄子
Garlic, peeled	去皮蒜	Garlic, whole	整蒜
Ginger	姜	Ginger, young	嫩姜
Horseradish	辣根	Kangkong	空心菜
Lady finger	秋菜	Leek	韭菜
Lotus root	莲藕	Mushroom, bottome	鲜蘑
Mushroom, Chinese	花菇	Mushroom, oyster	蚝菇
Mushroom, shitake	冬菇	Onion	洋葱
Onion spring	洋葱苗	Parsley, American	美国香芹
Parsley, local	本地香芹	Pepper bell, green	大青椒
Pepper bell, red	大红椒	Pepper, sweet	甜椒
Potato, large	大土豆	Potato, new	新土豆
Potato, small	小土豆	Potato, sweet	（红）白薯
Pumpkin, large	大南瓜	Pumpkin, small	小南瓜
Radish, red	小胡萝卜	Radish, white	小白萝卜
Shallot	干葱	Snow bean	荷兰豆
Spinach leave	菠菜叶	Squash	茇瓜
Taro	芋头	Tomato, cherry	樱桃番茄
Tomato, large	大番茄	Tomato, small	小番茄
Turnip, red	红萝卜	Turnip, white	白萝卜
Yam	薯	Zucchini	意大利瓜

Seafood（海鲜）

Carp	鲤鱼	Sturgeon	鲟鱼
Carp, live	活鲤鱼	Clam	花蛤
Cuttlefish	墨鱼	Eel	鳝鱼
Flatfish	小嘴鱼	Flounder	比目鱼

Fresh salmon	三文鱼	Frozen salmon	急冻三文鱼
Garoupa	石斑鱼	Halibut	左口鱼
Horse mackerel	竹夹鱼	Halfbeak	真亮鱼
Lobster	龙虾	Monkfish tail	石头尾鱼
Mackerel, spanish	大鲅鱼	Mandarin fish	鳜鱼
Octopus	章鱼	Pomfret	鲳鱼
Prawn	对虾	Perch	河鲈
Rainbow Trout	彩虹鱼	Scaddard	大秋刀鱼
Salmon, Chinese	中国产三文鱼	Shrimp	小虾
Salmon, Norway	挪威产三文鱼	Seabream fillet	海滨鱼柳
Sturgeon	鲈鱼	Sole	鳎鱼
Snapper, red	加吉鱼	Squid	鱿鱼
Trout	鳟鱼	Turbot	大比目鱼
Tuna, large	大金枪鱼	Tuna, small	小金枪鱼
Yellowtail	黄鲣鱼	Whiting	小鳕鱼

Pork（猪肉类）

Pork loin boneless	猪扒	Leg boneless	猪腿
Belly	猪肚	Knuckle	猪手
Sparerib	猪骨	Tenderloin	猪柳
Rib eye	猪肉眼	Liver	猪肝
Tongue	猪舌头	Suckling pig	乳猪
Pork Shoulder	前腿肉	Pork belly	五花肉
Pork Leg	后腿肉	Pork knuckle	蹄髈

Poultry（禽类）

Chicken, fresh	鲜鸡	Spring chicken	笋鸡
Chicken breast, boneless	鸡胸	Chicken leg	鸡腿
Chicken liver	鸡肝	Duck, fresh	鲜鸭
Goose, fresh	鲜鹅	Pigeon, fresh	鸽子
Chicken wing	鸡翅		

Veal, local（本地小牛肉）

Ossobucco	牛膝骨	Vealbone	小牛骨
Veal liver	小牛肝	Vealloin , boneless	去骨小牛脊
Veal shoulder, boneless	去骨小牛肩	Veal tenderloin	小牛里脊
Veal topside	小牛大腿肉		

Lamb and Game（羊肉和野味类）

Lamp leg	本地羊腿	Wild duck	野鸭

Hare	野兔	Partridge	山鹑
Pheasant	山鸡	Rabbit	兔肉
Venison	鹿肉		

Provision（储存类）

Baconlard, smoked	熏烟肉油	Ham, smoked	熏火腿
Breakfast, smoked	熏牛肉	Beefmeat, air dried	风干牛肉
Salami, pepper Italian style	意式胡椒肠	Breakfast ham	早餐火腿
Famersham, boneless	去骨乡村式火腿	Coppa ham	杯型火腿
Ham, blackforest	黑森林火腿	Pastrami, beef	胡椒牛肉
Loinham, smoked	熏脊肉火腿	Salami, home made	家庭式香肠
Prosciutto, boneless	风干意大利火腿	Breakfast bacon	早餐腌肉
Salami	意大利香肠	Chorizo, air dried	风干肠

Sausage（香肠类）

Breakfast sausage	早餐肠	Cervelat	那不勒斯香肠
Chipolata	杂肉香肠	Frankfurter sausage	法兰克福香肠
Munich style sausage	慕尼黑香肠	Pork sausage, short	短猪肉香肠
Veal sausage, short	短小牛肉香肠	Vienna sausage	维也纳香肠
Cocktail	鸡尾香肠	Hot dog sausage	热狗香肠
Nurnburg style sausage	南勃香肠		

Cold Cuts（冷切肉类）

Beer sausage	啤酒肠	Hunter sausage	猎人式香肠
Lyoner	来欧娜香肠	Lyoner, pepper	辣来欧娜香肠
Meatloaf, coarse	糙式肉包	Meatloaf, fine	细式肉包
Mortadella sausage	熏香肠	Tyroler sausage	蒂罗尔香肠

Sauce, seasoning（汁、调味品）

Apple sauce	苹果汁	Basil pesto sauce	洋紫苏汁
BBP sauce	烧烤汁	Fish sauce	鱼汁
Cranberry sauce	蔓越莓汁	Hollandaise sauce	荷兰汁
Horseradish sauce	山葵汁	Mayonnaise sauce	蛋黄汁
Mint sauce	薄荷汁	O. K. sauce	O. K. 汁
Oyster sauce	蚝油汁	Plum sauce	西梅汁
Soy sauce, dark	黑酱油	Soy sauce, light	淡酱油
Steak sauce	肉排汁	Tabasco sauce	辣椒汁
Smoking dripping	烟熏汁	Lemon chutney	柠檬酱
Mango chutney	芒果酱	Rhubarb chutney	大黄酱
Tomato chutney	番茄酱	Shrimps paste	虾酱

Tomato paste	番茄酱	Tomato ketchup	番茄沙司
Mint jelly	薄荷冻	Mustard	芥末
Tomato ketchup	番茄汁	Vinegar, rice	米醋
Sherry vinegar	浆果醋	Tarragon vinegar	他拉根醋
Vinegar, white	白醋		

Oil, Shortening（油、发酵品）

Apple wood oil	苹果木油	Corn oil	玉米油
Hickory nuit oil	山核桃油	Olive oil	橄榄油
Olive oil extra virgin	橄榄油	Peanut oil	花生油
Salad oil	色拉油	Sesame oil	芝麻油
Vegetable oil	菜油	Shortening crisco	浓菜油
Fried rape oil	煎菜油		

Mustard（芥末粉）

English powder mustard	英式芥末粉	English mustard	英式芥末
Horseradish mustard	芥末辣根	Pommery mustard	波海利芥末
Prepard mustard	芥末籽		

Herbs, Spices（香料）

Aniseed	茴香籽	All spice powder	混合香料
Basil, dried	干洋，紫苏	Bay leaves	香叶
Cajun seasoning	凯金调味粉	Caraway seed, whole	小茴香籽
Cardamom, ground	小豆蔻粉	Cardamom, whole	小豆蔻
Celery salt	芹味盐	Celery seed, whole	整芹菜籽
Chilli powder	辣椒粉	Cinnamon, ground	玉桂粉
Cinnamon sticks	桂皮	Cloves, ground	丁香粉
Cloves, whole	丁香	Coriander, ground	香菜粉
Coriander, whole	整香菜	Cumin, ground	昆明粉
Curry paste, masaman	咖喱酱	Curry paste, mida	咖喱酱
Curry paste, mild	咖喱酱	Curry powder	咖喱粉
Dill, dried	莳萝香草	Fajita seasoning	调味粉
Fennel seed, whole	整茴香籽	Five spice powder	大料粉
Garlic powder	蒜粉	Ginger powder	姜粉
Juniper berries	柏籽	Mace, ground	肉豆粉
Marjoram, dried	干牛膝草	Meat tenderizer	松肉粉
Mint leaves, dried	薄荷叶	Mustard seed, whole	整芥末籽
Nutmeg, ground	豆蔻粉	Nutmeg, whole	豆蔻粉
Onion salt	葱味盐	Oregano, dried	牛至
Paprika hot, Hungarian	辣椒粉	Paprika	红粉

Black peppercorn, coarse	黑椒碎	Saffron leaves	红花叶
Black peppercorn, ground	黑胡椒粉	Sage, dried	干鼠尾草
Green peppercorn, in brine	青胡椒粒	Star anise	八角
Pink peppercorn, in brine	粉红胡椒粒	Tarragon, dried	干他拉根
White peppercorn, coarse	白胡椒碎	Turmeric, ground	姜黄粉
White peppercorn, ground	白胡椒粉	Pink salt	粉红盐
White peppercorn , whole	白胡椒粒	Saffron powder	红花粉
Ground pepper, cayenne	胡椒粒	Rosemary, dried	迷粒香
Sambar oelek	辣椒	Tandoori paste	印度酱
Thyme, dried	干百里酱	Taco seasoning	大古调味酱

Pickles, Relishes (泡菜、萝卜)

Beancurd, preserved	豆腐	Capers	水瓜柳
Cornichons	小刺瓜	Gherkins	酸黄瓜
Ginger, pickled	姜泡菜	Olives green, stoned	黑橄榄
Olives green, stoned	绿橄榄	Olives green, stuffed	酸青橄榄
Onions, cocktail	小洋葱	Pickle relish	什锦泡菜
Pickle sweet relish	甜什锦泡菜	Tarragon leaves, vinegar	他拉根叶醋

第二部分 中国传统菜品的英文名称
Part 2 The English Names of Chinese Traditional Cuisines

头盘/餐前小品

各式刺身饼	Sashimi Platter
锅贴	Pot Sticker
辣汁脆炸鸡腿	Fried Chicken Legs (Spicy Hot)
鸡沙律	Chicken Salad
酥炸大虾	Fried Prawns
酥炸生蚝	Fried Oysters
酥炸鲜鱿	Fried Squid
海蜇分蹄	Smoked Jelly Fish
五香牛展	Special Beef
白云凤爪	Chicken Leg
琥珀核桃	House Special Honey Walnuts
脆皮春卷	Spring Rolls
蜜汁叉烧	B. B. Q. Pork

汤羹类

花胶鲍鱼火鸭丝羹	Congee Pike Maw with Roast Duck
红烧鸡丝翅	Chicken Shark Fin Soup
竹笙烩生翅	Bamboo Shark Fin Soup
粟米瑶柱羹	Corn with Dry Scallops Soup
竹笙海皇羹	Bamboo Seafood Soup
鸡蓉粟米羹	Corn and Chicken Soup
酸辣汤	Hot and Sour Soup
法国海鲜汤	French Style Seafood Soup
法国杂菜汤	French Style Vegetable Soup
杂锦云吞汤	Combination Won Ton Soup
芥菜肉片咸蛋汤	Mustard green Salted Egg Soup
火鸭咸蛋芥菜汤	Roast Duck Salt Egg / Mustard green
西湖牛肉羹	West Lake Beef Soup
三丝烩鱼肚	Custard of Fish Maw with three kinds of Vegetable
蝴蝶海参羹	Sea Cucumber Soup
四宝豆腐羹	Four Delicious and Beancurd Soup

荤菜类

酸甜咕噜肉	Sweet and Sour Pork
京都骨	Peking Spareribs
凉瓜排骨	Bitter Melon Spareribs
豉椒炒牛肉	Green Pepper Beef w/ Black Bean Sauce
柠檬牛肉	Lemon Beef
四川牛肉	Szechuan Beef
椒盐牛仔骨	Pepper Salted Fried Beef Ribs
辣汁炸鸡腿	Fried Chicken Leg w/ Hot Sauce
柠檬鸡球	Lemon Chicken
杂菜鸡球	Chicken w/ Mixed Vegetable
豉椒炒鸡球	Chicken w/ Black Sauce
四川炒鸡球	Szechuan Chicken
咖喱鸡球	Curry Chicken
腰果鸡球	Cashew Chicken
酸甜咕噜鱼	Sweet and Sour Fish
酸甜咕噜虾	Sweet and Sour Shrimp
柠檬炒虾球	Lemon Shrimp
四川炒虾球	Szechuan Shrimp
四川炒鲜鱿	Szechuan Squid
红烧豆腐	Fried Tofu w/ Tender Green

豆腐虾	Tofu and Shrimps
白灼虾	Boiled Prawns
椒盐虾	Spicy Slat Prawns
豉椒虾	Black Bean Sauce Prawns
滑蛋虾	Prawns with Eggs
油泡虾	Crystal Prawns
时菜虾	Vegetable Prawns
四川虾	Szechuan Prawns
茄汁虾	Prawns with Ketchup
豉汁炒蚬	Clams Black Bean Sauce
时菜斑球	Vegetable Rock Cod
豉汁斑球	Black Bean Sauce Rock Cod
椒盐龙利球	Pepper Salt Fried Flounder
香煎鲫鱼	Pan Fried Fish
时菜鲜鱿	Vegetable and Squid
椒盐鲜鱿	Salt and Pepper Squid
豉椒鲜鱿	Black Bean Sauce Squid
酥炸鲜鱿	Deep Fried Squid
梅菜扣肉	Preserved Vegetable and Pork
蜜汁叉烧	B. B. Q. Pork

素菜类

蚝油冬菇	Oyster Sauce Mushroom
什笙上素	Bamboo Vegetable
红烧豆腐	Fried Tofu
麻婆豆腐	Bean Sauce Tofu
炒素丁	Vegetable Roll
罗汉腐皮卷	Vegetable Egg Roll
素咕噜肉	Vegetarian Sweet and Sour
蒸山水豆腐	Steam Tofu
鲜菇扒菜胆	Mushroom Tender Green
炒杂菜	Mixed Green Tender
清炒芥兰	Chinese Green Tender
蒜茸芥兰	Garlic and Broccoli
蚝油芥兰	Oyster Sauce Broccoli
盐水菜心	Salt Green Tender
干扁四季豆	String Bean Western
干烧四季豆	Braised Green Bean
上汤芥菜胆	Mustard Green Tender
鱼香茄子	Braised Eggplant

蒜茸豆苗　Garlic Pea Greens
豉汁凉瓜　Black Bean Sauce and Bitter Melon
清炒时菜　Salted Vegetable

煲仔类

火腩鲶鱼煲　Roasted Pork and Catfish Clay Pot
东江豆腐煲　Tofu in Clay Pot
海鲜煲　Seafood in Clay Pot
八珍煲　Assorted Meat in Clay Pot
柱侯牛腩煲　Stew Beef Basket
鱼香茄子煲　Eggplant in Clay Pot
虾米粉丝煲　Dried Shrimp and Noodle in Clay Pot
咸鱼鸡豆腐煲　Salted Fish and Chicken Tofu in Clay Pot

炒粉、面、饭

龙虾干烧伊面　Lobster Teriyaki Noodles
上汤龙虾捞面　Lobster Noodles
扬州炒饭　Yang Chow Fried Rice
虾仁炒饭　Shrimp Fried Rice
咸鱼鸡粒炒饭　Salted Egg Chicken Fried Rice
番茄牛肉炒饭　Tomato w/ Beef Fried Rice
生菜丝炒牛肉饭　Beef Fried Rice w/ Lettuce
招牌炒面　House Chow Mein
鸡球炒/煎面　Chicken Chow Mein
番茄牛肉炒面　Tomato Beef Chow Mein
海鲜炒/煎面　Seafood Chow Mein
虾子姜葱捞面　Ginger Green Onion Noodle
干烧伊面　Teriyaki Noodles
鸡丝上汤窝面　Chicken Noodles Soup
豉椒排骨炒河粉　Sparerib w/ Black Bean Chow Fun
星洲炒米粉　Singapore Noodles (Hot Spice)
鸳鸯馒头　Shanghai Buns
上汤水饺　Dumpling Soup
上汤云吞　Won Ton Soup
丝苗白饭　Steam Rice

甜品类

雪哈红莲　Bird Nest Red Bean Soup
椰汁炖雪哈　Coconut Bird Nest
玫瑰红豆沙　Red Bean Soup

椰汁西米露	Coconut Tapioca
百年好合	Red Bean Fresh Lily Bulb

第三部分　餐饮用具词汇
Part 3　The English Names of Restaurant Equipments and Cutleries

银器类

Dinner knife	餐刀	Cake server	西点碟
Dinner fork	餐叉	Chopsticks/Spoon stand	筷/勺架
Dessert spoon	甜品勺	Water pitcher	水壶
Soup spoon	汤勺	Champagne bucket	香槟桶
Table spoon	公勺	Dessert/Sherbet trolley	甜品/饮料手推车
Ice bucket	冰桶	Oil/Vinegar holder	油/醋架
Ice cube tong	冰夹	Buffet tray cubes	自助餐车
Wedding cake knife	结婚蛋糕刀		

瓷器类

Dinner plate	餐碟	Shark fin soup bowl	翅碗
Dessert plate	甜品碟	Rice bowl	饭碗
Soup cup	汤盅	Vinegar pot	醋壶
Salt shaker	盐瓶	Sauce dish	酱油碟
Pepper shaker	胡椒瓶	Mustard dish	芥末碟
Sugar bowl	糖盅	Casserole	砂锅

玻璃器皿

Water goblet	高脚水杯	Juice glass	果汁杯
White/Red wine glass	白/红葡萄酒杯	Finger bowl	洗手盅
Champagne tulip	香槟杯	Candle holder	蜡烛台
Brandy snifter	白兰地杯	Oil/Vinegar bottle	油/醋瓶
High ball glass	高脚杯	Liqueur mixer	利口杯

其他

Table cloth	桌布	Wine bottle opener	开瓶器
Napkin	餐巾	Can opener	开罐头器
Hand towel	手巾	Service cart	餐车
Table skirt	桌裙	Coffee warmer	咖啡炉（保温）
Paper breakfast napkin	早餐巾	Fruit basket	水果篮
Tissue	纸巾	Drinking straw	吸管

Toothpick holder	牙签盒	Matches	火柴

第四部分　餐厅实用会话
Part 4　Useful Conversations for Restaurant Workers

(1) 跟顾客打招呼

Host: Good evening, sir. Welcome to the Blue-sky. How are you today?

店员：晚上好，先生。欢迎光临蓝天餐厅。您今天好吗？

Guest: Fine, thanks.

客人：很好，谢谢。

Host: Did you reserved a table?

店员：您预订桌子了吗？

Guest: No, I didn't.

客人：没有。

Host: There are no tables available. Can you wait a few minutes?

店员：我们没有空的桌子了，您可以稍等几分钟吗？

Guest: Sure, I'll wait.

客人：好的，那我就等一下。

(2) 为顾客安排座位

Host: How many are in your party?

店员：请问您几位？

Guest: Five.

客人：五位。

Host: Smoking or non-smoking?

店员：您要坐吸烟区还是非吸烟区？

Guest: Non-smoking.

客人：非吸烟区。

Host: Would you like a table near the stage?

店员：您要靠舞台的桌子吗？

Guest: Actually, I'd like a seat near the window.

客人：其实我比较喜欢靠窗的位子。

Host: Ok! Follow me, please! Here's your table. Your waitress will be with you soon.

店员：好的。请跟我来。这是您的桌子。服务员很快就会过来为您服务。

(3) 为顾客点餐

Waiter: May I take your order?

服务员：可以点餐了吗？

Guest A: I need another minute.

客人A：我要再考虑一下。

Waiter: Shall I make a recommendation?
服务员：需要我推荐吗？
Guest A: Yes, please!
客人 A：好啊，麻烦你。
Waiter: A lot of people like our lobster.
服务员：很多人喜欢我们的龙虾。
Guest A: We'll try it.
客人 A：就点这个吧。
Waiter: Would you like something to drink first?
服务员：您要不要先喝点儿什么？
Guest A: Yes, I'd like a cup of tea.
客人 A：好，我要一杯茶。
Waiter: And, for the lady?
服务员：那这位女士呢？
Guest B: Please bring me a glass of soda.
客人 B：请给我一杯苏打水。

(4) 为顾客结账

Guest: Check, please.
客人：麻烦结账。
Waiter: That comes to 320 yuan.
服务员：一共是 320 元。
Guest: Did you add it wrong?
客人：是不是算错了？
Waiter: There's a 10% service charge.
服务员：要加收 10% 的服务费。
Guest: Oh, I don't know that.
客人：哦，我不知道。
Waiter: How would you like to pay? Cash or credit card?
服务员：您要怎么付款？现金还是刷卡？
Guest: I'll use my credit card.
客人：刷卡。
Cashier: Thank you! Sign here, please!
收银台：谢谢。请在这里签名。

(5) 快餐店点餐

Waiter: Welcome to KFC. Can I take your order?
服务员：欢迎光临肯德基。您要点些什么？
Guest: Let me see. I'll have three pieces of chicken, a piece of corn and a coffee.
客人：让我想想。我要三块炸鸡、一根玉米和一杯咖啡。
Waiter: Anything else?
服务员：就这些吗？

Guest：Give me an apple pie，too.

客人：再来一份苹果派。

Waiter：For here or to go?

服务员：在这里吃还是带走?

Guest：To go.

客人：带走。

(6) 咖啡厅点餐

Guest：What does the tea time special include?

客人：下午茶特餐有些什么?

Waiter：It comes with cake，plus coffee or tea.

服务员：有蛋糕，还有一杯咖啡或茶。

Guest：How much does that cost?

客人：多少钱?

Waiter：38 yuan.

服务员：38 元。

Guest：OK！Give me a piece of cake and a cup of coffee.

客人：好的。给我一块蛋糕和一杯咖啡。

(7) 酒吧点酒

Bartender：What will you have?

酒吧侍者：您要点儿什么?

Guest A：I'd like a margarita.

客人 A：我要一杯玛格丽特酒。

Bartender：And you，sir?

酒吧侍者：那您呢，先生?

Guest B：What non-alcoholic drinks do you have?

客人 B：你们有什么不含酒精的饮料?

Bartender：We have Coke and orange juice.

酒吧侍者：我们有可乐和橙汁。

Guest B：I'll have a Coke. What snacks do you sell?

客人 B：我要一杯可乐。你们有什么零食吗?

Bartender：We've got peanuts and potato chips.

酒吧侍者：我们有花生和薯片。

Guest B：I'll have a bag of potato chips.

客人 B：我要一包薯片。

(8) 茶馆点茶

Guest：Can you make a recommendation? I like strong tea.

客人：你可以推荐一下吗？我喜欢浓茶。

Server：You can try oolong tea，pu'er tea or tieguanyin.

服务员：您可以试试乌龙茶、普洱茶和铁观音。

Guest：Bring me a glass of oolong tea.

客人：给我一杯乌龙茶。

Server：How about some snacks?

服务员：要不要来点吃的？

Guest：I'd like some green bean cake and sunflower seeds?

客人：我要一份绿豆糕，一碟葵花子。

附录二　餐饮管理实训课程的相关教学法

(一) 团队作业法

团队作业法是指教师将学生组成团队来完成指定学习任务的方法。一般而言，教师只向学生提出任务要求（包括任务主题、时间要求、形式及规范要求等），任务的具体开展，皆由团队自行决定。在任务完成的过程中，由于各团队成员需要承担相应的团队任务，需要一起讨论，做决策，进行分工合作，协调处理冲突等，因而，团队作业的过程同时也是一个锻炼学生各方面能力、提高管理技能的过程。

1. 团队作业法的优点

(1) 可以促进知识学习及应用。团队作业往往针对某一管理技能主题而布置，有明确的任务要求。如实地采访，市场调查；方案策划和撰写；主题活动实施；等等。这些任务的完成往往需要在技能知识学习的基础上进行，团队作业会促使学生对课程领域的知识更进一步的掌握，并在知识运用中掌握其应用技巧。

(2) 可以强化个体技能、人际技能和团队技能。团队中的每一个学生需要完成特定的任务，这些特定任务的完成有助于培养学生的个体技能，如书面报告技能、时间管理技能、分析问题和解决问题技能等；完成任务过程中与他人的联系、合作、协调、冲突处理等有利于人际技能的提高；团队作业过程中，团队成员之间的优势互补，可使学生认识到团队的力量，在思考如何管理好团队，如何扮演好自己的团队成员角色中，可锻炼学生的团队技能。此外，团队作业中的沟通与交流、与他人的分工与合作，都可以使学生了解到他人的思维方式、做事方法、特定技能，皆可使学生相互学习，相互促进，有利于学生心智模式的改善。在这种团队学习氛围中学生的管理技能也会在无形之中得到提高。

(3) 可以增加学生提升管理技能的内在驱动力。为了增加团队作业对学生的吸引力，刺激学生的相互合作，要使团队作业任务相对于个体作业而言更具挑战性。这些相对复杂和困难的任务是对现实管理工作的真实模拟，可以加深学生对管理技能在工作中实际应用的感知，加上任务开展过程中对其他同学优势和技能的认识，会进一步激发学生开发自身管理技能的热情。

在学生的管理技能开发中，知识的掌握是基础，课程内对学生管理技能的提升可以使学生明了技能开发的方法，增强学生开发管理技能的信心，而内在驱动力的培养则会帮助学生形成开发自身管理技能的良好意识和习惯，是确保课程对学生的职业生涯产生影响的关键。因此，对《餐饮管理》这门课程而言，合理运用团队作业法可以直接给学生提供餐饮管理技能的感性认识，提供管理经验，起到很好的促进知识学习与应用、开发和提升学生管理技能、增加学生技能开发的内在驱动力的作用，对教学目标的实现很有帮助。

2. 团队作业法的步骤

团队作业法的步骤一般分为团队划分、队长确定、开展任务、递交作业、教师评判、教师点评等几个步骤。

(1) 团队划分。团队划分是团队作业法的第一步。教师需对团队划分的人数提出要求。从《餐饮管理》课程作业情况来看，团队的人数以6~8人为宜。人数太多，沟通与协调工作太多，团队运行效率不高；人数太少，难以充分展开讨论，不利于集思广益，也可能难以完成规定任务。此外，教师还要考虑团队中男、女学生比例问题，必要时需要对男女生人数做基本的限定。团队划分可以由学生自行组团和教师调配相结合完成。学生自行组团一般会选择关系相对较好的同学在一组，团队运行效率相对较高，但易出现各组力量不均衡的情况。教师一般会考虑到各组力量的均衡进行一定的调配。

（2）队长的确定。队长是团队中的关键人物。队长的工作对团队任务的完成、团队内聚力的形成都有十分重要的影响，因此，需要为团队挑选一个合适的队长。一般有两种方式，教师指定或队员推选，较为常用的方法是队员推选。不论采取哪种方式，队长的胜任是必要考虑的因素，否则会影响团队的主题工作效果。

（3）开展任务。这个步骤一般由团队自行完成，团队内部自行进行进程安排、任务分工、作业协同等。这个步骤是团队作业法的主体阶段。

（4）递交作业。团队在规定的时间内按要求向教师提交作业或报告。

（5）教师评判。教师对所递交作业按照统一的标准进行等级评定或判分。

（6）教师点评。教师对各团队作业之优处、不足、特色、作业开展的整体情况等做出点评，一般在课堂内进行。

在实际运用中，还有先确定队长，再由队长挑选团队成员的组团方式，这种方式可兼顾各组力量均衡和团队运行效率。在这种组团方式下，团队作业法的第一个和第二个步骤需要调换顺序。

3. 团队作业法的管理与监控

在团队作业法的实际操作中，由于种种原因，团队在完成作业过程中容易出现这样或那样的问题，如团队作业积极性不高；未按教师要求或程序进行；时间安排不合理，仓促完成任务；团队成员承担任务严重不均等。为了防止出现上述问题，也为了给学生的团队作业构建更好的环境，教师可采取一些措施和方法对团队作业进程进行相应的管理与监控。

（1）对团队作业施加正确的导向。团队作业开展的主体是学生，任务的开展也是主要由学生自主进行的。因此，教师需要对团队作业施加正确的导向，使学生充分认识到团队作业是一种开发自身管理技能的很好的途径，提高学生参与的积极性，并使学生在完成团队作业的同时聚焦于管理技能的提高。

（2）合理确定团队作业的内容。团队作业的内容需认真选择，应与课程密切相关，具有一定挑战性，需要多人集思广益、分工合作才能完成。在团队作业的安排中，可有意识地加入某些团队工作程序，如焦点访谈小组的讨论、相互反馈、互相打分等这样的活动，从程序上保证各团队成员的参与。团队作业内容的布置上，应循序渐进，作业内容与完成方式尽量不重复，争取有不同的团队合作方式或程序，以保持团队作业对学生的吸引力。

（3）合理安排团队作业完成的时间。团队作业的时间安排，如果内容不多，如案例分析、项目策划等，一般要求一周最多两周内完成，紧靠课程的进展，也便于随后其他课程内容作业的布置。任务相对复杂的团队作业，如涉及外出实地采访，则须提前布置。

（4）团队作业开展中的及时沟通与指导。在团队作业的开展中，可能由于教师遗漏，或有的学生没有正确理解，或出现技术性问题等，都可能使团队作业受到影响。教师应与学生及时沟通，了解相应情况，作出相应指导与督促，或对团队作业的时间、内容及要求作出调整，防止学生出现进程安排不合理等现象。

（5）认真批阅团队作业。团队作业上交后，教师要认真批阅。对学生团队作业的认真批阅是对学生辛苦付出的尊重，也是当次团队作业教学目标达至的重要环节。批阅要及时，最好应在作业上交后立即进行。评分时要体现差别，但差距不宜太大，主要是为了肯定和鼓励学生。对不合格的团队作业，可要求重做，找出团队作业没有很好完成的原因，并加以指导。

（6）开展及时而到位的点评。教师点评要及时，一般在作业上交后的一周，最多两周内要进行点评，此时学生对上次团队作业的记忆和热情还在，正好趁热打铁。点评要详细，针对性强，指出学生做得好与做得不足之处，解决一些普遍存在的问题，提出教师的期望。

（7）要求学生提交团队总结和个人心得。为了更好地掌握团队作业的进展情况，教师可要求学生提交团队作业总结和个人团队作业心得，以了解此次团队作业的开展情况、学生所碰到的困难及内心的想法，以利于教师据此调整下次团队作业的方案。

对每一个学生而言，参与《餐饮管理》课程中的团队作业是一个挑战，需要付出很多的时间和精力。同样，教师也需付出相应的时间和精力。对《餐饮管理》这门课程而言，这个教学中都贯穿有团队作业，如何让学生在每一次作业中都能有收获和成长，不断保持和激发学生完成团队作业的热情，值得任课教师深思。这种良性的互动往往来自于教师对于每一次团队作业的精心安排和组织，对每一个步骤的正确把握。因此，教师切不可因团队作业主要由学生完成而忽视对自身的要求。同时，即使是团队作业，教师也须关注个体在团队作业中的进展情况，从而根据情况调整管理策略，使团队作业能够真正发挥促进知识学习与应用、提升技能和增加内在驱动力的作用。

（二）访谈法

访谈法（interview）又称晤谈法。访谈，就是研究性交谈，是以口头形式，根据被询问者的答复搜集客观的、不带偏见的事实材料，以准确地说明样本所要代表的总体的一种方式。尤其是在研究比较复杂的问题时需要向不同类型的人了解不同类型的材料。

访谈有正式的，也有非正式的；有逐一采访询问，即个别访谈，也可以开小型座谈会，进行团体访谈。在访谈过程中，尽管谈话者和听话者的角色经常在交换，但归根到底访员是听话者，受访人是谈话者。访谈以一人对一人为主，但也可以在集体中进行。

实施访谈时应注意下列各点：

（1）使受访人有轻松愉快的心情（访员当然也应如此）。

（2）创设恰当的谈话情境。

（3）不使受访人感到有社会压力。

（4）应具备正确的预备知识。

（5）应具备细致的洞察力、耐心和责任感。

（6）不对受访人进行暗示和诱导。

（7）对相同的事情会从不同的角度提问。

（8）能如实准确地记录访谈资料，不曲解受访人的回答。

由于访员技术水平低而使访谈的内容和结果不实，这称为访员偏差。产生访员偏差的最直接原因是：

（1）访员对受访人有偏见。

（2）访员想要受访人作出某种回答而产生的期望效应。

（3）访员进行暗示或诱导性提问。

由访员偏差所得到的资料，已失去了科学研究的价值。

避免只凭主观印象，或谈话者和调查对象之间毫无目的、漫无边际的交谈。关键是要准备好谈话计划，包括关键问题的准确措辞以及对谈话对象所做回答的分类方法。也就是说要事先做好如下准备：

（1）谈话进行的方式。

（2）提问的措辞及其说明。

（3）必要时的备用方案。

（4）规定对调查对象所做回答的记录和分类方法。

访谈的提问要简单明白，易于回答；提问的方式、用词的选择、问题的范围要适合被访者的知识水平和习惯；谈话内容要及时记录。记录也可以用类似下列表格整理谈话材料。

访谈过程中要做好心理准备。例如，为了使被访者留下良好的印象，要善于沟通，消除误会隔阂，形成互相信任融洽的合作关系。研究者还要注意自己的行为举止，其中关键是以诚相待，热情、谦虚、有礼貌。有时访谈的失败正是在于沟通不够。为防止被调查者出现反应效应，可先用非正式谈话沟通感情。

访谈法的优点是：

（1）可以对工作者的工作态度与工作动机等较深层次的内容有比较详细的了解。

（2）运用面广，能够简单而迅速地收集多方面的工作分析资料。

（3）由任职者亲口讲出工作内容，具体而准确。

（4）使工作分析人员了解到短期内直接观察法不容易发现的情况，有助于管理者发现问题。

（5）为任职者解释工作分析的必要性及功能。

（6）有助于与员工的沟通，缓解工作压力。

缺点是：

（1）访谈法要专门的技巧，需要受过专门训练的工作分析专业人员。

（2）比较费精力费时间，工作成本较高。

（3）收集到的信息往往已经扭曲和失真。

（4）访谈法易被员工认为是其工作业绩考核或薪酬调整的依据，所以他们会故意夸大或弱化某些职责。

目前往往出现的问题是，访谈时总想跳过制定谈话计划这一步进入具体实施阶段，事先准备不充分，因而不能收到预期效果。一个不愿思考问题、不善于提出问题的人，在研究工作中是很难有成功的希望的。

（三）头脑风暴法

头脑风暴法又称智力激励法，是现代创造学奠基人美国奥斯本提出的，是一种创造能力的集体训练法。当一群人围绕一个特定的兴趣领域产生新观点的时候这种情境就叫做头脑风暴。头脑风暴法有可分为直接头脑风暴法（通常简称为头脑风暴法）和质疑头脑风暴法（也称反头脑风暴法）。前者是在专家群体决策尽可能激发创造性，产生尽可能多的设想的方法，后者则是对前者提出的设想、方案逐一质疑，分析其现实可行性的方法。

由于会议使用了没有拘束的规则，人们就能够更自由地思考，进入思想的新区域，从而产生很多的新观点和问题解决方法。当参加者有了新观点和想法时，他们就大声说出来，然后在他人提出的观点之上建立新观点。所有的观点被记录下来但不进行批评。只有头脑风暴会议结束的时候，才对这些观点和想法进行评估。

1. 头脑风暴法原则

（1）提供一个良好的创造性思维环境。应该确定专家会议的最佳人数和会议进行的时间。经验证明，专家小组规模以10～15人为宜，会议时间一般以20～60分钟效果最佳。通常在“头脑风暴”开始时，主持者需要采取询问的做法，因为主持者很少有可能在会议开始5～10分钟内创造一个自由交换意见的气氛，并激起参加者踊跃发言。主持者的主动活动也只局限于会议开始之时，一旦参加者被鼓励起来以后，新的设想就会源源不断地涌现出来。这时，主持者只需根据“头脑风暴”的原则进行适当引导即可。头脑风暴是要花一点时间的，随着时间的延长，人们会变得疲惫、暴躁和迟钝，所以主持人最好是在团队开始困乏之前结束叫停。

（2）庭外判决原则。对各种意见、方案的评判必须放到最后阶段，此前不能对别人的意见提出批评和评价。认真对待任何一种设想，而不管其是否适当和可行。发言中途不可批评或质问，也不要自谦。对别人提出的任何想法都不能批判、不得阻拦。同时也不允许自我批判，防止出现一些“扼杀性语句”和“自我扼杀语句”。诸如“这根本行不通”、“你这想法太陈旧了”、“这是不可能的”、“这不符合某某定律”以及“我提一个不成熟的看法”、“我有一个不一定行得通的想法”等语句，禁止在讨论中出现。只有这样，与会者才可能在充分放松的心境下，在别人设想的激励下，集中全部精力开拓自己的思路。

（3）欢迎各抒己见，自由鸣放。创造一种自由的气氛，激发参加者提出各种荒诞的想法。

（4）没有坏主意，在召开头脑风暴会议时，不应有人因为害怕获得“这是个坏主意”的指责而在发表意见时考虑再三。观点的争论本身就是头脑风暴的一个组成部分。谁知道呢？经过几分钟的讨论也许大家不再认为它是坏主意了也未可知。

（5）追求数量。意见越多，产生好意见的可能性越大。

（6）探索取长补短和改进办法。除提出自己的意见外，鼓励参加者对他人已经提出的设想进行补充、改进和综合。在进行“头脑风暴”（即思维共振）时，应尽可能提供一个有助于把注意力高度集中于所讨论问题的环境。有时某个人提出的设想，可能正是其他准备发言的人已经思考过的设想。其中一些最有价值的设想，往往是在已提出设想的基础之上，经过“思维共振”的“头脑风暴”，迅速发展起来的设想，以及对两个或多个设想的综合设想。因此，头脑风暴法产生的结果，应当认为是与会者集体创造的成果。

（7）会议提出的设想应由专人简要记载下来或进行录音，以便由分析组对会议产生的设想进行系统化处理。系统化处理程序如下：①对所有提出的设想编制名称一览表；②用通用术语说明每一设想的要点；③找出重复的和互为补充的设想，并在此基础上形成综合设想。

2. 头脑风暴法的成功要点

一次成功的头脑风暴除了在程序上的要求之外，更为关键的是探讨方式，心态上的转变，概言之，即充分的、非评价性的、无偏见的交流，具体而言，则可归纳以下几点：

（1）自由畅谈。参加者不应该受任何条条框框限制，放松思想，让思维自由驰骋。从不同角度、不同层次、不同方位，大胆地展开想象，尽可能地标新立异，与众不同，提出独创性的想法。

（2）延迟评判。头脑风暴，必须坚持当场不对任何设想作出评价的原则。既不能肯定某个设想，又不能否定某个设想，也不能对某个设想发表评论性的意见。一切评价和判断都要延迟到会议结束以后才能进行。这样做一方面是为了防止评判约束与会者的积极思维，破坏自由畅谈的有利气氛；另一方面是为了集中精力先开发设想，避免把应该在后阶段做的工作提前进行，影响创造性设想的大量产生。

（3）禁止批评。绝对禁止批评是头脑风暴法应该遵循的一个重要原则。参加头脑风暴会议的每个人都不得对别人的设想提出批评意见，因为批评对创造性思维无疑会产生抑制作用。同时，发言人的自我批评也在禁止之列。有些人习惯于用一些自谦之词，这些自我批评性质的说法同样会破坏会场气氛，影响自由畅想。

（4）追求数量。头脑风暴会议的目标是获得尽可能多的设想，追求数量是它的首要任务。参加会议的每个人都要抓紧时间多思考，多提设想。至于设想的质量问题，自可留到会后的设想处理阶段去解决。在某种意义上，设想的质量和数量密切相关，产生的设想越多，其中的创造性设想就可能越多。

（四）焦点访谈法

焦点访谈法作为定性调研中最常用的方法，在发达国家十分流行，它比一对一的面谈更容易发现新概念、新创意，而且快速，能节省大量时间。该方法在实施中，由一个训练有素的主持人以一种无结构的自然形式与被调查者交谈，通过倾听一组从目标市场中选来的被调查者，从中获取对一些有关问题的深度信息。这种方法的价值在于常常可以从自由进行的小组讨论中得到一些意想不到的发现。

1. 焦点访谈的组织

焦点访谈是技术性要求较高的调研方法，要选择合适的被调查者，创造平等、轻松的环境，还要使被调查者都讲真心话，不是件容易事。因此焦点访谈的有效组织是非常重要的。

2. 明确访谈目的

企业在进行焦点访谈前必须明确调查的目的，以便在调查过程中做到有的放矢。

3. 甄别参与者

焦点访谈的参与者一般都要经过甄别。先由研究人员定下标准，让访问员找到足够的符合条件的候选人，并且对参与者分组，一般以某个参数是否同质为准，同质同组。很多时候根本无法判断哪个参数最重要，完全靠研究人员根据自己调研的目的来决定。此外，参与者应该尽量“普通”些，如果没有必要，应该把有“专家”行为倾向的人排除在外，包括一些特殊职业（如律师、记者、讲师等）的消费者，因为他们很容易凭借自己的“健谈”过多占用发言时间，并且影响其他参与者，同时增加了主持人的控制难度。

4. 确定主持人

合格主持人首先应该是训练有素的调研专家，他对调研背景、调研目的、调研程序、分组情况都应该了如指掌。如果要主持一个诊断性小组座谈，主持人还要有良好的心理学和社会心理学的造诣。

5. 准备调研提纲

调研提纲是焦点访谈的问题纲要，它应该给出小组要讨论的所有主题，还要把主题的顺序做合理的安排。

6. 现场布置

不同的调研项目会需要不同的现场布置，比如广告效果座谈就需要投影仪和屏幕；概念测试需要制作概念板；口味测试则需要更多的准备，如苏打水、饼干、笔、纸都要提早到位。另外，在每次座谈前，都把参与者的名字写在桌牌上，预先放置妥当。这样做首先可以使参与者能够按我们设定的次序就座，大大方便了记录和数据分析处理；其次，主持人在座谈过程中能够直接称呼参与者，极大地促进了沟通关系的建立，也方便了主持人的工作。

7. 分析资料和数据

焦点小组座谈实施完了，参与者说的都是真心话吗？是不是还有不明确的信息？要不要再组织一次补充？是否需要用其他方法继续深入调研、观察、实验或者问卷访问？这些都需要对资料和数据分析之后才能得出结果。

8. 总结和撰写调研报告

一般要求主持人、参与座谈的工作人员、观察者（营销专家、调研人员）每人都递交一份分析报告，然后集中到调研人员手中，由调研人员召集项目组人员举行头脑风暴会议，对每个人独到的见解再次进行剖析和发散，最后由调研人员撰写正式报告。

9. 数据和资料分析

焦点访谈的数据和资料分析要求主持人和分析员共同参与。他们必须重新观看录像，不仅要听取参与者的发言内容，而且要观察发言者的面部表情和肢体语言。企业在产品的概念测试时特别要注意这一点，因为参与者往往不愿意对设计的“概念”提出激烈的反对意见，只有当企业自己观察到参与者不屑一顾的嘲讽表情时，才会认识到概念并不受欢迎。

在进行焦点访谈时，应该注意以下事项：

（1）避免亲友同时参加。参与者中应该避免亲友、同事关系，因为这种关系会影响发言和讨论，万一发生这种现象，应该要求他们退出。

（2）根据访谈内容确定人数。一直以来认为 8 ~ 12 人是合适的，但经常有 4 ~ 5 人的焦点访谈实施，这主要应该看讨论的内容是什么。

（3）主持人应把握会场气氛。主持人在座谈开始时就应该亲切热情地感谢大家的参与，并向大家解释焦点小组座谈是怎么一回事，使参与者尽量放松。然后，真实坦诚地介绍自己，并请参与者一一自我介绍。沟通规则一般应该包括以下内容，并诚恳地告诉参与者：①不存在不正确的意见，你怎么认为就怎么说，只要你说出真心话；②你的意见代表着其他很多像你一样的消费者的意见，所以很重要；③应该认真听取别人的意见，不允许嘲笑贬低；④不要互相议论，应该依次大声说出；⑤不要关心主持人的观点，主持人对这个调研课题跟大家一样，主持人不是专家；⑥如果你对某个话题不了解，或没有见解，不必担心，也不必勉强地临时编撰；⑦为了能在预订时间内完成所有问题，请原谅主持人可能会打断你的发言；等等。

（五）角色扮演法

一个关于保持记忆持久性的试验的结果是这样的：人们一般能记住自己阅读内容的10%，自己听到内容的20%，自己看到内容的30%，在交流过程中自己所说内容的70%。通过这个试验我们可以看出，让学生更多地参与到教学过程中来对于提高教学效果是非常有帮助的，而角色扮演教学法正是实现这一目标的重要教学手段之一。

角色扮演法由美国教授 Kelly 于 1995 年提出。在各种教学法的分类中，角色扮演法被归类为行为导向型教学方法的一种，角色扮演法就是一种设定某种情境与题材，以某种任务的完成为主要目标让学生扮演自己原来没有体验过的角色或做旁观者，通过行为模仿或行为替代，使学生注意力专注于活动的进行过程上，让学生在真实的模拟情景中，体验某种行为的具体实践，以感受所扮角色的心态和行为，把学到的理论知识运用到实际工作中，达到帮助学生了解自己，改进提高，掌握知识的一种教学方法。

在餐饮管理实训教学中，角色扮演法就是教师依据学员人数进行合理分组，并为每组学员设计一个与实训内容相关的情境。根据情境，由教师指派或学员自由选择场景中涉及的角色，模拟所选人物立场，进行情境的具体实践。这一方法有助于加深学生对餐饮管理实践的体验和理解。

参考文献

1. 冯子丹．都说餐馆赚大钱［M］. 北京:企业管理出版社，2006.

2. 匡家庆，刘跃．现代餐饮业经营管理［M］. 北京:经济日报出版社，2007.

3. 蔡万坤，郝四平．餐饮企业市场准入管理：筹划开一家赚钱的餐馆[M]. 北京:北京大学出版社，2007.

4. 方志华，张梅．餐厅开业须知［M］. 广州:中山大学出版社，2005.

5. 蔡万坤．餐饮管理（第三版）［M］. 北京:高等教育出版社，2008.

6. 谢民，何喜刚．餐厅服务与管理［M］. 北京:清华大学出版社，北京交通大学出版社，2006.

7. 邓英，马丽涛．餐饮服务实训［M］. 北京电子工业出版社,2009.

8. 陈文捷．建立餐饮业客户关系管理体制——我国餐饮业的发展方向［J］. 经济师2005（10）: 26 转 79.

9. 杨铭铎，华庆．论餐饮客户关系管理模式［J］. 商业研究，2004（17）: 1 ~3.

10. 孙志强，钟志惠．餐饮企业中的客户关系管理［J］．四川烹饪高等专科学校学报，2008（3）: 28 ~30 .

11. 肖晓．餐饮经营与管理［M］. 成都:四川大学出版社（第二版），2005.

12. 北京诚信威管理软件开发有限公司．餐饮单店到连锁信息——阿森鲍鱼餐饮集团的管理实践分析［J］. 餐饮业与 IT,2009（7）: 80 ~82.

13. 吴勇毅．餐饮连锁业信息化的瓶颈与突破［J］. 观察,2009（1）: 29 ~31.

14. 何宏．餐饮信息化刍议［J］. 商业研究,2006（16）: 197 ~199.

15. 钟宇平．试论我国餐饮业信息化建设［J］. 四川烹饪高等专科学校学报[J]. 2009（4）: 30 ~32.

16. 广州市食为天软件科技发展有限公司．食为天 3. 09 前台版操作手册［CP/DK］.

17. 冯英健．网络营销基础与实践（第 3 版）［M］. 北京:清华大学出版社，2007.

18. Walton Mary. 戴明的管理方法［M］. 周旭华译. 中国台湾：天下文化出版社，1997.

19. 北京诚信威管理软件开发有限公司．餐饮单店到连锁信息化——阿森鲍鱼餐饮集团的管理实践分析［J/OL］, 信息与电脑，2009（7）.

20. 刘学治．菜品命名五法［DB/OL］. http：//www. mcw99. com/jiaoqi/showmain. asp?id =2814.

21. MBA 智库．头脑风暴法［EB/OL］. http：//wiki. mbalib. com/wiki/% E5% A4% B4% E8% 84% 91% E9% A3% 8E% E6% 9A% B4% E6% B3% 95.

22. 百度百科．企业网站建设方案［DB/OL］. http：//baike. baidu. com/view/4014413. htm.

23. 百度百科．网站策划［DB/OL］. http：//baike. baidu. com/view/288270. htm.

24. 中华人民共和国商务部流通业发展司．全国餐饮业发展规划纲要［DB/OL］.（2009 ~

2013）［DB/OL］. http：//ltfzs. mofcom. gov. cn/aarticle/af/2009 01/20090106016116. html .

25. MBA 智库百科．客户关系管理［DB/OL］. http：//wiki. mbalib. com/wiki/% E5% AE% A2% E6% 88% B7% E5% 85% B3% E7% B3% BB% E7% AE% A1% E7% 90% 86.

26. Nancy Scanlon. Restaurant Management. Culinary and Hospitality Industry Publishment Service, 2001.

27. 百度百科．访谈法［DB/OL］. http：//baike. baidu. com/view/677511. htm.

28. 陈惠泽．角色扮演教学法在“餐饮服务”教学中的应用［J］. 现代企业教育，2009（7）．

29. 百度百科．什么是焦点访谈法？［DB/OL］. http：//tieba. baidu. com/f? kz =542631432.

30. 莫勋．论“管理技能开发”课程教学中团队作业法的运用商业文化［J］. 2011（6）．